Fit fürs Schöffenamt
Band 2

Hasso Lieber, Ursula Sens

FIT FÜRS SCHÖFFENAMT

Handbuch für ehrenamtliche Richterinnen und Richter in der Strafgerichtsbarkeit

2. überarb. Auflage

Band 2: Das Strafverfahren – Grundlagen, Beweisaufnahme, Strafen

Berliner Wissenschafts-Verlag

Herausgeber

Partizipation in der Justiz (PariJus) – Gemeinnützige Gesellschaft zur Förderung zivilgesellschaftlicher Teilhabe mbH, Berlin (www.parijus.eu)

Autoren

Hasso Lieber
Rechtsanwalt und geschäftsführender Gesellschafter der PariJus gGmbH, ehem. Vorsitzender Richter am Landgericht Bochum, Staatssekretär für Justiz a. D., Gründer und bis 2017 Vorsitzender des Bundesverbandes ehrenamtlicher Richterinnen und Richter e. V., Gründer und erster Präsident des Europäischen Netzwerkes der Vereinigungen Ehrenamtlicher Richter (European Network of Associations of Lay Judges, ENALJ), seit 1989 Redaktionsleiter der Zeitschrift „Richter ohne Robe“

Ursula Sens
Diplom-Bibliothekarin, Geschäftsführerin der PariJus gGmbH, von 1994 bis 2018 Vorsitzende der Deutschen Vereinigung der Schöffinnen und Schöffen – Bund ehrenamtlicher Richterinnen und Richter – Landesverband Nordrhein-Westfalen e. V., seit 1995 Mitarbeit in der Redaktion der Zeitschrift „Richter ohne Robe“

Bibliografische Information der Deutschen Nationalbibliothek:
Die Deutsche Nationalbibliothek verzeichnet diese Publikation in der Deutschen Nationalbibliografie; detaillierte bibliografische Daten sind im Internet über http://dnb.d-nb.de abrufbar.

Druck: docupoint, Magdeburg
Gedruckt auf holzfreiem, chlor- und säurefreiem, alterungsbeständigem Papier.
Printed in Germany.

Umschlagabbildung: © sebra – stock.adobe.com

Satz/Umschlaggestaltung: Maria Ostrowski

ISBN Print 978-3-8305-3854-7
ISBN E-Book 978-3-8305-4024-3

Band 1 und 2 im Paket
ISBN Print 978-3-8305-3855-4
ISBN E-Book 978-3-8305-4025-0

Vorbemerkung

Band 2 führt in die Grundlagen des Strafrechts und den Ablauf des Strafverfahrens ein: Sinn und Zweck der Strafe, Justiz- und Prozessgrundrechte für ein rechtsstaatliches und faires Verfahren, Beweisaufnahme, Beratung und Urteilsfindung, Sanktionensystem und Strafzumessung. Wie der Sachverhalt, über den zu urteilen ist, festgestellt wird, welche Regeln für die Beweisaufnahme gelten, welche Grenzen der Erforschung der „Wahrheit" gesetzt sind, welche Rechte Angeklagte, Verletzte und Zeugen haben und nach welcher Methode schließlich die gerechte und schuldangemessene Strafe gefunden wird, soll dieses Buch anhand praktischer Beispiele vermitteln.

Dieses Buch ist kein Lehrbuch des Straf- und Strafprozessrechts. Es soll nur Kenntnisse über ein Rechtsgebiet vermitteln, das die Bürger tagtäglich über gedruckte und digitale Medien erreicht. Die Autoren haben sich zum Ziel gesetzt, Schöffen und andere, die mit dem Strafrecht umgehen, mit dessen Grundsätzen vertraut zu machen und – noch etwas anspruchsvoller – Gesellschaft und das Verständnis von Strafrecht einander näherzubringen. Im demokratischen Staat unter der Geltung des Art. 20 GG bezieht das Gesetz seine Legitimität vom Staatsvolk als Souverän. Recht, das nur von wissenschaftlich ausgebildeten Juristen, nicht aber den vom Recht Betroffenen verstanden wird, verliert den Anspruch, gerecht zu sein. „Recht" ist um Tausende von Jahren älter als „Rechtswissenschaft"; Wissenschaft hat aufzuklären, nicht zu entfremden.

Der Text enthält Verweisungen auf Rechtsprechung und juristische Literatur. Die Hinweise dienen dem Nachweis für die Ausführungen und beantworten die häufig gestellte Frage: „Wo steht das?" Sie sollen die Leser nicht zu juristischer Denkweise verführen oder dem Buch einen wissenschaftlichen Anstrich geben.

Im Text ist überwiegend von „Schöffen" die Rede. Fast 50 % der „Schöffen" bundesweit sind weiblichen Geschlechts. Der Lesbarkeit halber wird der Begriff „Schöffen" im Plural oder als sog. generisches Maskulinum verwendet. Schöffinnen sind (naturgemäß) in diesen Begriff eingeschlossen.

Inhaltsübersicht

Teil F: Beratung und Urteilsfindung

Teil G: Strafzumessung

Teil H: Berufungs- und Jugendstrafverfahren

Inhaltsverzeichnis

Abkürzungsverzeichnis

a.A.	anderer Ansicht
Abs.	Absatz
AG	Amtsgericht
Anm.	Anmerkung
Art.	Artikel
Az.	Aktenzeichen
Bd.	Band
BGB	Bürgerliches Gesetzbuch
BGBl	Bundesgesetzblatt
BGH	Bundesgerichtshof
BGHSt	Entscheidungen des Bundesgerichtshofes in Strafsachen
BGHZ	Entscheidungen des Bundesgerichtshofes in Zivilsachen
BtMG	Betäubungsmittelgesetz
BVerfG	Bundesverfassungsgericht
BVerfGE	Entscheidungen des Bundesverfassungsgerichts
BZRG	Bundeszentralregistergesetz
bzw.	beziehungsweise
d.h.	das heißt
DRiG	Deutsches Richtergesetz
EGMR	Europäischer Gerichtshof für Menschenrechte
EGStGB	Einführungsgesetz zum Strafgesetzbuch
EMRK	Europäische Menschenrechtskonvention
f., ff.	(fort)folgende
GA	Goltdammer's Archiv für Strafrecht
GG	Grundgesetz
ggf.	gegebenenfalls
GVG	Gerichtsverfassungsgesetz
HRRS	HRR-Strafrecht
JGG	Jugendgerichtsgesetz
JMBl.	Justizministerialblatt
LG	Landgericht
LM	Lindenmaier/Möhring (Hrsg.), Nachschlagewerk der Rechtsprechung des Bundesgerichtshofs
NJW	Neue juristische Wochenschrift
Nr.	Nummer
NStZ	Neue Zeitschrift für Strafrecht
NStZ-RR	Neue Zeitschrift für Strafrecht, Rechtsprechungs-Report
OLG	Oberlandesgericht
Rn.	Randnummer
RohR	Richter ohne Robe
S.	Seite
sog.	so genannte/n/r/s
StGB	Strafgesetzbuch
StPO	Strafprozessordnung
StREG	Gesetz über die Entschädigung für Strafverfolgungsmaßnahmen
StV	Strafverteidiger
u.a.	unter anderem
u.Ä.	und Ähnliches
U-Haft	Untersuchungshaft
usw.	und so weiter
z.B.	zum Beispiel

TEIL A

Einführung in das Strafrechtssystem

Teil A informiert über die Ursachen von Kriminalität und die Aufgabe des Strafrechts. Zum sicheren Auftreten der Schöffen gehört, das System zu verstehen, in dem sie sich bewegen. Dazu zählt das Wissen darüber, warum Menschen kriminell werden, welches Verhalten überhaupt eine strafbare Handlung darstellt bis zu der Frage, welchen Sinn und Zweck eine Strafe hat oder haben soll.

KAPITEL 1

Was ist Kriminalität und wie entsteht sie?

Etymologisch ist der Begriff „Kriminalität“ auf das lateinische Wort *crimen* (Verbrechen) zurückzuführen und bezeichnete im Römischen Recht begangenes Unrecht, das öffentlich geahndet wurde. Es gibt verschiedene Ansätze, diesen Begriff – auch unabhängig vom Gesetz – mit Inhalt zu füllen.[1]

1 Kriminalität: Nicht alles, was missbilligt wird, ist strafbar

Das friedliche Zusammenleben von Menschen erfordert die Einhaltung bestimmter Regeln. Dazu gehören auch Verbote und Gebote. Diese können von moralischen, kulturellen, religiösen oder politischen Überzeugungen geprägt sein und sich im Laufe der Zeit aufgrund gesellschaftlicher Entwicklungen ändern. Die Verletzung von Geboten der reinen Höflichkeit kann nicht mit Kriminalstrafen sanktioniert werden. Erst die Beleidigung als Eingriff in das Persönlichkeitsrecht ist ein Straftatbestand. Dass über Verhaltensweisen, die strafbar sein sollen, höchst unterschiedliche Vorstellungen bestehen, hat *Bertolt Brecht* in der Dreigroschenoper verdeutlicht: „Was ist ein Dietrich gegen eine Aktie? Was ist ein Einbruch in eine Bank gegen die Gründung einer Bank?“[2] Die Wirtschaftskrisen der Jahre 2000 und 2008 haben gezeigt, dass selbst große Schäden an ganzen Volkswirtschaften nicht unbedingt strafbar sind.

„Kriminelle“ Handlungen stehen immer im Widerspruch zu einem von der Gesellschaft erwarteten Verhalten. Wann führt die Verletzung einer Regel zu einer mit Strafe bedrohten Handlung – wann liegt ein Verbrechen vor? Es gibt verschiedene Ansätze, sich dem Verbrechensbegriff zu nähern:

- *Raffaele Garofalo* hat in seinem Buch „Criminologia“ (1885) den bereits im Mittelalter bestehenden „natürlichen Verbrechensbegriff“ fortentwickelt. Er unterscheidet zwischen einem „Kernbestand“ des Verbrechens, der in jeder zivilisierten Gesellschaft als kriminell angesehen und entsprechend bestraft wird (z. B. Mord), und Handlungen, die bloß verboten sind.

1 Einführung in die Thematik: *Heribert Ostendorf*, Kriminalität und Strafrecht, Hrsg.: Bundeszentrale für politische Bildung, Neuaufl., Bonn 2018, www.bpb.de/shop/zeitschriften/informationen-zur-politischen-bildung/7720/kriminalitaet-und-strafrecht.

2 *Bertolt Brecht*, Ausgewählte Werke in sechs Bänden, Bd. 1, Frankfurt am Main 1997, S. 267.

- Der soziologische Ansatz versteht das Verbrechen als „sozialschädliches Verhalten“. Welche Verhaltensweisen als solche anzusehen sind, basiert auf den grundlegenden Wertvorstellungen der Gesellschaft.
- Nach dem strafrechtlichen Verbrechensbegriff werden solche Handlungen als kriminell bezeichnet, die in strafwürdiger Weise Rechtsgüter verletzen und vom Gesetz mit strafrechtlichen Rechtsfolgen bedroht sind. Umgangssprachlich werden alle Straftaten als „Verbrechen“ bezeichnet. Im heutigen Rechtssinn wird der Begriff nur für besonders schwere Straftaten verwendet. § 12 Abs. 1 StGB definiert als „Verbrechen“ alle Straftaten, die im Mindestmaß mit einem Jahr Freiheitsstrafe bedroht sind; alle anderen Straftaten werden als „Vergehen“ bezeichnet.

Aufgrund seines normativen Charakters hinkt das Strafrecht gesellschaftlichen, technischen und politischen Entwicklungen in aller Regel hinterher. Es muss erst etwas geschehen, was als so schwerwiegend erachtet wird, dass es unter Strafe gestellt wird. Die Strafbarkeit der Bildung einer terroristischen Vereinigung (§ 129a StGB) war die Reaktion auf die RAF, das Umweltstrafrecht (§§ 324 ff. StGB) eine Folge des wachsenden gesellschaftlichen Umweltbewusstseins.

ZUR DISKUSSION
Kennen Sie Verhaltensweisen, die ärgerlich sind und Schaden anrichten, aber nicht strafbar sind?

2 Ursachen kriminellen Verhaltens

Fast alle Menschen begehen früher oder später, seltener oder häufiger strafrechtlich relevante Handlungen. Die Kriminologie bezeichnet dies als Ubiquität (lat., Allgegenwart) von Kriminalität. Normverstöße finden sich in allen sozialen Schichten, Milieus und Altersgruppen. Ebenso macht fast jeder Mensch die Erfahrung, Opfer einer Straftat zu werden. Beide Erfahrungen, die des Täters wie die des Opfers, bleiben in rund neun von zehn Fällen unentdeckt (Dunkelfeld) oder, sofern sie entdeckt werden, ohne formelle Folgen im Sinne einer Strafanzeige oder gar Verurteilung (Selektion).

Die Kriminalität gibt es nicht, da die Bandbreite krimineller Handlungen zu groß ist. Ladendiebstahl und Schwarzfahren sind andere Erscheinungsformen als Betäubungsmittelmissbrauch, politische Delikte andere als Eigentums- oder Gewaltdelikte. Sie können miteinander in Beziehung stehen (der Drogenabhängige finanziert seinen Konsum durch Diebstähle), haben aber keine logische Abfolge (wer als Jugendlicher im Kaufhaus stiehlt, muss damit nicht gleich eine verbrecherische Karriere beginnen). In vielen Fällen beginnt strafbares Verhalten in der

Jugend und bricht – häufig ohne Entdeckung und Sanktion – nach einem Reifeprozess ab; manchmal wird ein bis dahin unauffälliger Mensch erst im fortgeschrittenen Alter straffällig. Es gibt keine Zwangsläufigkeit krimineller Entwicklung.

Welchen Einfluss Strafen auf die Veränderung von Handlungsmustern der Menschen haben, ist in Wissenschaft und Praxis höchst umstritten. Kriminologische Untersuchungen haben bestätigt, dass schärfere Strafen keinen positiven Einfluss auf die Bewährung von Straftätern haben. Im Gegenteil: je schärfer die Strafen, desto höher die Rückfallquoten. Wenn wir trotzdem auf Strafen nicht verzichten, tun wir dies vor allem aus präventiven (vorbeugenden) Gründen. Da aber die „Nürnberger niemanden hängen, sie hätten ihn denn“[3], liegt die Prävention weniger in der Höhe der Strafandrohung als in dem Risiko der Entdeckung der Tat. Auch die härteste Strafandrohung ist wirkungslos, wenn der Täter nicht erwischt wird. Häufig gestellte Forderungen nach Verschärfungen des Strafrechts mit Blick auf rechts- und sicherheitspolitische Entwicklungen in den USA („zero tolerance“, „three-strikes law“[4]) oder Großbritannien („tough on crime“) vernachlässigen, dass gerade in den Ländern, die hart gegen Verbrechen durchgreifen, die Kriminalitätsbelastung am höchsten ist. So haben die USA sowohl in Relation zur Größe der Bevölkerung als auch absolut auf der Welt die höchste Zahl an Gefangenen.

Einen interessanten Gedanken hat *Heinrich Popitz* in seiner Monografie „Über die Präventivwirkung des Nichtwissens“ geäußert. Danach beruht die abschreckende Wirkung einer Strafe auch darauf, dass *nicht* alle Straftaten entdeckt und sanktioniert werden. Eine inflationäre Strafverfolgung würde der Strafe den außergewöhnlichen Charakter nehmen:

„Wenn auch der Nachbar zur Rechten und zur Linken bestraft wird, verliert die Strafe ihr moralisches Gewicht. Etwas, das beinahe jedem reihum passiert, gilt nicht mehr als diskriminierend. Auch die Strafe kann sich verbrauchen. Wenn die Norm nicht mehr oder zu selten sanktioniert wird, verliert sie ihre Zähne, – muß sie dauernd zubeißen, werden die Zähne stumpf. Selbst der praktische Nachteil, den die Strafe bringt, schwächt sich in dem Grade ab, in dem er allgemein wird. Aber nicht nur die Sanktion verliert ihr Gewicht, wenn der Nachbar zur Rechten und zur Linken bestraft wird. Es wird damit auch offenbar – und zwar in denkbar eindeutiger Weise -, daß auch der Nachbar die Norm nicht einhält. Diese Demonstration des Ausmaßes der Nichtgeltung der Norm wird sich aber ebenso wie der Gewichtsverlust der Sanktion auf die Konformitätsbereitschaft auswirken. Werden allzu viele an den Pranger gestellt, verliert nicht nur der Pranger seine

3 Geflügeltes Wort auf die Nürnberger, denen der verurteilte Raubritter *Eppelein von Gailingen* vor seiner Hinrichtung entkommen sein soll.

4 „Drei-Verstöße-Gesetz“: im US-amerikanischen Sprachgebrauch ein Gesetz, nach dem bei der dritten Verurteilung wegen einer Straftat automatisch eine besonders schwere Strafe (ggf. lebenslang) ausgesprochen wird.

Schrecken, sondern auch der Normbruch seinen Ausnahmecharakter und damit den Charakter einer Tat, in der etwas ‚gebrochen', zerbrochen wird.“[5]
Eine umfassende Theorie für die Entstehung von Kriminalität gibt es bislang nicht. Es gibt verschiedene Ansätze, die in Studien empirisch untersucht wurden:

(a) Der Arzt *Cesare Lombroso* (1835–1909) entwickelte die **Lehre vom „geborenen Verbrecher“**, der von Geburt an zum Verbrechen prädestiniert sei. Anhand von körperlichen Auffälligkeiten (Form von Nase und Ohren, Abstand der Augen usw.) wollte er einen Verbrechertyp erkennen können. Heute wird nur noch vereinzelt die Auffassung vom „Kriminalitäts-Gen“ vertreten, meist aus politischen Gründen zur Diskriminierung bestimmter Bevölkerungsgruppen. Weder körperliche noch geistige oder psychische Veranlagungen sind per se Ursache für Kriminalität.

(b) Normverstöße gehören zur **Entwicklung** des Menschen, da strafrechtliche und andere Normen erst in einem Erfahrungsprozess eingeübt werden müssen. Fast jeder junge Mensch begeht im Laufe des Erwachsenwerdens eine Tat, die strafbar ist. Kriminologische Untersuchungen haben nachgewiesen, dass Kinder- und Jugendkriminalität nicht automatisch eine kriminelle Karriere begründen.

(c) Häufig beruht Kriminalität auf misslungener **Sozialisation** (Prozess des Hineinwachsens in die Gesellschaft) bereits in früher Kindheit. Das Versagen der Sozialisationsinstanzen (Schule, Familie) oder fehlende Bezugspersonen können zu Erziehungsdefiziten führen, weil gesellschaftlich erwünschte Verhaltensweisen (z. B. Rechtsbewusstsein) nicht vermittelt wurden. Äußere soziale Bedingungen wie Armut oder Arbeitslosigkeit der Eltern *können* zu Fehlverhalten der Kinder führen. Jugendliche, die auf alles verzichten müssen, bekommen den für jeden erlernbaren Triebverzicht nicht vermittelt. Je stärker etwa die gesellschaftliche Anerkennung des „Seins“ vom „Haben“ (z. B. durch Markenbekleidung) abhängt, umso eher kann es bei einkommensschwachen und ausgegrenzten Personen zu Eigentumskriminalität kommen.

(d) Die **Lerntheorien** erklären sozialabweichendes Verhalten als Lernverhalten. Kriminelles Verhalten wird durch schlechte Vorbilder erlernt. Dazu gehören Verhaltensweisen des sozialen Umfeldes, z. B. der Eltern (was zu dem zweifelhaften Urteil führt: „Das liegt in der Familie“ oder „Der Apfel fällt nicht weit vom Stamm“), ebenso gesellschaftliche Leitbilder, z. B. die Überbetonung von Statussymbolen, eine aggressive Werbung („Bedienen Sie sich“) sowie mediale Darstellungen von Gewalt. Auch Verhaltensweisen von Eliten mit Leitbildfunktion vermitteln Lerneffekte. Erfahrungen sammeln Jugendliche insbesondere in der Gruppe der Gleichaltrigen, in ihrer Clique (Peer group). Der Schritt zur

5 *Heinrich Popitz*, Über die Präventivwirkung des Nichtwissens, Tübingen 1968, S. 17.

Kriminalität wird gemeinsam leichter gegangen. Andererseits vermitteln solche Gruppen auch Stabilität gegenüber kriminalitätsverursachenden (kriminogenen) Einflüssen von außen, wenn der Gruppengeist dagegen resistent ist.

(e) Gewaltkriminalität wird neben der Lerntheorie auch mit der **Frustrations-Aggressions-Theorie** erklärt. Dabei wird Gewaltkriminalität auf persönliche Ohnmacht und Frustrationen zurückgeführt. Vor allem bildungsferne oder charakterlich instabile Jugendliche, die Konflikte nicht mit Worten austragen können, greifen aufgrund von Sprachlosigkeit oder Druck der Arbeits- und Lebenswelt häufig zu körperlicher Gewalt.

(f) Die **Anomietheorien** (Drucktheorien) folgern Kriminalität aus der Diskrepanz zwischen kulturellen (vorrangig ökonomischen) Zielen und mangelnden Zugangschancen bestimmter sozialer Schichten zu den dazu notwenigen Mitteln. Die aus der Sozialstruktur resultierende Ungleichverteilung kann sozialen Druck erzeugen und zu fehlender Beachtung sozialer Regeln und Anomie (Gesetzlosigkeit) führen. Insbesondere Angehörige der sozialen Unterschicht verfügen über weniger Ressourcen, um diese Ziele (Wohlstand, finanziellen Erfolg) auf legalem Weg zu erreichen. Diese Kluft zwischen Arm und Reich kann zwar ein Grund für Eigentumskriminalität sein; es wäre aber falsch, daraus einen kausalen Zusammenhang zwischen Mittel- oder Arbeitslosigkeit und Kriminalität abzuleiten.

(g) Grundgedanke der **Etikettierungstheorie** (Labeling approach) ist, dass Kriminalität erst durch die Definitionsmacht des Staates und der Strafverfolgungsbehörden geschaffen wird. Ausgangspunkt bei dieser Theorie ist die strafrechtliche Reaktion, die auf kriminelles Verhalten folgt und den Täter als Kriminellen abstempelt. Die Rollenzuweisung kann er annehmen, was möglicherweise zu erneuten Straftaten führt. Die Wirkung von Stigmatisierungen bekommen ebenso entlassene Strafgefangene zu spüren, die schwer Fuß fassen können. Bei der Etikettierungstheorie können Reaktionen von Staat und Gesellschaft ursächlich für Kriminalität sein, wie z. B der unterschiedliche Umgang mit Drogen. Wer Haschisch, Heroin u. Ä. nimmt, kann bereits eine Straftat begehen. Der Genuss von Alkohol hingegen ist für sich genommen nicht strafbewehrt; als Anknüpfungspunkt für Straftaten dient er nur, wenn er mit bestimmten anderen Verhaltensweisen zusammentrifft (Teilnahme am Straßenverkehr) oder Straftaten unter enthemmendem Alkoholeinfluss begangen werden.

3 Hell- und Dunkelfeld: Was wird entdeckt und verfolgt?

Abweichendes Verhalten ist in jedem von uns angelegt. Ob jemand im engen Sinn „kriminell“ wird, hängt nicht nur davon ab, ob eine strafbare Handlung begangen wird, sondern auch, ob sie als solche erkannt und verfolgt wird. Die

Zahl aller tatsächlich begangenen strafbaren Handlungen besteht aus den Taten, die nie bekannt werden (Dunkelfeld), und denen, die den Strafverfolgungsbehörden bekannt werden (Hellfeld). Bekannt gewordene Straftaten, denen kein Täter zugeordnet werden kann, werden als „nicht aufgeklärt" eingestellt. Von den aufgeklärten Taten wird wiederum nur ein Teil angeklagt und von einem Gericht abgeurteilt (Selektion).

(a) Als **Dunkelfeld** wird die Summe der tatsächlich begangenen Straftaten verstanden, die den Strafverfolgungsbehörden (Polizei, Justiz) nicht bekannt wird. Die Kriminologie beschäftigt sich damit, dieses Dunkelfeld „sichtbar" zu machen. Straftaten bleiben aus unterschiedlichen Gründen verborgen:

- mangels Anzeige, z. B. weil sich der Geschädigte keine Aufklärung verspricht (Fahrraddiebstahl), sich aus Scham oder Hilflosigkeit nicht an die Polizei wendet (Sexualstraftaten, ältere Menschen als Geschädigte), aus Furcht vor gesellschaftlichen Nachteilen (Kindesmisshandlung) oder weil ein Begünstigter kein Interesse an einer Strafverfolgung hat;
- mangels Identifizierung des einzelnen Täters. Beispiele: Anhand des Bruttoinlandsproduktes kann ein bestimmtes Steueraufkommen erwartet werden; anhand der Differenz zu den tatsächlich gezahlten Steuern kann geschätzt werden, wie hoch die hinterzogenen Steuern etwa sein müssen. Nach der jährlichen Inventur in den Unternehmen sind zwar die Schäden aus Ladendiebstahl (von Kunden oder Personal) bekannt, nicht aber konkrete Täter;
- weil die Handlung nicht als strafbare Tat erkannt wurde, z. B. bei einem Mord fälschlich eine natürliche Todesursache angenommen wurde.

(b) Die **Aufklärungsquote** schlägt sich in der Polizeilichen Kriminalstatistik (PKS) nieder. Sie registriert die bei der Polizei bekannt gewordenen (mutmaßlichen) Straftaten und enthält Informationen zum Ermittlungsergebnis (Angaben zu Aufklärung und Tatverdächtigen). Das bedeutet nicht, dass diese Personen später als Straftäter verurteilt werden. Über Verurteilungen, Einstellungen und Freisprüche gibt die „Strafverfolgungsstatistik" des Statistischen Bundesamtes Auskunft. Die PKS ist mit Distanz zu lesen. Beim Ladendiebstahl beispielsweise bekommt die Polizei in aller Regel mit der Anzeige durch den Ladeninhaber den Täter gleich mitgeliefert. Also geht die Aufklärungsquote gegen 100 %. Natürlich passieren mehr Ladendiebstähle als angezeigt werden. Diese gehören dann zum Dunkelfeld. Fahrraddiebstähle werden hingegen häufig angezeigt, weil eine etwaige Hausratversicherung dies verlangt. Die Aufklärungsquote beträgt in den Bundesländern lediglich zwischen 4 und 17 %, weil nur im Ausnahmefall das gestohlene Fahrrad aufgrund seiner Eigenart (besondere Bauart, Kennzeichnung des Rades) identifiziert und einem Täter zugeordnet werden kann. Tötungsdelikte haben eine Aufklärungsquote von über 90 %; allerdings geht unter Kriminalisten wie Rechtsmedizinern das geflügelte Wort um: „Wenn auf den Gräbern aller Ermordeten ein Lichtlein stünde, wären die Friedhöfe hell erleuchtet."

(c) Als **Selektion** wird das Phänomen bezeichnet, dass den bekannt gewordenen Straftaten ein Täter zugeordnet werden kann, aber keine strafrechtliche Verfolgung erfolgt. Die Kriminologie beschäftigt sich u. a. mit der Frage, inwieweit sich soziale, ökonomische oder politische Strukturen auf das Strafrecht auswirken, wie sich soziale Ungleichheit zum Gleichheitsanspruch des Rechts („Vor dem Gesetz sind alle gleich") verhält. In der sozialen Realität gibt es einen von Vorurteilen bestimmten Blick, nach dem Menschen und Gruppen eher belangt und verurteilt werden als andere. Dies kann sich in zwei Richtungen auswirken. Zum einen sind bestimmte Gruppen einem höheren Beobachtungs- und Verfolgungsdruck ausgesetzt, weil bei ihnen kriminelles Verhalten eher vermutet wird. Diese Gruppen werden aufgrund ihrer Verhaltensweisen (Obdachlose, Vorbestrafte, Bewohner sozialer Brennpunkte) oder ethnischen Zugehörigkeit („Zigeuner sind in der Stadt") als potenzielle Straftäter angesehen. Andere Mechanismen führen dazu, dass in bestimmten gesellschaftlichen Gruppen die Möglichkeit einer Strafverfolgung gar nicht erst in Betracht gezogen wird, sodass erkannte Straftaten nicht immer verfolgt werden. Der Sohn des Lehrers, der im Ort einen Ladendiebstahl begeht, wird nicht unbedingt bei der Polizei angezeigt; der Ladeninhaber wird die Sache mit dem Vater regeln. Der Junge gleichen Alters aus dem sozialen Brennpunkt wird dagegen ein Fall für die Polizei.

4 Nicht nur Gerichte befassen sich mit Kriminalität

Straftaten sind Gegenstand der Tätigkeit der Strafgerichtsbarkeit. Mit der Aufklärung, Aburteilung, Verhütung und Erforschung von Kriminalität befassen sich verschiedene Wissenschaften:

- Die **Kriminologie** befasst sich als empirische Wissenschaft mit den Ursachen und Erscheinungsformen von Kriminalität, dem Straftäter in seinen sozialen Bezügen, dem Verhalten des Opfers (Viktimologie) sowie den Reaktionen auf strafbare Handlungen einschließlich der Auswirkungen von Sanktionen. Kriminologisch relevante Informationen liefert auch die Kriminalstatistik als Teilgebiet. Aufgrund des interdisziplinären Ansatzes integriert die Kriminologie Methoden, Theorien und Erkenntnisse anderer Wissenschaften wie der Soziologie, Anthropologie, Biologie, Psychologie und Psychiatrie.
- Die **Kriminalistik** beschäftigt sich mit den Mitteln und Methoden zur Aufdeckung und Aufklärung von Straftaten in Hinblick auf einen realen Tathergang. Ihr Anliegen ist die Verfolgung eines individuellen Täters oder eines Täterkreises sowie deren Überführung. Teilgebiete sind Kriminaltaktik, Kriminaltechnik, Kriminalstrategie.

– Für die Aufklärung von nicht natürlichen Todesursachen, aber auch die Untersuchung Lebender (z. B. bei der Bestimmung von Blutmerkmalen zur Klärung von Abstammungen) wird im Auftrag von Staatsanwaltschaft, Polizei, Gericht oder anderer Behörden die **Rechtsmedizin** (auch Forensische oder Gerichtsmedizin) tätig. Sie wird häufig verwechselt mit der **Pathologie**, einer Fachrichtung der Medizin, die sich mit der Beschreibung und Diagnose von krankhaften Vorgängen sowie deren Ursachen – vor allem des lebenden Patienten – beschäftigt.

Zwischen diesen (nichtjuristischen) Wissenschaften und dem Strafrecht gibt es enge Bezüge. Die Kriminologie gibt fundiertes Erfahrungswissen an die Strafjustiz weiter. Forschungsergebnisse der Kriminologie und Kriminalistik können in staatliche Maßnahmen zur Verhütung und Bekämpfung von Kriminalität (Kriminalpolitik, Kriminalprävention) oder in die Gestaltung des Strafrechts und des Strafvollzugs einfließen. Die Rechtspflege profitiert auch von einem hohen Qualitätsstandard bei rechtsmedizinischen Dienstleistungen wie Diagnostik und Begutachtung.

5 Der Gesetzgeber bestimmt Strafbarkeit und Verfahren

Welche Handlungen strafbar sind, regelt das sog. **materielle Strafrecht**, vor allem das Strafgesetzbuch (StGB). Es besteht aus zwei großen Teilen. Der Allgemeine Teil des StGB stellt Regeln auf, die für alle Strafvorschriften gelten, z. B. was der Versuch einer Straftat ist, wann die Verjährung einer strafbaren Handlung eintritt, welcher Umstand ein Rechtfertigungsgrund für eine mit Strafe bedrohte Handlung darstellt. Der Besondere Teil des StGB ist nach Delikttypen und Rechtsgütern gegliedert und beschreibt einzelne Straftaten (also die Elemente einer verbotenen Handlung), wie etwa Diebstahl (einem anderen eine fremde bewegliche Sache widerrechtlich wegnehmen), Betrug (sich oder einem Dritten einen rechtswidrigen Vermögensvorteil verschaffen), Vergewaltigung (gegen den erkennbaren Willen einer anderen Person sexuelle Handlungen an dieser Person vornehmen), Körperverletzung (eine andere Person körperlich misshandeln oder an der Gesundheit schädigen). Die Straftatbestände sind so aufgebaut, dass sie zuerst die Voraussetzungen einer Straftat und dann die Rechtsfolgen aufführen.

BEISPIEL
§ 240 Abs. 1 StGB (Nötigung): Wer einen Menschen rechtswidrig mit Gewalt oder durch Drohung mit einem empfindlichen Übel zu einer Handlung, Duldung oder Unterlassung nötigt [*Strafbarkeitsvoraussetzungen*], wird mit Freiheitsstrafe bis zu drei Jahren oder mit Geldstrafe bestraft [*Rechtsfolgen*].

Außerhalb des StGB gibt es strafrechtliche **Nebengesetze**, die die Beachtung von Regeln bestimmter Rechtsgebiete mit strafrechtlichen Sanktionen durchsetzen wollen. Das Betäubungsmittelgesetz (BtMG) stellt den unerlaubten Verkehr mit suchterregenden Stoffen unter Strafe, das Straßenverkehrsgesetz (StVG) das Fahren ohne Fahrerlaubnis, die Abgabenordnung (AO) die Steuerhinterziehung, die Insolvenzordnung (InsO) die nicht rechtzeitige Stellung eines Insolvenzantrages durch den Geschäftsführer einer GmbH, das Gesetz gegen den unlauteren Wettbewerb (UWG) den Verrat von Geschäfts- bzw. Betriebsgeheimnissen, das Urheberrechtsgesetz (UrhG) die unerlaubte Verwertung urheberrechtlich geschützter Werke, das Waffengesetz (WaffG) den Besitz verbotener Waffen usw.

Quantitativ dominieren die Straftatbestände des StGB, denn die weit überwiegende Zahl aller Verurteilungen erfolgt wegen Verbrechen und Vergehen nach diesem Gesetz. So wurden 2017 insgesamt 716.044 Personen verurteilt, davon 63,1 % nach dem StGB (ohne Vergehen im Straßenverkehr, die weitere 15,2 % betragen); 7,0 % entfielen auf strafbare Verkehrsdelikte nach dem StVG, 14,7 % auf strafrechtliche Nebengesetze wie z. B. das BtMG.[6]

Das **formelle Strafrecht** beschreibt die Regeln, nach denen ein rechtsstaatliches und faires Strafverfahren durchgeführt wird. Das Gerichtsverfassungsgesetz (GVG) bestimmt die Gerichtsorganisation (Aufbau, Zuständigkeit und Besetzung der Strafgerichte, Wahl und Einsatz der Schöffen, Verteilung der Geschäfte auf die Berufsrichter usw.). Es ist nicht nur formales Organisationsrecht, sondern umreißt auch den verfassungsmäßigen Grundsatz des „gesetzlichen Richters" (Art. 101 Abs. 1 Satz 2 GG). Die Strafprozessordnung (StPO) bestimmt die Regularien für den Ablauf des Strafverfahrens vom Ermittlungsverfahren über die gerichtliche Hauptverhandlung bis zur Vollstreckung der Strafe.

Besondere Regelungen im Verfahren gegen Jugendliche und Heranwachsende, die von den allgemeinen Regeln in StGB, StPO und GVG abweichen, finden sich im **Jugendgerichtsgesetz** (JGG). Rechtskräftige Verurteilungen werden für eine bestimmte Dauer im Bundeszentralregister erfasst. Welche Taten wie lange registriert, wann sie gelöscht werden und wer Auskunft aus dem Register erhält, regelt das Gesetz über das Zentralregister und das Erziehungsregister (**Bundeszentralregistergesetz**, BZRG). Den Vollzug der Freiheitsstrafe sowie der Sicherungsverwahrung regeln die **Strafvollzugsgesetze** der Länder, den Vollzug der Unterbringung in einem psychiatrischen Krankenhaus die **Maßregelvollzugsgesetze**. Grundlegende Rechte der von staatlichen Verfahren Betroffenen finden sich im **Grundgesetz** (GG) und der **Europäischen Menschenrechtskonvention** (EMRK).

6 Vgl. Statistisches Bundesamt (Hrsg.), Fachserie 10 Rechtspflege, Reihe 3, Strafverfolgung, Ausg. 2017, Wiesbaden 2018, www.destatis.de/DE/Themen/Staat/Justiz-Rechts pflege/Publikationen/Downloads-Strafverfolgung-Strafvollzug/strafverfolgung-2100300177004.pdf?__blob=publicationFile&v=5.

KAPITEL 2

Aufgabe, Sinn und Zweck von Strafrecht und Strafe

Zu Strafen in Aufsehen erregenden Prozessen haben viele Menschen schnell eine feste Meinung: Sie sind „zu hart", „zu milde" oder „zu lasch". Bei den Verhandlungen ist aber selten jemand dabei gewesen, häufig auch nicht die Journalisten, die „Volkes Meinung" entsprechend befeuern. Ein Bundeskanzler nutzte das obligatorische Sommerloch, um härteres Vorgehen gegen Sexualstraftäter zu fordern: „Wegschließen – und zwar für immer."[7] Abgesehen davon, dass die Bandbreite unseres Sanktionensystems auch diese Möglichkeit für den schlimmsten aller Fälle bereits umfasst, wird die Frage nach dem Sinn und Zweck der Strafe nur selten aufgeworfen. Der Strafprozess und die in ihm verhängte Strafe sind kein mythischer (quasi alttestamentarischer) Vorgang der Sündentilgung, sondern ein – so weit wie möglich – rationaler Erkenntnisprozess über Tat und Schuld eines Menschen und die Reaktion hierauf durch Staat und Gesellschaft. Diese Reaktion ist zweckbestimmt – eine Erkenntnis, die leider in weiten Bereichen von Politik und Medien vernachlässigt wird.

1 Begriff der Strafe

Die Strafe ist ein Übel, welches das Gericht dem Angeklagten in der Absicht zufügt, auf eine vom Gesetzgeber missbilligte Handlung zu reagieren. Diese Definition gilt, obwohl es Bereiche gibt, in denen die Abgrenzung Schwierigkeiten bereitet. Die Freiheitsstrafe ist auch dann noch ein Übel, wenn der Landstreicher die Überwinterung im Strafvollzug nicht als solches empfinden sollte. Die Entziehung der Fahrerlaubnis (z. B. wegen Trunkenheit am Steuer) ist keine Strafe, sondern eine Maßregel der Besserung und Sicherung, selbst wenn die Mehrheit aller Verurteilten in dem Verbot, das Fahrzeug im Straßenverkehr mangels Fahrerlaubnis zu führen, das viel größere Übel sieht als in einer auferlegten Geldstrafe.

7 *Martin Klingst,* Wegschließen?, Zeit online vom 12.07.2001, www.zeit.de/2001/29/Wegschliessen_.

2 Aufgaben des Strafrechts

Das Strafrecht hat die Aufgabe, wichtige (individuelle und kollektive) Rechtsgüter, die für ein friedliches Zusammenleben unentbehrlich sind, besonders zu schützen. Der Schutz wird dadurch gewährleistet, dass der Eingriff in diese Rechtsgüter unter Strafe gestellt wird. Das BVerfG hat dem Strafrecht die Aufgabe zugewiesen, *„die Gesellschaft vor sozialschädlichem Verhalten zu bewahren und die elementaren Werte des Gemeinschaftslebens zu schützen"*.[8]

Nicht nur die Frage des *Ob*, sondern auch des *Wie* einer Strafe ist eng mit einer Rechtsgüterabwägung verknüpft. Die Art und Weise der Sanktionen, die Höhe und Strenge der Strafen bei verschiedenen Taten sind immer wieder Gegenstand der rechtspolitischen Diskussion. Wenn Strafe Rechte anderer schützen soll, muss ihr ein bestimmter Sinn innewohnen. Wenn nicht mehr nach dem Sinn und Zweck des Strafrechts gefragt wird, kann es zu Willkür und Barbarei verkommen. Die Strafrechtspraxis des NS-Staates fragte nicht mehr nach dem Sinn des Strafrechts. Für die NS-Richter, insbesondere des „Volksgerichtshofes" (wie für alle willfährigen Richter totalitärer Staaten), war das Strafrecht ein Instrument zur Unterdrückung und Ausmerzung politischer Gegner – bzw. wen man dafür hielt – oder „asozialer Elemente".

Die Strafbarkeit einer Handlung wird nach heutigem Verständnis an zwei Bedingungen geknüpft:

- Die Handlung muss ein geschütztes Rechtsgut verletzen. Darunter sind alle wesentlichen Bedingungen, Umstände und Möglichkeiten zu verstehen, die der Entfaltung des Individuums dienen (z. B. Leben, Gesundheit, Freiheit, Eigentum). Ebenso können durch das Strafrecht kollektive Rechtsgüter wie etwa die öffentliche Ordnung (§§ 123 ff. StGB) oder die Umwelt (§§ 324 ff. StGB) geschützt werden. Andere Verstöße gegen geltendes Recht werden nicht mit strafrechtlichen, sondern anderen Sanktionen geahndet, z. B. zivilrechtlicher Schadenersatz, beamtenrechtliches Disziplinarrecht, Ordnungswidrigkeitenrecht.
- Der Eingriff in das Rechtsgut muss so schwerwiegend sein, dass darauf mit der Androhung einer Kriminalstrafe reagiert werden muss. Deshalb herrscht in allen demokratischen Rechtsstaaten im Strafrecht das Ultima-Ratio-Prinzip. Als Grundsatz der Verhältnismäßigkeit kommt es als letztes Mittel zum Einsatz, den Rechtsfrieden zu erzwingen, und gilt als das schärfste Steuerungsinstrument des Staates, weil hiermit am härtesten in die Grundrechte eingegriffen wird. Zuvor sind andere (mildere) Mittel einzusetzen, z. B. zivil-, polizei- oder verwaltungsrechtliche Maßnahmen.

8 BVerfG, Urteil vom 21.06.1977, Az.: 1 BvL 14/76, BVerfGE 45, S. 187, 254.

BEISPIELE

Das Grundgesetz schützt zwar die Ehe, der Ehebruch ist aber seit 1969 nicht mehr unter Strafe gestellt. Ebenso wurde die Strafbarkeit der Kuppelei, also die Förderung zwischenmenschlicher sexueller Handlungen, aufgehoben. Seit 1973 wird in Deutschland nur noch die Förderung sexueller Handlungen Minderjähriger (§ 180 StGB) sowie die Ausbeutung von Prostituierten (§ 180a StGB) bestraft. Geschützte Rechtsgüter sind nicht mehr die öffentliche Moral, sondern die ungestörte Entwicklung des jungen Menschen bzw. die Freiheit der sexuellen Entscheidung. Auch homosexuelle Handlungen werden heute nicht mehr als strafwürdig angesehen. Bei der Einführung ihrer Strafbarkeit im StGB berief sich der Gesetzgeber seinerzeit auf das Naturgesetz und das Rechtsempfinden der Bürger; eine weitergehende Begründung fehlte.

Diese Beispiele zeigen, wie wichtig es ist, die Strafandrohung an den Schutz eines Rechtsgutes zu knüpfen. Allein moralisches Verhalten oder die Veranlagung eines Menschen können nicht Gegenstand des Strafrechts sein. Die bloße sexuelle Betätigung ist als Anknüpfungspunkt für Straftatbestände so gut wie verschwunden. Die Strafbarkeit der Verführung Minderjähriger oder Schutzbefohlener schützt das Rechtsgut der sexuellen Selbstbestimmung. Die Vergewaltigung (sexuelle Nötigung im besonders schweren Fall) ist nicht mehr wegen ihres sexuellen Charakters unter Strafe gestellt, sondern wegen der besonders schwerwiegenden Missachtung der Entscheidungsfreiheit und Verletzung der körperlichen Integrität. Erst eine solche veränderte Sicht auf den Grund der Strafbarkeit veranlasste den Gesetzgeber, die Vergewaltigung auch in der Ehe unter Strafe zu stellen und keinen Rechtfertigungsgrund der „Erfüllung der ehelichen Pflicht" mehr anzuerkennen. Seit dieser Reform regelt das StGB auch die Vergewaltigung von Männern durch Frauen. Die Gewalt – nicht die bloße sexuelle Betätigung – ist das strafauslösende Merkmal.

3 Sinn und Zweck der Strafe

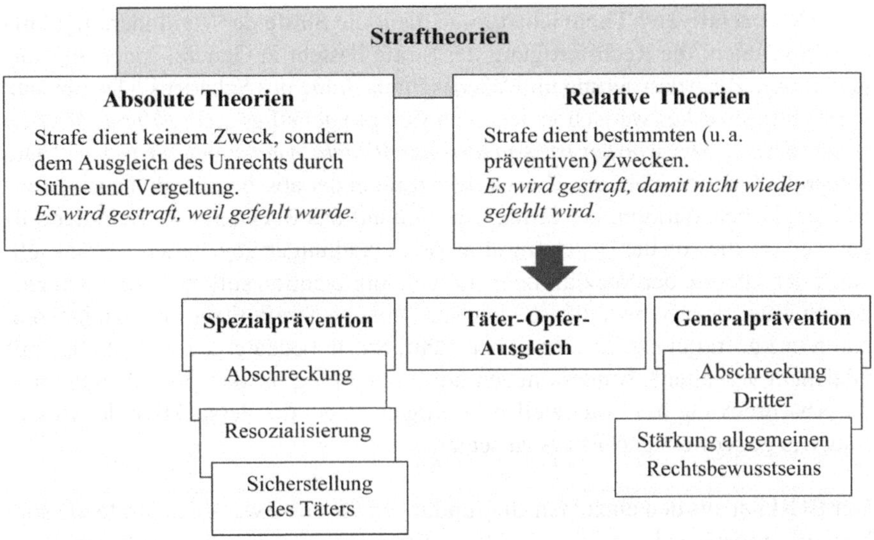

Abbildung 1 Straftheorien

Für die Zufügung eines Übels bedarf es nicht nur einer formalen gesetzlichen, sondern auch einer inhaltlichen Legitimation, die sich aus Ethik und Vernunft ableitet. Inwieweit ist das Einsperren von Menschen als Strafe in unserem demokratischen Rechtsstaat überhaupt vernünftig zu begründen? Hierzu wurden Straftheorien entwickelt, die versuchen, eine Antwort auf die Rechtfertigung zu geben, warum eine Strafe verhängt werden soll.[9] Im Wesentlichen bemühen sich zwei Gruppen von Theorien um Antworten auf die ethische Rechtfertigung der Strafe.

Die **„absoluten" Theorien** sehen sie allein in der Tatsache, *dass* eine Straftat begangen wurde; diese müsse durch Vergeltung oder Sühne ausgeglichen werden. Diese Auffassungen vom Zweck der Strafe gehen vor allem auf die Philosophen *Kant* und *Hegel* zurück. Der Schuldausgleich durch Vergeltung soll Gerechtigkeit wiederherstellen; durch Sühne soll die Strafe den Täter wieder mit der Rechtsordnung versöhnen. Die Idee der Vergeltung stößt in breiten Schichten der Bevölkerung durchaus auf Sympathie. Sie findet sich nicht nur im alttestamentarischen „Auge um Auge", sondern z.B. bei *Kant* wieder, der die Gleichheit von Schuld und Strafe vertrat. Deshalb hielt er bei Mord die Todesstrafe für erforderlich und sah für Diebstahl die gerechte Vergeltung darin, dem Dieb jegliches Eigentum abzuerkennen und ihn zur Finanzierung seiner weiteren Existenzgrund-

9 *Winfried Hassemer,* Vom Sinn des Strafens, Aus Politik und Zeitgeschichte 2010, Nr. 7, S. 3, www.bpb.de/apuz/32965/vom-sinn-des-strafens-essay.

lage ggf. zur Zwangsarbeit heranzuziehen.[10] Diese Beispiele zeigen, dass sich die bloße Gleichbehandlung von Tatschuld und Strafe mit den Vorstellungen des sozialen Rechtsstaates nicht in Einklang bringen lässt.

Den **„relativen" Theorien** zufolge dient die Strafe der Verhinderung künftiger Straftaten; die Rechtfertigung der Strafe besteht in General- oder Spezialprävention, Resozialisierung und Wiedergutmachung des Schadens. Der Leitsatz dieses Strafzweckes war schon den alten Römern geläufig: *„Kein kluger Mensch straft, weil gefehlt worden ist, sondern damit nicht wieder gefehlt werde."* Die Generalprävention sieht den Zweck der Strafe in der abschreckenden und sozialpädagogischen Wirkung der Strafe. Sie zielt auf das Rechtsbewusstsein der Allgemeinheit, die von der Begehung strafbarer Handlungen abgehalten werden soll. Nach der Theorie der Spezial- oder Individualprävention soll die Strafe den einzelnen Täter positiv beeinflussen und ihn (ggf. im Strafvollzug) resozialisieren, damit er künftig ein straffreies Leben führt. Strafe bedeutet nicht „Gleiches mit Gleichem vergelten", sondern neben die Genugtuung für den Geschädigten und die Abschreckung des potenziellen künftigen Täters die Perspektive der Besserung des gegenwärtigen Täters zu setzen.

Der BGH hat aus den einzelnen Begründungen für den Zweck der Strafe die sog. **Vereinigungstheorie** entwickelt. Diese Theorie bringt die verschiedenen Strafzwecke in ein ausgewogenes Verhältnis und ist auch im StGB angelegt, vor allem in § 46 StGB, der die Kriterien des Maßes der Schuld und damit der Strafzumessung auflistet („der aufgewendete Wille bei der Tat, das Vorleben, das Verhalten nach der Tat, der angerichtete Schaden"). Das BVerfG hat den Gedanken aufgegriffen, dass die Strafe mehr als nur eine Funktion und je nach der Gestaltung des Falles unterschiedliche Zwecke verfolgt. Schuldausgleich, Prävention, Resozialisierung des Täters, Sühne und Vergeltung für begangenes Unrecht werden als Aspekte einer angemessenen Strafsanktion bezeichnet.[11]

Die Wirkungen der Strafe auf den beabsichtigten Strafzweck sind im Einzelfall schwer messbar, viel weniger prognostizierbar. Selbst wenn ein Verurteilter nicht wieder straffällig wird, kann nicht festgestellt werden, ob die verhängte Strafe oder die Tatsache, dass er erwischt wurde, zu diesem Ergebnis geführt hat. Deshalb sind im Laufe der Zeit eine Reihe von Korrekturmöglichkeiten in das Strafensystem eingebaut worden, z. B. die Strafaussetzung zur Bewährung oder die vorzeitige Entlassung nach der Hälfte oder zwei Dritteln der verbüßten Strafe.

Die Abschreckung potenzieller Täter durch die abstrakte Strafandrohung darf angezweifelt werden, weil im Zeitpunkt der Tatbegehung nur wenige Straftäter eine spätere Bestrafung in ihre Überlegung einbeziehen. Vielleicht hat der Intelligenztäter sein Risiko vor der Tat bedacht und als gering eingeschätzt. Trieb-,

10 *Immanuel Kant,* Grundlegung zur Metaphysik der Sitten, 1785, https://gutenberg.spiegel.de/buch/grundlegung-zur-methaphysik-der-sitten-3510/1.

11 BVerfG, Urteil vom 21.06.1977, Az.: 1 BvL 14/76, BVerfGE 45, S. 187, 253.

Konflikt- oder Affekttäter denken bei der Tat überhaupt nicht an eine mögliche Strafe. Der Hangtäter hält sich für zu schlau, um erwischt zu werden. Dass von einer höheren Strafe auch eine höhere Abschreckung ausgeht, ist reine Illusion.

Eine Messgröße des Erfolgs von Strafe könnte die **Rückfallstatistik** sein, wenn der Maßstab einer „erfolgreichen" Strafe ist, dass der Verurteilte nicht erneut straffällig wurde. Diese Statistik belegt aber nur, *dass* ein Verurteilter rückfällig – oder nicht – geworden ist; sie belegt nicht, *warum* die jeweilige Entwicklung eingetreten ist. So warnen auch *Jehle* u. a. in ihrer Studie aus dem Jahre 2016: *„Da die verschiedenen strafrechtlichen Reaktionen unterschiedliche Personengruppen (mit unterschiedlicher Rückfallgefährdung) treffen, dürfen die Zusammenhänge zwischen strafrechtlichen Sanktionen und Rückfall nicht kausal interpretiert werden."*[12] Das Fehlen einer neuen Straftat darf nicht zwingend als Erfolg der Bestrafung gewertet werden. Vielleicht wäre der Verurteilte auch ohne Strafe nicht wieder auffällig geworden. Aus einem Rückfall darf umgekehrt nicht ohne Weiteres geschlossen werden, dass – wie ein allfällig benutztes Begründungsstereotyp in den Urteilsgründen heißt – er sich „die Verurteilung nicht hat zur Warnung dienen lassen", die Strafe also erfolglos gewesen wäre (weil zu niedrig ausgefallen oder bei diesem Täter ohnehin aussichtslos). Tendenzen über Art und Ursachen einer Rückfalltat lassen sich aus Zahlen ablesen, die in Österreich und in der Schweiz ähnlich festgestellt wurden: 25 bis 30 % der erwachsenen Straftäter werden innerhalb von drei Jahren erneut verurteilt. Männer haben höhere Rückfallraten als Frauen, jüngere höhere als ältere Personen, Verurteilte mit Vorstrafen höhere als Nichtvorbestrafte. Die Rückfallraten Strafentlassener sind höher als bei zu ambulanten Sanktionen Verurteilten. Bei den Straftatengruppen haben die schweren Formen des Diebstahls und die räuberischen Handlungen die höchsten Rückfallraten. Gleichwohl bleibt auch nach langjährigen Beobachtungen festzuhalten, dass die Mehrzahl der strafrechtlich Belangten nicht mehr mit dem Strafgesetz in Konflikt gerät.

12 *Jörg-Martin Jehle* u. a.: Legalbewährung nach strafrechtlichen Sanktionen, Hrsg.: Bundesministerium der Justiz und für Verbraucherschutz, Berlin 2016, S. 15, www.bmjv.de/SharedDocs/Downloads/DE/Service/StudienUntersuchungenFachbuecher/Legalbewaehrung_nach_strafrechtlichen_Sanktionen_2010_2013.pdf?__blob=publicationFile&v=1.

KAPITEL 3

Elemente einer Straftat – Voraussetzungen für eine Verurteilung

Zum Verständnis der folgenden Ausführungen sind drei Begriffe zu unterscheiden: Tat, Handlung und Straftat. „Tat" (im prozessualen Sinn) ist immer ein vollständiger Lebenssachverhalt. Den Begriff benötigen wir etwa bei der Bestimmung des Verbotes, dass niemand wegen „derselben Tat" zweimal verurteilt werden kann (Art. 103 GG), ob also ein bestimmter Lebenssachverhalt bereits früher Gegenstand einer Anklage oder eines Urteils gewesen ist. Eine „Handlung" stellt einen abtrennbaren Teil aus einem solchen Lebenssachverhalt dar und ist jedes vom menschlichen Willen beherrschte oder beherrschbare sozial erhebliche Verhalten (Tun oder Unterlassen). Stolpert jemand und reißt dabei einen Marktstand um, wodurch erheblicher Sachschaden entsteht, ist das Stolpern keine Handlung, wenn es nicht beherrschbar war. Beide Begriffe beziehen sich also auf Tatsachen. Die Bezeichnung als „Straftat" beinhaltet eine rechtliche Würdigung, dass der Tatbestand einer Strafnorm erfüllt wurde. Die im Gesetz genannten Merkmale müssen bewiesen werden. Wie bei einem Puzzle müssen alle Merkmale zueinander passen.

Die Prüfung, ob eine „Tat" eine „Straftat" ist, folgt einem bestimmten Schema. Drei Elemente einer Straftat müssen erfüllt sein:

- objektiver und subjektiver Tatbestand
- Rechtswidrigkeit
- Schuld.

Kann das Gericht eines dieser Merkmale nicht feststellen, ist der Angeklagte freizusprechen.

Das scheinbar komplizierte System wird verständlich, wenn stets die drei Stufen (objektiver und subjektiver) Tatbestand, Rechtswidrigkeit und Schuld beachtet werden. Zunächst wird geprüft, ob für die objektiven Merkmale der jeweiligen Straftat hinreichende Tatsachen festgestellt werden können. Diese Merkmale muss der Angeklagte kennen (wissen) und wollen bzw. (bei Fahrlässigkeit) die Pflichtwidrigkeit kennen und billigen. Die Rechtswidrigkeit der Tat wird unterstellt, wenn der im Gesetz beschriebene Tatbestand bewiesen wurde, kann aber widerlegt werden, wenn der Täter Gründe hatte, die sein Tun rechtfertigen (sog. Rechtfertigungsgründe). Der Täter muss auch schuldhaft handeln. Tatbestand und Rechtswidrigkeit sind Indizien für die Schuld, die durch Schuldausschließungs- und Entschuldigungsgründe widerlegt werden kann.

BEISPIEL

Wer einen anderen durch einen Faustschlag körperlich verletzt [*objektiver Tatbestand*],
die Verletzung will bzw. billigend in Kauf nimmt [*subjektiver Tatbestand*],
für die Verletzung keinen Rechtfertigungsgrund (z. B. Notwehr) hat [*Rechtswidrigkeit*]
und sich über das Verbotene seines Tuns im Klaren ist [*Schuld*],
wird wegen vorsätzlicher Körperverletzung, § 223 StGB [*verwirklichter Straftatbestand*]
mit Geld- oder Freiheitsstrafe bestraft [*Rechtsfolge*].

1 Phasen der Straftat

Eine Tat durchläuft rein tatsächlich mehrere Stationen, bevor es – zu unterschiedlichen Zeitpunkten – zu einer Strafbarkeit dieser Handlung kommt:

a. Planungsphase: Diese ist grundsätzlich straflos, ausgenommen bei einer „Verabredung zum Verbrechen“ (§ 30 Abs. 2 StGB), bei der der Gesetzgeber schon die Planung der Tat unter Strafe stellt.

b. Vorbereitungsstadium: Der Täter ergreift die zur Tatausführung erforderlichen Maßnahmen. Das Verhalten innerhalb dieses Stadiums ist grundsätzlich noch nicht mit Strafe bedroht. Ausnahme: Wenn das StGB das Verhalten bereits als selbstständige Straftat ausweist, z. B. staatsgefährdende Delikte (§§ 83, 89a StGB), schwere Wirtschaftsstraftaten wie die Vorbereitung der Geldfälschung (§ 149 StGB) oder des Computerbetruges (§ 263a Abs. 3 StGB).

c. Versuchsstadium: Der Täter setzt nach seiner Vorstellung von der Tatausführung unmittelbar zur Verwirklichung an (§ 22 StGB). Der Versuch eines Verbrechens ist immer strafbar, der Versuch eines Vergehens nur, wenn er ausdrücklich im Gesetz unter Strafe gestellt ist.

d. Vollendungsstadium: Der Täter hat alles Erforderliche unternommen, um den Tatbestand zu verwirklichen.

e. Beendigungsstadium: Der vom Gesetz beschriebene „Erfolg“ der Tat ist eingetreten.

BEISPIEL

a. T beschließt, seine am Monatsende dürftigen Mittel durch Ladendiebstähle auszugleichen.
b. Er näht mehrere Taschen in das Innenfutter seines Mantels, in denen er Ware verstecken will.
c. T nimmt im Supermarkt eine Flasche Wein aus dem Regal und sieht sich um, ob er beobachtet wird.
d. Er steckt die Flasche in eine der Innentaschen.
e. T passiert die Kasse und verlässt den Laden.

Die Vollendung – nicht lediglich der Versuch – des Diebstahls wird bereits mit dem Einstecken der Flasche in den „Diebesmantel" deswegen angenommen, weil T sie im Sinne des § 242 StGB jetzt „weggenommen" hat. Der Ladeninhaber hat keinen Zugriff mehr auf die Flasche, weil er zu einer Durchsuchung der Person des T nicht berechtigt ist. Damit hatte T bereits im Laden den Inhaber enteignet und sich die Flasche zugeeignet, den Diebstahl also tatbestandlich vollendet. Sobald er den Laden verlassen und die „Beute gesichert" hat, ist der Diebstahl erfolgreich beendet. Betrachten wir die einzelnen Elemente einer Straftat genauer:

2 Objektiver Tatbestand

Alle im Gesetz aufgeführten objektiven Merkmale müssen in der konkreten Tat des Angeklagten zu finden sein. Dieser sog. objektive Tatbestand beschreibt, wer *Täter* der strafbaren Handlung sein kann, welches konkrete *Handeln oder Unterlassen* mit Strafe bedroht ist, gegen welches *Tatobjekt* sich die Tat richtet und welche *sonstigen Modalitäten* erfüllt sein müssen. Die objektiven Tatbestandsmerkmale können rein **beschreibend** sein (Mann, Schriftstück, Betrieb, Waffe, Tötung usw.); sie können aber auch Interpretationen und Einschätzungen verlangen (verwerflich, gefährlich usw.). Das Gericht muss solche **ausfüllungsbedürftigen** Merkmale anhand der Umstände des Einzelfalles in dem jeweiligen Verfahren bewerten.

2.1 Täter

Im deutschen Strafrecht kann nur eine natürliche Person „Täter" sein. Ein Unternehmen kann keine strafbare Handlung begehen; für dieses handeln seine Organe, die wiederum aus natürlichen Personen bestehen (Vorstand, Geschäftsführer usw.). Wer Täter einer Straftat sein kann, ergibt sich aus der jeweiligen Strafnorm. Heißt es im Gesetzestext „*Wer* dieses oder jenes tut […] wird bestraft", kommt jeder Strafmündige als Täter in Betracht. Bei einigen Straftaten kommen nur bestimmte Personen als Täter in Frage. Den Exhibitionismus kann nur ein Mann begehen (§ 183 StGB: „Ein Mann, der eine andere Person durch eine exhibitionistische Handlung belästigt, ...“). Die Amtsdelikte der Vorteilsannahme oder Bestechlichkeit (§§ 331 ff. StGB) können nur von einem Amtsträger oder für den öffentlichen Dienst besonders Verpflichteten begangen werden, die Bestechlichkeit und Bestechung im geschäftlichen Verkehr (§ 299 StGB) nur von einem Angestellten oder Beauftragten eines Unternehmens, die Bestechlichkeit im Gesundheitswesen (§ 299a StGB) nur von dem Angehörigen eines Heilberufs. Die Rechtsbeugung (§ 339 StGB) erfordert als Täter einen Berufs- oder ehrenamtlichen Richter oder einen anderen Amtsträger bei der Entscheidung einer Rechtssache (z. B. den Staatsanwalt).

2.2 Täterschaft und Teilnahme

Eine strafbare Handlung kann allein oder mit anderen begangen werden. Jeder, der den Erfolg einer Tat als eigenen will, also die **Tatherrschaft** hat, ist Täter. Gradmesser für die Tatherrschaft ist das eigene Interesse an der Tat (z. B. am Anteil der „Beute“), der objektive Einfluss auf den Tathergang und der Wille zur Herrschaft über die Tat. Wer die Tat eines anderen veranlassen oder unterstützen will, ohne sie selbst zu begehen und als eigene Tat zu wollen, ist Teilnehmer einer Straftat.

(a) Als Täter wird bestraft

- der **Alleintäter,** der die Straftat selbst begeht (§ 25 Abs. 1 StGB);
- der **mittelbare Täter,** der selbst nicht in Erscheinung tritt, sondern die (selbst gewollte) Tat durch einen Dritten begehen lässt (§ 25 Abs. 1 StGB), z. B. ein Kind auf Diebestour schickt und von diesem die Beute erhält;
- der **Mittäter,** der Tat und Erfolg gleichermaßen will (§ 25 Abs. 2 StGB), z. B. wer einen Tatbeitrag leistet (den Plan ausheckt, das Tatauto fährt, den Fluchtweg sichert) und einen angemessenen Teil der Beute bekommt.

Grundsätzlich sind Mittäter und mittelbarer Täter wie der Täter zu bestrafen. Persönliche Merkmale, die eine Strafe schärfen, mildern oder ausschließen, wirken sich nur auf die Person aus, bei der sie vorliegen.

BEISPIEL
Planen mehrere Täter einen Raubüberfall und verabreden, keine Waffen mitzunehmen, wird nur derjenige wegen schweren Raubes (§ 250 StGB) bestraft, der abredewidrig doch eine Waffe bei sich führt. Die anderen werden nur wegen einfachen Raubes (§ 249 StGB) bestraft. Verabreden jedoch alle, dass einer der Täter „für den Fall der Fälle“ eine Waffe mitführen soll, ist das strafschärfende Merkmal „Mitführen einer Waffe“ allen zuzurechnen, sodass alle wegen schweren Raubes verurteilt würden.

(b) Als Teilnehmer einer Straftat wird bestraft

- der **Anstifter**, der vorsätzlich einen anderen zur Begehung einer Straftat bestimmt (§ 26 StGB). „Bestimmen" heißt, dass der Anstifter so auf den Täter einwirken muss, dass dieser Einfluss mitursächlich für den Entschluss des Haupttäters sein muss, die Tat überhaupt zu begehen. Ein Aufruf an einen anonymen, nicht näher bestimmbaren Personenkreis reicht für die Anstiftung nicht aus;
- der **Gehilfe**, der vorsätzlich die strafbare Handlung mit Rat und Tat fördert (Beihilfe, § 27 StGB).

Voraussetzung für die Strafbarkeit von Anstiftung und Beihilfe ist, dass die (anschließende) Haupttat vorsätzlich und rechtswidrig begangen wird (zu einer fahrlässigen Tat kann weder angestiftet noch Beihilfe geleistet werden). Nicht erforderlich für die Strafbarkeit des Teilnehmers ist, dass die Haupttat schuldhaft begangen wird. Selbst schuldunfähige Personen (Kinder, Geisteskranke, Volltrunkene) können zu einer Straftat angestiftet werden. Die Schuld ist ein *persönliches* Merkmal nur des jeweiligen Täters. Handelt dieser schuldlos, wirkt sich das nicht bei dem Anstifter bzw. Gehilfen aus.

Anstifter und Gehilfe werden bestraft wie der Täter, wobei die Strafe des Gehilfen nach den Grundsätzen des § 49 Abs. 1 StGB gemildert werden *kann*. Anstiftung und Beihilfe bleiben auch strafbar, wenn die Haupttat nur versucht wurde, selbst wenn der Täter strafbefreiend zurückgetreten ist. Für den Versuch der Beihilfe oder Anstiftung gelten die gleichen Regeln wie für die Haupttat. Der Versuch ist nur strafbar, wenn dies im Gesetz ausdrücklich vorgesehen ist. Das ist bei der versuchten Beihilfe nicht der Fall. Die versuchte Anstiftung ist nur strafbar, wenn die Tat, zu der angestiftet wurde, ein Verbrechen ist (§ 30 Abs. 1 StGB).

2.3 Tathandlung, Erfolg und Tatmodalitäten

Die verbotene Tathandlung (oder das gebotene Unterlassen) ist im Gesetz abstrakt beschrieben. Einige Strafvorschriften verlangen einen besonderen Erfolg, der durch bestimmte Ursachen hervorgerufen wurde. Voraussetzung einer schweren Körperverletzung (§ 226 StGB) ist etwa, dass der Geschädigte durch die körperliche Misshandlung oder Gesundheitsschädigung über die „einfache" Verletzung hinaus schwerwiegende Folgen erleidet, z. B. Sehvermögen oder Gehör verliert, dauernd entstellt oder gelähmt ist. Andere Straftatbestände führen sonstige Modalitäten auf, die insbesondere den Strafrahmen herauf- oder herabsetzen können (z. B. das Mitführen einer Waffe bei einem Raub oder einer Vergewaltigung oder die gewerbsmäßige Begehung der Straftat).

2.4 Tatobjekt

Die Tat richtet sich in der Regel gegen ein bestimmtes Tatobjekt. Dabei kann es sich um Gegenstände (z.B. eine bewegliche Sache beim Diebstahl), einen beliebigen („einen anderen") oder bestimmten Menschen (z.B. einen „Vollstreckungsbeamten", gegen den Widerstand geleistet wird, § 113 StGB), die Umwelt oder auch ein Unternehmen handeln.

BEISPIEL – GEFÄHRLICHES WERKZEUG

Um eine „gefährliche" Körperverletzung (§ 224 StGB) handelt es sich, wenn der Täter die Körperverletzung mittels einer „Waffe" oder eines anderen „gefährlichen Werkzeugs" begeht. Die Waffe ist ein beschreibendes Merkmal aller Gegenstände, die im Waffengesetz als solche aufgeführt sind. Welches Werkzeug (Gegenstand) als gefährlich anzusehen ist, muss im Einzelfall bewertet werden. Das Küchenmesser ist bei bestimmungsmäßiger Benutzung kein gefährliches Werkzeug, wird aber dazu, wenn es gegen den Körper eines Menschen gerichtet wird. Bei einem Tritt gegen den Körper kann der „beschuhte Fuß" ein gefährliches Werkzeug sein; dabei kann ein Turnschuh anders zu bewerten sein als ein Sicherheitsschuh mit Stahlkappe.

2.5 Unterlassen

Eine strafbare „Handlung" kann ggf. durch Unterlassen verwirklicht werden (§ 13 StGB). Die Mutter, die ihrem Baby nichts mehr zu essen gibt, sodass es verhungert, tötet ihr Kind durch Unterlassen der Nahrungszufuhr. Das Unterlassen einer Handlung ist strafbar, wenn es ausdrücklich unter Strafe gestellt ist (sog. echtes Unterlassungsdelikt, z. B. unterlassene Hilfeleistung, § 326c StGB) oder der „Täter" eine Handlung nicht vornimmt, die den Eintritt des strafrechtlichen Erfolges verhindert hätte (sog. unechtes Unterlassungsdelikt), obwohl er aufgrund einer sog. **Garantenstellung** dazu verpflichtet war. Die Rechtsprechung unterscheidet zwei große Gruppen von Personen, die als „Garanten" zum Handeln verpflichtet sind und sich durch Unterlassen strafbar machen können:

– Personen, die **Schutzpflichten** für nahestehende Personen haben, z.B. aus Gesetz (Sorgepflicht der Eltern gegenüber den Kindern, §§ 1618a, 1626 BGB), familiärer Verbundenheit (Geschwister in häuslicher Gemeinschaft), engen Lebensgemeinschaften, (eingetragene Lebenspartnerschaft), Gefahrengemeinschaften (Teilnehmer einer Expedition) sowie durch Übernahme von Obhutspflichten (vertraglicher Babysitter) oder als Amtsträger (Polizeibeamte);

- Personen, die **Sicherungspflichten** aus der Verantwortlichkeit für bestimmte Gefahrenquellen haben, z. B. wegen eines vorausgegangenen gefährlichen Tuns (z. B. Rückruf von Produkten mit giftigen Stoffen[13]), der Herrschaft über gefährliche Sachen (z. B. baufälliges Haus) oder freiwilliger Übernahme von Sicherungspflichten (z. B. Zusage, ein Kind zu beaufsichtigen).

Aus der Garantenstellung folgt die **Garantenpflicht** zum Handeln. Das Gericht hat ggf. zu entscheiden, ob die Erfüllung der Pflicht möglich und zumutbar ist (keine Pflicht des Nichtschwimmers, die ertrinkende Ehefrau zu retten) oder zu prüfen, ob die Pflicht durch ein Verhalten des Geschädigten entfallen ist (ein Expeditionsteilnehmer verlässt die Gruppe und beendet die Gefahrengemeinschaft). Garantenpflichten aus Gesetz können grundsätzlich nicht entfallen, da die gesetzlichen Folgen nicht zur Disposition der Beteiligten stehen.

2.6 Kausalität

Der Erfolg der Straftat muss durch das Handeln (oder Unterlassen) des Täters verursacht worden sein (Kausalität). Die Faustformel für die Beurteilung lautet: *Ursächlich ist eine Handlung dann, wenn man sie nicht wegdenken kann, ohne dass der strafrechtliche Erfolg der Handlung wegfällt.* Umgekehrt darf bei einem Unterlassungsdelikt die unterlassene Handlung nicht hinzugedacht werden, ohne dass der Erfolg entfällt.

BEISPIELE

a. C gibt ihrem Säugling tagelang keine Nahrung. Das Baby verhungert. Denkt man sich hinzu, dass die Mutter dem Kind Nahrung gibt, entfällt der Tod des Kindes.

b. A hat den B umgebracht. Die Kausalkette hierfür kann unendlich gestaltet werden. Ursächlich ist schon, dass A von seinem Vater gezeugt wurde. Denkt man sich diese Tatsache weg, kann A den B mangels Existenz nicht töten. Es liegt auf der Hand, dass der Vater nicht für die Tat des A verantwortlich gemacht werden kann, weil diesem jede Möglichkeit der Beeinflussung des Geschehens fehlt.[14]

13 BGH, Urteil vom 06.07.1990, Az.: 2 StR 549/89, BGHSt 37, S. 106 (Lederspray).

14 Vgl. LG Limburg, Urteil vom 07.06.2018, Az.: 5 KLs – 3 Js 11612/16, RohR 2019, S. 20 (Überdehnung der Verantwortung von JVA-Mitarbeitern für von einem Freigänger verursachten tödlichen Unfall).

Um Ereignisse auszuschließen, die nach der obigen Formel den Erfolg zwar entfallen lassen, aber so fern liegen, dass eine strafrechtliche Verantwortlichkeit daraus nicht erwachsen kann, hat die Rechtsprechung das Kriterium der **Zurechenbarkeit** entwickelt. Nicht zugerechnet werden kann einem „Täter" ein strafrechtlicher Erfolg, wenn dieser durch einen völlig untypischen – nicht vorhersehbaren – Verlauf eintritt, auch bei pflichtgemäßem Verhalten eingetreten wäre oder durch das Eingreifen eines Dritten hervorgerufen wird, der einen neuen Handlungsablauf begründet.

2.7 Versuch

Kommt es nicht zur Vollendung der Tat, d.h. tritt der verbotene Erfolg einer Handlung nicht ein, kann eventuell wegen Versuchs bestraft werden. Ein strafbarer Versuch liegt vor, wenn es zur Vollendung der Tat nicht kommt, aber mit der Ausführung der Tat begonnen wurde. Die Tat beginnt, wenn der Täter aus der bloßen Vorbereitung der Tat in die unmittelbare Umsetzung eintritt („Jetzt geht's los"). Will jemand einen Einbruch begehen und besorgt sich das erforderliche Werkzeug, bereitet er die (künftige) Tat vor. Nimmt er später von der Ausführung des Einbruchs Abstand, liegt kein strafrechtlich relevantes Verhalten vor. Unbeachtlich ist, aus welchen Gründen es nicht zur Verwirklichung des Tatbestandes gekommen ist. Die Strafbarkeit des Versuchs findet ihre Begründung gerade darin, kriminelles Unrecht unabhängig vom Erfolgseintritt zu ahnden. Deshalb ist bereits der **untaugliche Versuch** strafbar.

BEISPIEL
A will den B erschießen, schießt aber in der Dunkelheit auf einen Baum, den er irrtümlich für B hält. Der Versuch konnte nicht gelingen; der bloße kriminelle Wille zu töten, rechtfertigt die Strafe.

Ein besonders untauglicher Versuch ist der **Versuch aus grobem Unverstand** (§ 23 Abs. 3 StGB), wenn der Täter eine strafbare Handlung begehen will, die Mittel aber nicht zum Erfolg führen können, z. B. wenn er seinem vermeintlichen Opfer Natronpulver in den Kaffee schüttet, weil er dieses für ein gefährliches Gift hält, mit dem er den anderen töten will. Der grobe Unverstand muss jedem Menschen einsichtig sein, nicht nur einem Experten, der die Ungeeignetheit des Mittels erkennt. Das Gericht kann entweder von Strafe absehen oder die Strafe nach seinem Ermessen mildern (§ 49 Abs. 2 StGB).

Von dem untauglichen Versuch ist das sog. **Wahndelikt** zu unterscheiden. Ein solches liegt vor, wenn der Täter irrig annimmt, sein Verhalten falle unter eine Strafnorm.

BEISPIEL
Der 16-jährige A übt den Geschlechtsverkehr mit seiner frühreifen 13-jährigen Schwester in der Annahme aus, er mache sich dabei wegen „Beischlafs unter Verwandten“ (§ 173 StGB) strafbar. Er weiß nicht, dass Geschwister nicht wegen Inzests bestraft werden, wenn sie zur Zeit der Tat noch nicht 18 Jahre alt sind (§ 173 Abs. 3 StGB).

Der Unterschied zwischen untauglichem Versuch und Wahndelikt ist leicht zu verstehen. Beim untauglichen Versuch begeht der Täter eine im Prinzip strafbare Handlung, die er aber mit Mitteln ausführt, die zur Erreichung des (gewollten) strafbaren Erfolgs völlig ungeeignet sind. Beim Wahndelikt stellt sich der Täter vor, sein Verhalten sei strafbar, obwohl die Handlung bereits vom Tatbestand her oder aus Rechtsgründen nicht von Strafe bedroht ist.

3 Subjektiver Tatbestand

„Unwissenheit schützt vor Strafe nicht“, sagt der Volksmund. Dieser Satz gilt im Strafrecht nicht unbedingt. Für eine Strafbarkeit ist nicht nur erforderlich, dass der Täter objektiv gegen ein Strafgesetz verstößt, sondern die Straftat auch subjektiv will, d. h. vorsätzlich handelt; in bestimmten Fällen ist auch die Außerachtlassung einer dem Täter bekannten Sorgfaltspflicht als fahrlässiges Handeln strafbar (§ 15 StGB).

3.1 Vorsatz

Vorsatz ist das Wissen darüber, dass ein bestimmtes Handeln strafbar ist, und der Wille, alle Merkmale dieser verbotenen Handlung auch zu verwirklichen. Der Vorsatz kann in drei Stufen (Intensitäten) auftreten, die von der Rechtsprechung entwickelt wurden. Die intensivste Form des Vorsatzes ist die **Absicht**. Absichtlich handelt, wem es ausdrücklich darauf ankommt, den unter Strafe stehenden Erfolg herbeizuführen. Kennt der Täter alle Umstände der strafbaren Handlung und will deren Verwirklichung (Wissen und Wollen), handelt er mit **direktem Vorsatz**. Verwendet das Gesetz die Begriffe „wissentlich“ (z. B. Missbrauch von Notrufen, § 145 StGB) oder „wider besseres Wissen“ (z. B. Vortäuschen einer Straftat, § 145d StGB), ist ein direkter Vorsatz für die Strafbarkeit dieser Tat erforderlich. Wer den Erfolg einer Straftat zwar nicht unbedingt will, ihn aber als möglich voraussieht und seinen Eintritt billigend in Kauf nimmt bzw. sich mit dem ungewünschten Eintritt des Erfolges abfindet, handelt **bedingt vorsätzlich**. Sofern das Gesetz nicht ausdrücklich etwas anderes regelt, reicht der bedingte Vorsatz für die Annahme einer Straftat aus. Eine große Bedeutung hat der bedingte Vorsatz im Rahmen der Körperverletzungs- und Tötungsdelikte. Wer z. B. mit 180 km/h durch eine geschlossene Ortschaft rast, will vielleicht nicht, dass dabei ein Mensch getötet wird, sieht die Möglichkeit eines Unfalls aber voraus und nimmt ihn billigend in Kauf.

3.2 Fahrlässigkeit

Eine fahrlässig begangene Tat führt nur dann zu einer Verurteilung, wenn die Strafbarkeit der Fahrlässigkeit ausdrücklich gesetzlich vorgesehen ist. Nach den von der Rechtsprechung entwickelten Kriterien handelt fahrlässig, wer die ihm in bestimmten Situationen (Straßenverkehr, Arbeitsplatz usw.) auferlegte Sorgfaltspflicht außer Acht lässt und deshalb einen strafbaren Erfolg herbeiführt, den er – nach seinen subjektiven Kenntnissen und Fähigkeiten – hätte voraussehen und vermeiden können. Ist sich der Täter seines gefährlichen Verhaltens bewusst, handelt aber trotzdem entgegen seiner Sorgfaltspflicht, weil er darauf hofft, dass schon nichts passieren werde, liegt eine **bewusste** Fahrlässigkeit vor. Fehlt ihm die Kenntnis von der Gefährlichkeit seines Tuns, obwohl er sie hätte erkennen können und müssen, handelt es sich um **unbewusste** Fahrlässigkeit.

BEISPIELE

a. Bewusste Fahrlässigkeit: Ein Pkw-Fahrer biegt kurz vor einem vorfahrtberechtigten Fahrzeug in die Straße ein, wobei er darauf vertraut, dass der andere schon bremsen werde, wenn es knapp wird.

b. Unbewusste Fahrlässigkeit: Eine Mutter hantiert beim Reinigen in der Wohnung mit einer ätzenden Flüssigkeit. Als ihr kleines Kind in die Küche kommt, achtet sie nicht auf die offene Flasche, aus der das Kind unbeobachtet trinkt.

Die Beurteilung der Vorhersehbarkeit und Vermeidbarkeit des strafbaren Erfolgs ist ein Feld, auf dem sich Schöffen mit alltäglicher Lebenserfahrung in besonderer Weise einbringen können. Die Gerichte neigen vielfach dazu, die Vorhersehbarkeit vom Ergebnis her zu beurteilen. Der BGH hat z. B. bei einem Zusammenstoß zweier Radfahrer, bei dem einer aufgrund bereits vorhandener Rückgratversteifung an den Verletzungen gestorben ist, den Tod für den Unfallverursacher als vorhersehbar und daher eine fahrlässige Tötung (§ 222 StGB) angenommen.[15]

3.3 Grenzfälle zwischen Vorsatz und Fahrlässigkeit

Es gibt eine Reihe von Fallgestaltungen, bei denen es zweifelhaft sein kann, ob der Täter noch (bewusst) fahrlässig oder schon (bedingt) vorsätzlich gehandelt hat. Der Unterschied kann anhand von zwei Fragen verdeutlicht werden. Hat der

15 BGH, Urteil vom 09.03.1951, Az.: 4 StR 48/51, LM Nr. 1 zu § 222 StGB.

Täter gedacht *„Ich sehe die Gefahr. Es wird aber schon nichts passieren und alles gut gehen, auch wenn ich gegen meine Pflicht verstoße"*, liegt bewusste Fahrlässigkeit vor. Sagt sich der Täter hingegen *„Ich müsste zwar sorgfältig handeln und will nicht, dass etwas passiert; aber wenn etwas passiert, ist mir das auch egal"*, liegt bedingter Vorsatz vor.

Die Schwierigkeit liegt auf der Hand. Wie soll das Gericht wissen, was der Täter sich vor oder bei der Tat gedacht hat? Es ist darauf angewiesen, aus den mit den vorhandenen Beweismitteln objektiv festgestellten Tatsachen auf die subjektive Vorstellung des Täters zu schließen. Dabei kommen verschiedene Indikatoren in Betracht:

- Die **Gefährlichkeit** einer Handlung, insbesondere bei Gewalttaten (Art des verwendeten Tatwerkzeugs, Intensität der Gewalt, Konstitution des Täters bzw. Opfers): Je gefährlicher eine Handlung ist, je weniger der Täter die Auswirkungen der Tat beherrschen kann, je mehr sich die Intensität des Angriffs im Laufe der Handlung steigert, umso mehr nähert sich die Einschätzung einem bedingten Vorsatz.
- **Äußerungen** vor der Tat lassen Rückschlüsse zu, sollten aber nicht überbewertet werden. Der Satz „Ich bring Dich noch mal um", lässt bei einer späteren Auseinandersetzung, bei der der Bedrohte tatsächlich verstirbt, nicht zwingend auf einen Tötungsvorsatz schließen. Äußerungen nach der Tat können Indiz-Charakter haben, insbesondere wenn sie im Widerspruch zum Geschehen stehen. Alkohol- oder Drogeneinfluss können einen Einblick in das (wahre) Innenleben geben, aber auch enthemmend wirken, sodass Dinge geäußert werden, die in nüchternem Zustand nie gesagt würden. Zeigt der Angeklagte in der Hauptverhandlung eine völlige Gleichgültigkeit hinsichtlich seiner Tat, kann daraus auf ein Billigen, also einen bedingten Vorsatz geschlossen werden.
- Wird der Täter durch seine Handlung **selbst gefährdet,** kann dies gegen einen bedingten Vorsatz sprechen. Je höher die Eigengefährdung und die Kenntnis des Täters hiervon sind, desto mehr spricht dafür, dass der Täter darauf vertraut, es werde schon nichts passieren.

In der Praxis können vielfältige Indizien Rückschlüsse auf das vom Täter Gedachte und Gewollte zulassen. Alle Merkmale müssen auf Gegenargumente geprüft und gegeneinander abgewogen werden. Oft greifen Gerichte zur Begründung für das (Nicht-)Vorliegen eines bedingten Vorsatzes auf das Argument der „Gesamtschau aller Merkmale" zurück. Dabei zieht das Gericht nicht aus einzelnen Merkmalen (Alkoholisierung, verbale Aggressivität, Motivlosigkeit, entgegenstehende Interessenlage usw.) Schlussfolgerungen in die eine oder andere Richtung, sondern aus ihrem Zusammenspiel.

4 Rechtswidrigkeit und Rechtfertigungsgründe

Das Handeln des Täters muss rechtwidrig sein, d. h. objektiv gegen die Rechtsordnung verstoßen. Hat der Täter den objektiven Tatbestand einer Strafnorm verwirklicht und vorsätzlich (oder fahrlässig) gehandelt, wird in der Regel vermutet, dass seine Handlung auch rechtswidrig war. Diese Vermutung wird widerlegt, wenn der Täter einen Grund hat, der sein Handeln rechtfertigt. Nur bei wenigen Straftatbeständen muss die Rechtswidrigkeit gesondert geprüft werden, wenn die Strafnorm dies vorsieht.

Rechtfertigungsgründe, die die Rechtswidrigkeit einer an sich verbotenen Handlung entfallen lassen, sind:

(a) Notwehr (§ 32 StGB): Zur „Abwehr eines gegenwärtigen rechtswidrigen Angriffs“ (sog. Notwehrlage) ist der Angegriffene berechtigt, sich mit Mitteln zur Wehr zu setzen, die selbst objektiv eine Straftat darstellen. Wer einen Räuber mit einem Schlag auf den Kopf abwehrt, begeht objektiv und subjektiv zwar eine Körperverletzung. Diese ist aber gerechtfertigt (also nicht rechtswidrig), weil sich jeder gegen einen Angriff auf sein Eigentum oder auf seine Person wehren darf. Das Recht muss dem Unrecht nicht weichen. Gerechtfertigt ist nur die erforderliche und gebotene Notwehrhandlung. „Erforderlich“ ist die Verteidigungshandlung, die bei größtmöglicher Schonung des Angreifers eine sofortige und endgültige Beendigung des Angriffs erwarten lässt.

Das Notwehrrecht ist ausgeschlossen bei

- einem krassen Missverhältnis zwischen dem angegriffenen Rechtsgut und der Verteidigungshandlung (Klassischer Fall: Der gelähmte Bauer schießt aus dem Rollstuhl einen Jungen vom Baum, der Äpfel stiehlt);
- Angriffen von Schuldunfähigen (Kinder, Geisteskranke, Volltrunkene oder erkennbar Irrende);
- Angriffen im engen persönlichen Bereich;
- schuldhafter Provokation der Notwehrlage durch den Angegriffenen.

BEISPIELE

a. A sitzt in der Kneipe und trinkt ein Bier. B will nach dem Bier von A greifen, worauf dieser ihn spontan zurückstößt. B fällt zu Boden und erleidet eine Prellung, was A billigend in Kauf genommen hatte. A hat eine Körperverletzung begangen, die durch Notwehr gerechtfertigt war. Ein Angriff auf ein Rechtsgut (Eigentum) liegt vor, da B das Bier entwenden wollte. Dieser war rechtswidrig, weil B auf das Bier keinen Anspruch hatte. Der Stoß war geeignet, den Angriff sofort zu beenden, und auch geboten, da er das unter den gegebenen Umständen mildeste Mittel darstellte.
b. A und B provozieren den C mit Beleidigungen. Als dieser wütend zuschlägt, nutzen die beiden die Gelegenheit, um C ordentlich zu verprügeln. A und B können sich nicht auf eine rechtfertigende Notwehr berufen, weil sie den Angriff des C provoziert haben.

(b) Nothilfe: Unter den Voraussetzungen der Notwehr kann auch ein Dritter dem Inhaber des Rechtsguts zu Hilfe eilen und einen rechtswidrigen Angriff auf diesen als sog. Nothelfer abwenden.

(c) Rechtfertigender Notstand (§ 34 StGB): Besteht für ein Rechtsgut (Leben, Eigentum usw.) eine gegenwärtige Gefahr, darf zur Abwendung dieser Gefahr von sich oder einem anderen eine „Tat" begangen werden. So ist das Zerschlagen einer Fensterscheibe keine rechtswidrige Sachbeschädigung, wenn damit bei ausströmendem Gas in einem Raum eine Explosion verhindert werden soll. Die Gefahr darf aber nicht auf andere Weise als durch die objektiv strafbare Handlung zu beseitigen sein. Der angerichtete Schaden muss in einem angemessenen Verhältnis zum verteidigten Rechtsgut stehen (worüber die Mitglieder des Gerichts eine Interessenabwägung anstellen müssen).

Der Unterschied zwischen Notwehr und Notstand besteht darin, dass die Notwehr einen *konkreten Angriff*, der Notstand lediglich eine *Gefahr* für das Rechtsgut voraussetzt, was den Anwendungsbereich des Notstandes erheblich erweitert.

BEISPIEL

Zwei Tierschützer dringen in einen Schweinezuchtbetrieb ein, um Verstöße gegen die Verordnung zum Schutz landwirtschaftlicher Nutztiere zu dokumentieren. Kenntnis davon erhielten sie von einer anonymen Quelle. Die zuständigen Behörden hatten sich auf erstattete Anzeigen hin geweigert, etwas zu unternehmen. Die während des Besuchs angefertigten Bildaufnahmen wurden dem Ministerium vorgelegt und Strafanzeige erstattet. AG und LG sprachen die Tierschützer vom Vorwurf des Hausfriedensbruchs frei;

das OLG bestätigte den Freispruch. Der Hausfriedensbruch sei gemäß § 34 StGB gerechtfertigt. Dies gelte aber nur, wenn die Gesetzesverstöße bekannt seien und die Behörden trotzdem nichts unternähmen.[16]

(d) Einwilligung: Die Rechtswidrigkeit einer Handlung kann entfallen, wenn der Inhaber des Rechtsgutes mit dem Eingriff einverstanden ist. Wird z. B. vom Arzt Blut aus der Vene entnommen, stellt dies objektiv und subjektiv eine Körperverletzung dar, in die der Patient jedoch rechtfertigend einwilligt. Nicht jede Einwilligung rechtfertigt; sie kann sittenwidrig sein und deshalb keine Rechtfertigung darstellen. Wenn sich etwa zwei rivalisierende „Fan"-Gruppen von Fußballvereinen zur Schlägerei verabreden und mit den Verletzungen einverstanden sind, setzt die Rechtsordnung einem solchen Einverständnis Grenzen.[17]

(e) Rechtfertigende **Pflichtenkollision:** Es bestehen zwei Handlungspflichten, aber nur einer kann nachgekommen werden, z. B. der an der Unfallstelle weilende Arzt kann von zwei Verletzten nur einem helfen, der andere verstirbt. Der Arzt handelt hinsichtlich des verstorbenen Verletzten nicht rechtswidrig, da er beide Pflichten nicht gleichzeitig erfüllen kann.

(f) Festnahmerecht für jedermann (§ 127 StPO): Jeder ist befugt, eine Person vorläufig festzunehmen, wenn diese auf frischer Tat oder unmittelbar danach auf der Flucht angetroffen wird, um die Flucht zu verhindern und die Feststellung der Identität zu sichern. Maßgeblich ist, dass diese Person eine „Tat" begangen hat. Der BGH lässt starke Verdachtsmomente für eine „Tat" ausreichen, weil die Bürger zur Zivilcourage motiviert und nicht durch Unsicherheit, ob eine Tat tatsächlich vorliegt, zurückgehalten werden sollen. Bei der Festnahme ist die Verhältnismäßigkeit zu beachten. Wenn der Tatverdächtige sich wehrt, sind alle Mittel – auch leichte Körperverletzungen und Sachbeschädigungen – erlaubt, die mit der Festnahme zwangsläufig verbunden sind. Eine wilde Verfolgungsjagd ist allerdings nicht erlaubt. Die Straßenverkehrsordnung dient dem Allgemeininteresse und Beeinträchtigungen sind nicht durch § 127 StPO zu rechtfertigen.

(g) Handeln auf Befehl rechtfertigt einen Soldaten, wenn die befohlene Handlung rechtmäßig ist. Der Soldat kann die Ausführung verweigern, wenn die befohlene Handlung unrechtmäßig ist. Dem Befehl zu einem gezielten Abschuss eines Passagierflugzeugs, das Entführer über bewohntem Gebiet zum Absturz bringen wollen, könnte der Soldat gemäß § 11 Abs. 2 Soldatengesetz den Gehorsam verweigern. Danach darf ein Befehl nicht befolgt werden, wenn dadurch eine Straftat begangen würde.

16 OLG Naumburg, Urteil vom 22.02.2018, Az.: 2 Rv 157/17, NStZ 2018, S. 472.
17 BGH, Beschluss vom 20.02.2013, Az.: 1 StR 585/12, NStZ 2013, S. 342.

(h) Zivilrechtlicher Notstand: Von einer Sache geht eine Gefahr aus, die entweder durch Zerstörung oder Beschädigung *dieser* (§ 228 BGB) oder einer *anderen* Sache (§ 904 BGB) abgewendet werden kann.

BEISPIEL
A wird von dem wertvollen Rassehund seines Gastgebers G, bei dem er zu Besuch ist, angegriffen. A nimmt einen Bierkrug des G und schlägt ihn dem Hund auf den Schädel. Der Hund stirbt, der Krug zerbricht. Objektiv hat A eine Sachbeschädigung an dem Hund (der nach § 90a BGB wie eine Sache behandelt wird) und an dem Krug begangen. Dies war gerechtfertigt, weil von dem Hund eine Gefahr ausging; der Bierkrug hat als „andere Sache" dazu gedient, die Gefahr abzuwehren. A hat sich nicht strafbar gemacht.

(i) Wahrnehmung berechtigter Interessen (§ 193 StGB): Eine Beleidigung oder üble Nachrede ist nicht strafbar, wenn sie zur Wahrnehmung berechtigter Interessen vorgenommen wurde, z. B. wenn ein Kritiker abwertende Äußerungen über die Leistung eines Künstlers veröffentlicht.

5 Schuld, Schuldausschließungs- und Entschuldigungsgründe

(a) Das deutsche Strafrecht ist *Schuld*strafrecht, d. h. ein Täter kann nur bestraft werden, wenn er schuldhaft handelte. Schuld bedeutet, dass dem Täter sein Verhalten vorgeworfen werden kann. Grundsätzlich basiert das Strafrecht auf der Annahme, dass jeder Mensch (jedenfalls ab einem bestimmten Alter) einen freien Willen hat und zwischen Gut (straffreies Verhalten) und Böse (strafbares Verhalten) unterscheiden kann. **Willensfreiheit** bedeutet, dass eine Person die Wahl zwischen Alternativen hat; sie kann anders handeln bzw. sich anders entscheiden, als sie es tatsächlich tut. Welche Wahl getroffen wird, hängt entscheidend von der Person selbst ab. Wie die Person handelt oder sich entscheidet, unterliegt ihrer Kontrolle. Diese Kontrolle darf nicht durch Zwang ausgeschlossen sein. Wer frei in seiner Entscheidung ist, ist für ein verbotenes Tun verantwortlich und wird dafür sanktioniert. Von der grundsätzlichen Annahme der Willensfreiheit macht das Gesetz Ausnahmen, weil nicht jeder Mensch in jeder Situation frei in seiner Entscheidung ist. Dann kann ihm sein Verhalten nicht vorgeworfen werden; er handelt ohne (oder mit verminderter) Schuld.

Zur Schuld gehört das **Unrechtsbewusstsein**, d. h. das Wissen, dass eine Handlung verboten ist. Dabei reicht die *Möglichkeit* aus, das Verbotene eines Tuns zu kennen. Es muss keine Kenntnis des konkreten Gesetzes bestehen, das das Verbot enthält. Es genügt zu wissen, dass „man" eine bestimmte Handlung „nicht tun darf".

Hat jemand objektiv und subjektiv den Tatbestand eines Strafgesetzes verwirklicht und war dieses Handeln rechtswidrig, ist in aller Regel davon auszugehen, dass der Täter auch schuldhaft gehandelt hat. Tatbestand und Rechtswidrigkeit sind Indizien für die Schuld. Indizien können widerlegt werden. Derjenige, der tatbestandlich und rechtswidrig gehandelt hat, kann trotzdem ohne Schuld sein. Das StGB unterscheidet zwei große Gruppen von Zuständen oder Verhaltensweisen, in denen ein schuldhaftes Handeln widerlegt oder aus gesetzlichen Gründen nicht angenommen wird: Schuldausschließungs- und Entschuldigungsgründe.

(b) Schuldausschließungsgründe: Die Schuld kann ausgeschlossen oder vermindert sein.

(aa) Kinder (bis zur Vollendung des 14. Lebensjahres) sind von Gesetzes wegen strafunmündig, d. h. sie können strafrechtlich nicht zur Verantwortung gezogen werden. Sie unterliegen den jugendrechtlichen Maßnahmen des SGB VIII (Kinder– und Jugendhilfe). Für sie sind die Träger der öffentlichen Jugendhilfe (z. B. Jugendamt) zuständig. **Jugendliche** (vom 14. bis zur Vollendung des 18. Lebensjahres) sind bedingt schuldfähig und unterliegen dem Jugendstrafrecht. Bei **Heranwachsenden** wird im konkreten Fall unterschieden, ob sie nach Jugend- oder allgemeinem Strafrecht abgeurteilt werden. Die Frage der Schuldfähigkeit wird durch diese Unterscheidung nicht berührt.

(bb) Schuld*un*fähig sind aus biologisch-psychologischen Gründen solche Personen (§ 20 StGB), die bei Begehung der Tat wegen einer krankhaften seelischen Störung, einer tiefgreifenden Bewusstseinsstörung, Schwachsinns oder einer anderen seelischen Abartigkeit nicht in der Lage sind, das Unrecht der Tat einzusehen (fehlende Einsichtsfähigkeit) oder diese Einsicht haben, aber nicht in der Lage sind, danach zu handeln (fehlende Steuerungsfähigkeit). Umgangssprachlich wird auch von „Unzurechnungsfähigkeit" gesprochen. Ob eine dieser Störungen vorliegt, beurteilt in der Regel ein medizinischer, psychologischer oder psychiatrischer Sachverständiger. Er stellt nur den Zustand des Beschuldigten fest; ob daraus eine Schuldunfähigkeit resultiert, unterliegt der Beurteilung des Gerichts. Die **verminderte Schuldfähigkeit** (§ 21 StGB) ist eine herabgesetzte Fähigkeit des Täters aus den in § 20 StGB genannten Gründen, das Unrecht seines Tuns einzusehen oder danach zu handeln. Die Strafe kann in diesem Fall gemildert werden.

Da berauschende Mittel – wenn auch nur zeitweise – die Hirntätigkeit beeinträchtigen, kann eine (eingeschränkte) Schuldunfähigkeit durch übermäßigen Alkohol-, Drogen- oder Medikamentenkonsum eintreten. Wenn der Täter auf Grund der Intoxikation „nicht mehr weiß, was er tut", d. h. seine Einsichts-

oder Steuerungsfähigkeit verloren hat, handelt er ohne Schuld. Von Schuldfähigkeit wird in der Regel ab einem Promillewert von 3,0 ‰ ausgegangen. Das ist kein absoluter Wert, lediglich ein Anhaltspunkt, bei dem das Gericht die Schuld(un)fähigkeit prüfen muss. Im Einzelfall können alkoholgewohnte und ansonsten abstinente Personen unterschiedlich beurteilt werden. Auch nach Taten kann (wegen unterschiedlich hoher Hemmschwellen) differenziert werden. Geht es z. B. um ein Tötungsdelikt, ist eine Blutalkoholkonzentration von 3,3 ‰ als Orientierungswert maßgeblich. Die Prüfung einer verminderten Schuldfähigkeit ist ab 2,0 ‰ angesagt.

Nicht jede Schuldunfähigkeit nach Alkoholkonsum führt auch zwingend zur Straffreiheit:

- Wer sich vorsätzlich oder fahrlässig in einen Rausch versetzt, der ihn schuldunfähig macht, und in diesem Zustand eine Straftat begeht, kann wegen **Vollrausches** (§ 323a StGB) bestraft werden. Der klassische Fall ist der, dass jemand aufgrund früherer Erfahrung weiß, dass er unter Alkoholeinfluss zur Aggressivität neigt. Wer sich trotzdem betrinkt und in diesem Zustand einen anderen verletzt, wird auch dann bestraft, wenn er „sinnlos“ betrunken war.
- Wer schon vor dem Rausch eine Ursache für die spätere Straftat setzt **(sog. vorverlegte Schuld),** wird wegen des im Rausch begangenen Delikts bestraft, weil sein Verschulden bereits vor dem Alkoholgenuss liegt, z. B. wer den Kfz-Schlüssel in der Tasche hat, sich in der Kneipe betrinkt und dann betrunken seinen Pkw fährt.

(c) Entschuldigungsgründe: Ohne Schuld handelt der Täter beim Notwehrexzess (§ 33 StGB) und beim entschuldigenden Notstand (§ 35 StGB).

(aa) Überschreitet der Angegriffene das gebotene Maß der Notwehr (**Notwehrexzess**), bleibt es bei der Rechtswidrigkeit seiner Abwehrhandlung. Handelt er übermäßig aus „Verwirrung, Furcht oder Schrecken“, ist er ohne Schuld und wird nicht bestraft (§ 33 StGB). Diese Gemütsregungen werden als asthenische Affekte bezeichnet, weil sie sich aus einem Gefühl der Schwäche und Unterlegenheit entwickeln. Sthenische Affekte wie Wut, Hass, Zorn oder Kampfeseifer entwickeln sich aus einem Gefühl der Stärke heraus, fallen also nicht unter die Entschuldigungsgründe, wenn sie Auslöser für die Überschreitung der gebotenen Notwehr sind. Die schwierige Aufgabe für das Gericht ist weniger die rechtliche Einordnung des Falles, sondern die Beurteilung der Motivation des Abwehrenden.

BEISPIEL

T will die Tankstelle des O überfallen. Er zielt mit einer Pistole auf den O und brüllt, O solle die Kasse leerräumen. O gerät in Todesangst und befolgt die Anweisungen des T. Als T in Richtung Eingangstür schaut, ob keine weiteren Kunden kommen, greift O nach einem Baseballschläger und schlägt auf T ein. Die Pistole fliegt in eine Ecke. Bis hierhin hat O in Notwehr gehandelt. Er ist weiterhin in Todesangst und erkennt nicht, dass T fliehen will. O schlägt erneut zu. T sinkt bewusstlos zu Boden. O überschreitet die gebotene Notwehr, bleibt aber straflos, weil der zweite Schlag auf seiner Angst beruht.
Anders wäre der Fall, wenn O noch einmal zugeschlagen hätte, damit T nicht „so einfach davonkommt". Er handelt nicht mehr mit dem Willen sich zu verteidigen, sondern aus Zorn oder Rache wegen des Überfalls. Damit macht er sich der (gefährlichen) Körperverletzung schuldig.[18]

(bb) Der **entschuldigende Notstand** stellt denjenigen straffrei, der zur Abwehr einer gegenwärtigen Gefahr für Leben, Leib und Freiheit von sich oder einer nahestehenden Person eine rechtswidrige Tat begeht.

BEISPIEL

A und B sind die einzigen Überlebenden eines Schiffsunglücks. Sie treiben auf dem offenen Meer, können aber eine Holzplanke ergreifen. Die Planke ist jedoch nicht stabil genug, um beide tragen zu können. Daher stößt A den schwächeren B von der Planke, um sein eigenes Leben zu retten. Das Beispiel ist als „Brett des Karneades", einem griechischen Philosophen im 3./2. Jahrhundert v. Z., in die Geschichte eingegangen. Nach deutschem Recht hätte A ein Tötungsdelikt begangen, bliebe aber wegen eines entschuldigenden Notstandes straffrei.

(cc) Ein rechtswidriger **Befehl** zur Begehung eines Vergehens oder Verbrechens entschuldigt einen Soldaten oder Beamten, der nicht erkennt, dass die Ausführung des Befehls eine Straftat darstellt. Dieser Schuldausschließungsgrund ist in § 3 Völkerstrafgesetzbuch und § 5 Wehrstrafgesetz geregelt.

18 Instruktiv hierzu ist das Urteil des BGH vom 27.10.2015, Az.: 3 StR 199/15, NStZ 2016, S. 333, www.hrr-strafrecht.de/hrr/3/15/3-199-15.php (Keine Rechtfertigung oder Entschuldigung bei Tötung eines flüchtenden Räubers).

6 Strafausschließungs- und Strafaufhebungsgründe

Selbst wenn die Beweisaufnahme eine tatbestandsmäßige, rechtswidrige und schuldhafte Tat ergibt, gibt es Ausnahmen von der Strafbarkeit. Nicht bestraft wird ein Täter, wenn bestimmte Gründe die Strafe von vornherein ausschließen (Straf*ausschließungs*gründe) oder nachträglich aufheben (Straf*aufhebungs*gründe).

(a) Strafausschließungsgründe: Straffrei aus gesetzlichen Gründen bleibt, wer

– zugunsten eines Angehörigen (§ 11 Nr. 1 StGB) eine Strafvereitelung begeht (§ 258 Abs. 6 StGB);
– bei einem Beischlaf zwischen Verwandten (Inzest) selbst noch nicht 18 Jahre alt ist (§ 173 Abs. 3 StGB);
– als Abgeordneter des Bundestages, der Bundesversammlung oder eines Landtages den Schutz der Indemnität genießt (§ 36 StGB);
– als Beteiligter an einer Straftat einem anderen Beteiligten Hilfe leistet, um ihm die Vorteile der Tat zu sichern (Begünstigung, § 257 Abs. 3 StGB). Ausnahme: Strafbar ist, einen Unbeteiligten zur Begünstigung eines anderen Beteiligten anzustiften;
– mit einer Strafvereitelung zu seinen eigenen Gunsten handelt (§ 258 Abs. 5 StGB).

(b) Strafaufhebungsgründe entstehen nach der Tat.

– **Rücktritt vom Versuch:** Die Strafbarkeit wird aufgehoben, wenn der Täter die Tat aufgibt, solange sie noch nicht vollendet ist, sodass der strafrechtliche Erfolg nicht eintritt, z. B. wenn der Einbrecher wieder umkehrt, bevor er eine Sache entwendet hat. Ebenso wird straffrei, wer für den Eintritt des Erfolges alles Erforderliche getan hat, diesen aber aktiv verhindert, z. B. wenn der Brandstifter die von ihm gelegte Feuerfalle vor dem Entzünden wieder beseitigt.
Der Versuch darf noch nicht entdeckt sein und der Täter muss freiwillig von der Tat ablassen. Auf dem Weg zum beabsichtigten Erfolg bereits begangene andere Straftaten bleiben strafbar. Hat der Einbrecher bereits das Fenster aufgehebelt, durch das er in ein Haus einsteigen will, ist er – wenn er aufgibt – vom Delikt des Diebstahls in besonders schwerem Fall (§ 243 StGB) strafbefreiend zurückgetreten, hat aber eine Sachbeschädigung an dem Fenster vollendet. Wird der Täter vor Vollendung der Tat gestört und ergreift die Flucht, liegt kein Rücktritt vom Versuch vor, da er den Versuch nicht freiwillig aufgibt. Der fehlgeschlagene Versuch ist strafbar.
– **Rücknahme des Strafantrages** bei einem Antragsdelikt: Bei einem absoluten Antragsdelikt entfällt mit der Rücknahme des Strafantrages durch den Berechtigten (Geschädigter, Angehöriger usw.) die Strafbarkeit (§ 77d StGB), da der Strafantrag notwendige Voraussetzung für die Strafverfol-

gung ist. Bei einem relativen Antragsdelikt kann die Staatsanwaltschaft bei fehlendem Strafantrag das besondere öffentliche Interesse bejahen und die Strafverfolgung (weiter) betreiben.

– Eintritt der **Verjährung** (§§ 78 ff. StGB): Die Verfolgung von Straftaten kann nach Ablauf einer bestimmten Zeit nach Begehung der Tat verjähren. Lediglich Mord ist von einer Verjährung ausgenommen (§ 78 Abs. 2 StGB). Die Verjährungsfristen richten sich nach der Höhe der Strafe, die eine Norm androht (vgl. § 78 Abs. 3 StGB). Eine Verjährung kann durch verschiedene Ereignisse (Haftbefehl, Durchsuchung, Vernehmung usw.) unterbrochen werden, sodass die Frist erneut beginnt (§ 78c Abs. 1, 3 StGB). Endgültig tritt Verjährung nach Ablauf der doppelten Frist ein, die im Gesetz vorgesehen ist (absolute Verjährung).

7 Irrtum

Der Mensch kann sich irren. Der Irrtum kann bei der Prüfung der Strafbarkeit beachtlich sein. Er kann sich auf einzelne Elemente des Tatbestandes beziehen oder auf das Verbotene einer Handlung an sich.

7.1 Irrtum über den Tatbestand

Irrt sich der Täter über Merkmale, die zum gesetzlichen Tatbestand gehören (also die verbotene Handlung beschreiben, sog. **Tatbestandsirrtum**), handelt er ohne Vorsatz (§ 16 Abs. 1 StGB). Nimmt der Täter irrtümlich Umstände an, die eine mildere Straftat darstellen, wird er nach dem milderen Gesetz bestraft (§ 16 Abs. 2 StGB).

Der Täter kann sich über die Person oder die Sache irren, gegen die sich seine „Tat" richtet (**Tatobjekt**). Nimmt jemand z. B. im Lokal versehentlich einen fremden Mantel mit, irrt er sich über das Merkmal „fremd" in § 242 StGB. Anders liegt der Fall, wenn A den B töten will, versehentlich aber den C erschießt. Hier ist die Verwechselung unbeachtlich, da A jedenfalls den Vorsatz hat, „einen Menschen" (§ 212 StGB) zu töten.

Der Irrtum kann sich auch auf den **Ablauf der Tat** beziehen. Die Abweichung des tatsächlichen Ablaufs von dem vorgestellten muss so erheblich sein, dass der Täter sie unter keinen Umständen in seine Überlegung einbeziehen konnte. Nur dann entfällt der Vorsatz. Ob das Abweichen des Ablaufs „erheblich" war (vom Täter vorhergesehen werden konnte), können Schöffen beurteilen, indem sie den Fall aus der Perspektive des Täters *vor und bei der Tat* – und nicht vom Ergebnis her – betrachten.

Beruht der Irrtum über ein Merkmal des Tatbestandes auf **Fahrlässigkeit**, kann der Angeklagte ggf. wegen fahrlässiger Begehung dieses Deliktes bestraft werden, wenn die Fahrlässigkeit unter Strafe gestellt ist. Beim „Diebstahl" eines Mantels aus der Garderobe durch Verwechselung erübrigt sich eine Prüfung auf Fahrlässigkeit, weil ein Diebstahl nur vorsätzlich begangen werden kann.

7.2 Irrtum über das Verbotene des Tuns

Fehlt dem Täter bei der Begehung einer Tat unvermeidbar die Einsicht, Unrecht zu tun, d.h. irrt er über das Vorhandensein einer Verbotsnorm *(„Was ich tue, ist nicht strafbar, weil es dafür kein Strafgesetz gibt")* oder über den Umfang der Norm *(„Was ich tue, ist noch nicht im strafbaren Bereich"),* wird er nicht bestraft (sog. **Verbotsirrtum,** § 17 StGB). Einsicht in das Unrecht eines Tuns hat der Täter, wenn er sich bewusst ist, eine Rechtsnorm (nicht unbedingt des Strafrechts) zu verletzen. „Unvermeidbar" ist ein Irrtum über das Unrecht, wenn der Täter pflichtgemäß eine Erkundigung eingeholt, aber keine zuverlässige Auskunft erhalten hat. Selbst Auskünfte eines Experten (z.B. Rechtsanwalt) können einen Irrtum nicht unvermeidbar machen, wenn das Unerlaubte dem Laien bei mäßiger „Anspannung von Gewissen und Verstand" leicht erkennbar ist.

Gerade bei der Beurteilung der Frage, worüber der Rechtsunkundige irren und inwieweit das Gericht einen Irrtum dem Angeklagten abnehmen kann, können Schöffen einen wertvollen Beitrag leisten. Manchmal ist aus ihrer Sicht besser zu beurteilen, was an Wissen in der Bevölkerung vorausgesetzt werden kann. Viele Kenntnisse hält der Jurist für selbstverständlich, die dem nicht juristisch vorgebildeten Bürger keineswegs geläufig sind. War der Irrtum unvermeidbar, erfolgt Freispruch wegen dieser Tat. War der Irrtum vermeidbar, wird der Angeklagte verurteilt. Sind die Umstände des Irrtums nachvollziehbar, muss das Gericht über eine Milderung der Strafe entscheiden (§ 49 Abs. 1 StGB).

TEIL B

Grundlagen des Strafverfahrens

Das Strafverfahren ist ein gesetzlich geordnetes Verfahren, in dem darüber entschieden wird, ob eine bestimmte Person eine konkret bezeichnete Straftat begangen hat. Teil B vermittelt die zum Verständnis des Verfahrensablaufs notwendigen Kenntnisse über Aufgaben und Ziele des Strafprozesses sowie die verfassungs- und strafverfahrensrechtlichen Grundsätze.

KAPITEL 1

Ablauf und Aufgaben des Strafverfahrens

Das Strafverfahren im engeren Sinn (sog. Erkenntnisverfahren) teilt sich in drei Abschnitte: das **Ermittlungsverfahren,** das von der Staatsanwaltschaft oder einer ihr gleichgestellten Ermittlungsbehörde (Zollverwaltung, Finanzverwaltung mit der Steuerfahndung im Bereich des Abgabenrechts) geführt wird, nach Anklageerhebung das gerichtliche **Zwischenverfahren,** in dem über die Zulassung der Anklage entschieden wird, und das **Hauptverfahren** mit Hauptverhandlung, in der das Gericht über die Schuld des Angeklagten und die ggf. festzusetzenden Rechtsfolgen entscheidet. Daran kann sich noch ein **Rechtsmittelverfahren** anschließen (Berufung, Revision).

Ermittlungsverfahren
Beginn der Ermittlungen von Amts wegen bei Vorliegen des Anfangsverdachts einer Straftat
Ermittlung eines hinreichenden Tatverdachts
Beendigung durch Einstellung des Verfahrens oder Erhebung der Anklage

⇩

Zwischenverfahren
Beginn mit Einreichung der Anklageschrift
Gericht prüft hinreichenden Tatverdacht
Beendigung mit der Entscheidung über die Ablehnung oder Zulassung der Anklage zum Hauptverfahren

⇩

Hauptverfahren
Vorbereitung und Durchführung der Hauptverhandlung
Beendigung mit Einstellung oder einem Urteil, das mit einem Rechtsmittel angegriffen oder rechtskräftig wird

Abbildung 2 Ablauf des Erkenntnisverfahrens

Der Strafprozess dient der Durchsetzung der materiellen Normen des Strafgesetzbuches und der strafrechtlichen Nebengesetze. Ablauf und Organisation des Strafverfahrens sowie die Rechtsstellung der einzelnen Verfahrensbeteiligten sind im Strafprozessrecht geregelt.

Der Strafprozess verfolgt im Wesentlichen drei Ziele. Das erste besteht in der **Sachverhaltserforschung** und **Beweiswürdigung** zur Verurteilung des Schuldigen bzw. zum Freispruch des Nichtschuldigen. Dazu müssen vom Gericht von Amts wegen alle Tatsachen und Beweismittel, die für die Entscheidung von Bedeutung sind, ermittelt werden. Das Gericht muss ein bestimmtes historisches Ereignis aufgrund von Beweisen und Indizien rekonstruieren, um zu beurteilen, ob es sich bei den dem Angeklagten vorgeworfenen Vorgängen um strafbare Handlungen handelt. Bei der Feststellung, was in der Vergangenheit geschehen ist, zieht das Gericht Schlussfolgerungen aus diesen Beweistatsachen.

Zweites Ziel ist der Schutz des Angeklagten und anderer Beteiligter (z. B. der Zeugen) vor Willkür und staatlichem Übereifer (**Rechtsstaatlichkeit** des Verfahrens). Gesetzliche Regeln sollen sicherstellen, dass der Unschuldige nicht verurteilt und der Schuldige in einem fairen Verfahren überführt und einer gerechten Strafe zugeführt wird. Drittes Ziel ist die Beilegung sozialer Konflikte, die aufgrund einer Straftat entstanden sind; es soll **Rechtsfrieden** hergestellt werden. Das Urteil versöhnt die Gesellschaft, eventuell auch den Geschädigten, mit dem Straftäter und schützt sie – wenn nötig – vor ihm. Zur Durchsetzung dieser Ziele beruht das Strafverfahren auf Grundsätzen, die in der Verfassung, internationalen Verträgen und dem Strafprozessrecht geregelt sind.

KAPITEL 2

Verfassungsrechtliche Grundsätze des Strafverfahrens

Das Grundgesetz enthält eine Reihe von Vorschriften, die auf das Strafverfahren unmittelbaren oder mittelbaren Einfluss haben. Das sind die allgemeinen Grundrechte (Art. 1 bis 19 GG) und das Rechtsstaatsprinzip (Art. 20 Abs. 3 GG) sowie die speziellen Justizgrundrechte (Art. 101 bis 104 GG). Die im Grundgesetz ausdrücklich geregelten Grundsätze des Strafverfahrens sind Ausdruck des Rechtsstaatsprinzips, das Schutz vor Willkür- und Überraschungsentscheidungen, Manipulation und Täuschung bietet sowie Waffengleichheit mit den staatlichen Organen sichert. Auch ungeschriebene Verfassungsgrundsätze wie das Verhältnismäßigkeitsprinzip wirken sich auf das Verfahren aus.

1 Allgemeine Grundrechte

Das Grundgesetz verbietet jede Form der unmenschlichen und erniedrigenden Behandlung (Art. 1 Abs. 1 GG). Erniedrigend ist eine Behandlung dann, wenn sie bei dem Betroffenen Gefühle der Angst, Beklemmung oder Unterlegenheit hervorrufen kann und geeignet ist, Menschen zu demütigen, verächtlich zu machen oder ihren physischen oder psychischen Widerstand zu brechen. Dies ist insbesondere bei der Verhandlungsführung und dem Umgang mit Angeklagten und Zeugen zu beachten.

Das **Recht auf Leben und körperliche Unversehrtheit** (Art. 2 Abs. 2 GG) entzieht dem Staat grundsätzlich die Verfügung über Leben und Körper des Menschen. Eingriffe in die körperliche Unversehrtheit sind nur zulässig, wenn sie gesetzlich vorgesehen sind und unter Wahrung der Verhältnismäßigkeit vorgenommen werden, z. B. die Blutentnahme zur Bestimmung des Blutalkoholgehaltes.

Auch der allgemeine **Gleichheitssatz** (Art. 3 Abs. 1 GG) wirkt sich auf die Stellung des von einem Strafverfahren Betroffenen aus und ergänzt den Anspruch auf rechtliches Gehör (Art. 103 Abs. 1 GG). Der zur Verteidigung Unfähige hat einen Anspruch auf Unterstützung (z. B. durch die Pflichtverteidigung) oder Aufklärung durch das Gericht.

Art. 13 Abs. 1 GG schützt die **Unverletzlichkeit der Wohnung**. Der Verfassungsgeber hat Ausnahmen von diesem Schutz in das Grundgesetz geschrieben (Abs. 3, 4). Zur Abwehr schwerer Straftaten darf in Wohnungen abgehört werden; zur Abwehr einer dringenden Gefahr für die öffentliche Sicherheit, einer gemeinen oder Lebensgefahr dürfen technische Mittel von außerhalb zur Überwachung von Wohnungen eingesetzt werden. Auch Eingriffe in die Wohnung, die durch Ausspähen über das Internet möglich sind (z. B. durch Trojaner), stellen einen zulässigen Eingriff in die Unverletzlichkeit der Wohnung dar.

2 Justizgrundrechte

2.1 Gesetzlicher Richter

Art. 101 Abs. 1 Satz 2 GG bestimmt, dass niemand seinem gesetzlichen Richter entzogen werden darf. Der gesetzliche Richter wird durch die Regelungen des GVG und der StPO über das sachlich und örtlich zuständige Gericht sowie zur Zusammensetzung der einzelnen Spruchkörper bestimmt. Das Prinzip schützt den Angeklagten vor Manipulation der Zuständigkeit und der Besetzung des Gerichts.

2.2 Abschaffung der Todesstrafe

Nach Art. 102 GG ist die Todesstrafe in Deutschland abgeschafft. Die Bestimmung ist eine konsequente Weiterführung des Lebensschutzes aus Art. 2 GG sowie des (ungeschriebenen) verfassungsrechtlichen Grundsatzes der Verhältnismäßigkeit. Weder hat die Todesstrafe eine präventive (abschreckende) Wirkung, noch lässt sich der Irrtum eines Gerichts korrigieren. Eine Sanktion, die keinen Nutzen hat, steht außerhalb jeden Verhältnisses zu einer (noch so schweren) Straftat.

2.3 Rechtliches Gehör

Vor jeder dem Angeklagten möglicherweise nachteiligen Entscheidung ist ihm die Gelegenheit zu geben, seine Auffassung zu äußern und ggf. Anträge zu stellen. Aus dem Grundsatz des rechtlichen Gehörs (Art. 103 Abs. 1 GG) folgt, dass der gerichtlichen Entscheidung nur solche Tatsachen, Beweisergebnisse und Äußerungen zugrunde gelegt werden dürfen, zu denen der Angeklagte Stellung nehmen konnte. Das Gericht muss die Äußerungen zur Kenntnis nehmen und in seine Entscheidungsfindung einbeziehen. Der Anspruch auf rechtliches Gehör ist weit auszulegen. Eine Verletzung dieses Grundsatzes kann die Revision begründen.

2.4 Keine Strafe ohne Gesetz

Eine Tat kann nur dann verfolgt und bestraft werden, wenn die Strafbarkeit der Handlung zum Zeitpunkt der Tat durch ein gültiges Gesetz geregelt war – keine Strafe ohne Gesetz (Art. 103 Abs. 2 GG). Ohne dass ein Gesetz eine bestimmte Handlung unter Strafe stellt, kann keine Straftat begangen und deshalb auch nicht bestraft werden. Aus der strengen Bindung der Strafbarkeit an ein Gesetz leiten sich weitere Konsequenzen ab. So kann ein Strafgesetz nicht rückwirkend in Kraft gesetzt werden **(Rückwirkungsverbot).** Der Bürger muss im Zeitpunkt einer Tat wissen, welches Verhalten so wichtig ist, dass ein Verstoß dagegen mit Kriminalstrafe bedroht ist. Die Gesetzesbindung gilt nicht nur für den Zeitpunkt der Einführung eines Straftatbestandes, sondern auch für seine Verschärfung. Wird ein Strafgesetz nach der Begehung einer Tat im Strafmaß erhöht, wird der Täter nach dem früheren milderen Gesetz abgeurteilt. Wird umgekehrt das Gesetz nach Begehung der Tat abgemildert, ist das mildere Gesetz anzuwenden, weil das Rückwirkungsverbot nur bei Regelungen zum *Nachteil* des Betroffenen gilt.

Der Grundsatz der Gesetzesbindung schließt aus, dass eine Strafbarkeit im Wege der Analogie[1] begründet wird **(Analogieverbot).** Der Straftatbestand, den das Gesetz formuliert (also das gebotene oder verbotene Verhalten), muss für den Adressaten, an den sich das Gesetz richtet, klar und deutlich erkennbar sein **(Bestimmtheitsgebot).** Bei Strafgesetzen müssen Tatbestände und Rechtsfolgen erkennen lassen, welches Verhalten sie vorschreiben oder untersagen. „Gummiparagrafen" sind verfassungswidrig und deshalb nichtig.

Das BVerfG hat von dem Grundsatz „Keine Strafe ohne Gesetz" bei schweren Menschenrechtsverletzungen Ausnahmen zugelassen: Das Rückwirkungsverbot gelte nicht, wenn die Handlung die in der Völkergemeinschaft allgemein anerkannten Grundsätze der Achtung des Rechts auf persönliche Freiheit, Leben und Gesundheit sowie des Schutzes vor grausamer und unmenschlicher Bestrafung gröblich missachtet (vgl. Art. 7 Abs. 2 EMRK) und offenkundig ein schweres kriminelles Unrecht darstellt.

2.5 Verbot der Mehrfachbestrafung

Niemand darf wegen derselben Tat zweimal bestraft werden – Verbot der Mehrfachbestrafung (Art. 103 Abs. 3 GG). Unter „derselben" Tat wird das historische Ereignis verstanden, das einer früheren Verurteilung zugrunde lag. Der Grundsatz verbietet nicht nur die Bestrafung selbst, sondern bereits das erneute Einleiten eines Ermittlungsverfahrens wegen desselben Sachverhaltes. Auch ein rechtskräftig Freigesprochener kann wegen der Tat, für die der Freispruch erfolgte, nicht mehr belangt werden, wenn nicht Gründe für ein Wiederaufnahmeverfahren zu seinen Ungunsten vorliegen (§ 362 StPO). Das ist z. B. der Fall, wenn der Angeklagte aufgrund der Falschaussage eines Zeugen freigesprochen wurde, er später die Tat gesteht oder ein Richter sich bei dem Urteil einer strafbaren Verletzung seiner Amtspflichten (etwa einer Rechtsbeugung) schuldig gemacht hat.

Das Verbot der Mehrfachbestrafung nach einem erledigten Gerichtsverfahren führt zu einem **Verbrauch des Strafklageanspruches** des Staates, nachdem mit bestimmten prozessualen Maßnahmen auf die Tat reagiert wurde. Bei einem rechtskräftig abgeschlossenen Strafverfahren ist dies regelmäßig der Fall. Auch

1 Entsprechende Anwendung eines Gesetzes auf Sachverhalte, die von dem Gesetz zwar nicht erfasst werden, den gesetzlich geregelten in rechtlicher Hinsicht aber ähnlich sind.

die Einstellung eines Verfahrens nach § 153a StPO wegen eines Vergehens führt zu einem Verbrauch der Strafklage, ausgenommen die Tat stellt sich später als ein Verbrechen heraus. Bei einer Einstellung des Ermittlungsverfahrens durch die Staatsanwaltschaft wegen mangelnden Tatverdachts (§ 170 Abs. 2 StPO) tritt ein Strafklageverbrauch nicht ein; die Ermittlungen können jederzeit bis zum Eintritt der Verjährung wieder aufgenommen werden. Das Verbot der Mehrfachbestrafung gilt auch bei Entscheidungen der Gerichte in den EU-Staaten (Art. 50 der Charta der Grundrechte der EU), in den Staaten des Schengen-Raumes für Verurteilungen aber nur, soweit die Strafe vollstreckt ist oder gerade vollstreckt wird.

2.6 Folterverbot

Jede Art von Misshandlung ist gegenüber Menschen, die sich in staatlichem Gewahrsam befinden, untersagt (Art. 104 Abs. 1 Satz 2 GG). Insbesondere verbieten das nationale Verfassungsrecht und die EMRK jede Anwendung von Folter. Der EGMR hat den Absolutheitsanspruch des Folterverbots betont, das unabhängig vom Verhalten des Betroffenen und der Motivation der Behörden gelte und keine Rechtfertigung oder Interessenabwägung zulasse, auch nicht im Fall eines staatlichen Notstandes oder einer Entführung, bei der das Leben der entführten Person gefährdet ist.[2] Allerdings muss der Unterschied zwischen polizeilichen Maßnahmen der Gefahrenabwehr (Rettungsschuss) und der gerichtlichen Aufklärung und Ahndung einer Straftat beachtet werden. 13 von 16 Bundesländern haben in ihren Polizeigesetzen den tödlichen Rettungsschuss geregelt. Als Rechtfertigungsgrund der Nothilfe zum Schutze des Lebens ist er nahezu unbestritten. Als Mittel zur Erkenntnisgewinnung im Rahmen eines Strafprozesses ist Gewaltanwendung ohne jede Ausnahme verboten.

2.7 Freiheitsentziehung (Richtervorbehalt)

Vorläufige (U-Haft, einstweilige Unterbringung) und endgültige Freiheitsentziehungen (durch Urteil) können nur von einem Richter angeordnet werden (Art. 104 Abs. 2 GG). Staatsanwaltschaft und Polizei haben das Recht, einen auf frischer Tat Ertappten oder einen Beschuldigten, gegen den Haftbefehl erlassen werden soll, (vorläufig) festzunehmen. Über die Fortdauer dieser Freiheitsentziehung entscheidet ein Richter spätestens bis zum Ablauf des auf die Festnahme folgenden Tages. Andernfalls ist der Betroffene freizulassen.

2 EGMR, Urteil vom 01.06.2010, Az.: 22978/05, NJW 2010, S. 3145 (Fall Gäfken).

3 Verfassungsgleiche Grundsätze

3.1 Verhältnismäßigkeit

Ebenfalls mit Verfassungsrang ausgestattet ist der Grundsatz der Verhältnismäßigkeit, wonach der mit einer Maßnahme verbundene Eingriff nicht außer Verhältnis zur Bedeutung der Sache stehen darf. Der Grundsatz gilt nicht nur im Rahmen der prozessualen Mittel, sondern auch bei der Festsetzung der Strafe, z. B. dass eine Geldstrafe entsprechend den wirtschaftlichen Verhältnissen bemessen wird. Verhältnismäßig ist eine Maßnahme, die einen legitimen öffentlichen Zweck verfolgt, geeignet, erforderlich und angemessen ist.

3.2 Partizipationsgrundsatz

Erstmals in der deutschen Rechtsgeschichte enthielt die Paulskirchenverfassung von 1849 die Beteiligung des Volkes an der Rechtsprechung in Form der Schwurgerichte (§ 128). Die Weimarer Reichsverfassung von 1919 erwähnte Handelsrichter, Schöffen und Geschworene, auf die die für Berufsrichter geltenden Vorschriften der Verfassung keine Anwendung finden sollten. Das Grundgesetz erwähnt die Beteiligung des Volkes nicht mehr, da nach der Kompetenzordnung des GG Justiz Angelegenheit der Länder ist. In 12 der 16 Bundesländer findet sich eine Verfassungsbestimmung, wonach an der Rechtsprechung Frauen und Männer nach Maßgabe der Gesetze teilnehmen. Die Teilhabe ehrenamtlicher Richter an der Rechtsprechung kann damit durchaus zu den verfassungsgleichen Grundsätzen im Strafverfahren gerechnet werden.

KAPITEL 3

Prozessgrundsätze

Unterhalb der verfassungsrechtlich normierten Justizgrundrechte regeln StPO und GVG (im Jugendstrafverfahren auch das JGG) die Grundsätze, nach denen das Strafverfahren abläuft. Die rechtsstaatlich verfasste Strafjustiz basiert auf prozessualen Grundprinzipien, die den obersten Grundsatz jedes Strafverfahrens garantieren sollen: Der Angeklagte – gleichgültig welchen Delikts er beschuldigt wird – hat einen Anspruch auf ein faires Verfahren. Die Prozessgrundsätze sind notwendige Voraussetzung für eine Verurteilung. Ein Strafprozess, der diese grundlegenden Voraussetzungen nicht beachtet, ist in der Gefahr, in Willkür auszuarten. Die Verletzung eines dieser Prinzipien kann zur Aufhebung der auf ihr basierenden Entscheidung führen.

1 Öffentlichkeit

Dieses Prinzip gewährleistet die Kontrolle der Öffentlichkeit über die Gerichte und verhindert eine Strafjustiz hinter verschlossenen Türen. Es ist jedoch einigen Einschränkungen unterworfen, z. B. sind Ton-, Bild- und Filmaufnahmen während der Hauptverhandlung untersagt. Außerhalb der Hauptverhandlung, wenn das Gericht den Saal betritt und die Verhandlung noch nicht eröffnet hat, gilt dieses gesetzliche Verbot nicht.

Ein **Ausschluss der Öffentlichkeit** während der Hauptverhandlung ist zulässig, wenn das Interesse an der Nichtverbreitung der verhandelten Tatsachen größer ist als das Interesse an vollständiger Öffentlichkeit des Verfahrens. Dies gilt bei allen Verfahren gegen Jugendliche (§ 48 JGG). In den Verfahren gegen Erwachsene und Heranwachsende kann die *gesamte* Öffentlichkeit für die Hauptverhandlung oder Teile davon ausgeschlossen werden, wenn

- über die Unterbringung des Angeklagten in einem psychiatrischen Krankenhaus oder einer Entziehungsanstalt verhandelt wird (§ 171a GVG);
- die Privatsphäre eines Betroffenen zu schützen ist (vor allem bei Sexualdelikten), „soweit nicht das Interesse an der öffentlichen Erörterung dieser Umstände überwiegt“ (§ 171b GVG);
- eine Gefahr für die Staatssicherheit, die öffentliche Ordnung oder die Sittlichkeit besteht (§ 172 Nr. 1 GVG);
- Zeugen und andere Personen (z. B. verdeckte Ermittler) gefährdet sind (§ 172 Nr. 1a GVG);

- Privat-, Geschäfts-, Betriebs-, Erfindungs- oder Steuergeheimnisse verhandelt werden (§ 172 Nr. 2, 3 GVG);
- Personen unter 18 Jahren vernommen werden (§ 172 Nr. 4 GVG).

In folgenden Fällen können *einzelne* Personen von der Verhandlung ausgeschlossen werden:

- Der Zutritt zum Gerichtssaal kann nicht erwachsenen und solchen Personen versagt werden, die in einer der Würde des Gerichts nicht entsprechenden Weise erscheinen (§ 175 Abs. 1 GVG). Aber nicht jeder, der den Geschmack des Gerichts hinsichtlich Kleidung oder Haartracht nicht trifft, verletzt die Würde des Gerichts – ein Begriff, der ohnehin nur schwer zu definieren ist.
- Wegen Ungehorsams und Ungebühr können Parteien, Angeklagte, Zeugen und Sachverständige sowie bei der Verhandlung nicht beteiligte Personen (Zuhörer, Pressevertreter) ausgeschlossen werden (§§ 177, 178 GVG).

Der Ausschluss ist sorgfältig zu bedenken. Bei unberechtigtem Ausschluss auch nur eines Zuhörers kann das Urteil wegen Verstoßes gegen den Grundsatz der Öffentlichkeit aufgehoben werden. Die Urteilsverkündung muss in jedem Fall öffentlich sein (§ 173 Abs. 1 GVG). Das Gericht kann beschließen, für die Verkündung der Urteils*gründe* (nicht des Urteils*tenors*) die Öffentlichkeit auszuschließen (§ 173 Abs. 2 GVG).

2 Mündlichkeit und Unmittelbarkeit

Für die Öffentlichkeit des Strafprozesses ist die Mündlichkeit eine notwendige Voraussetzung. Sie gewährleistet eine unmittelbare Kommunikation zwischen den Verfahrensbeteiligten sowie den Zeugen und Sachverständigen, die auch von den Zuhörern verfolgt werden kann. Das Mündlichkeitsprinzip soll dem Angeklagten die Verständigung mit den anderen Verfahrensbeteiligten erleichtern.

Der Unmittelbarkeitsgrundsatz bedeutet, dass das Gericht sich aufgrund des persönlichen Eindrucks, den es vom Angeklagten und den Beweismitteln gewinnt, sein Urteil bilden soll und seine Erkenntnisse aus der „**Primärquelle**" nehmen muss. Das Urteil darf nur auf Umstände gestützt werden, die in der Hauptverhandlung erörtert wurden; es ist aus dem „Inbegriff der Verhandlung" zu schöpfen und darf nicht auf den Akteninhalt gestützt werden (§ 261 StPO). Der Grundsatz verbietet die Beschaffung und Verwertung **privaten Wissens** der Richter. Wenn solches von Bedeutung für die Urteilsfindung ist, muss der betreffende Richter als Zeuge aussagen, ist dann allerdings vom Richteramt ausgeschlossen (§ 22 Nr. 5 StPO). Auch die Verwertung amtlichen Wissens, das außerhalb der Beweisaufnahme erlangt wird, ist unzulässig. Zulässig ist allerdings die Verwertung eigener **Sachkunde**. Das Gericht darf auf ein Sachverständigengutachten verzichten, wenn ein Mitglied über entsprechende eigene besondere Sachkunde verfügt (§ 244 Abs. 4 StPO).

Der Grundsatz der Unmittelbarkeit verlangt die vollständige und ununterbrochene **Anwesenheit** aller Richter während der Hauptverhandlung. Dazu gehört nicht allein die körperliche Präsenz. Das Urteil wird auch bei bloß „geistiger Abwesenheit" aufgehoben, da das Gericht dann falsch besetzt ist (§ 338 Nr. 1 StPO). Hierzu gehören der schlafende Richter wie der alkoholisierte Schöffe.

3 Anklageprinzip

„Wo kein Kläger, da kein Richter", sagt ein Rechtssprichwort. Auf den heutigen Strafprozess übertragen heißt dies, dass das Gericht nur über Taten und Täter verhandeln kann, die von der Staatsanwaltschaft angeklagt wurden. Das Anklageprinzip, auch Akkusationsprinzip (lat., accusare = anklagen) genannt, bestimmt und begrenzt den Verfahrensgegenstand für das Gericht in sachlicher (Tat) und persönlicher (Täter) Hinsicht. Die Verhandlung darf sich nur auf die in der Anklage bezeichneten Taten und Personen erstrecken. In der Hauptverhandlung hat dieses Prinzip dann Bedeutung, wenn der Angeklagte plötzlich eine „Lebensbeichte" ablegt und weitere Taten zugibt oder ein Zeuge mehr Taten schildert, als in der Anklageschrift aufgeführt sind. Das Gericht kann erst über diese zusätzlichen Taten verhandeln, wenn die Staatsanwaltschaft eine Nachtragsanklage erhoben hat. Das Gleiche gilt, wenn ein Beteiligter im Zusammenhang mit dem laufenden Prozess eine Straftat begeht, etwa eine falsche uneidliche Aussage macht. Wird während der Hauptverhandlung im Gerichtssaal eine Straftat begangen, hat das Gericht den Tatbestand im Protokoll festzustellen und dieses der Staatsanwaltschaft zu übersenden (§ 183 GVG).

4 Amtsermittlungsgrundsatz (Offizialprinzip)

Straftaten sind grundsätzlich „von Amts wegen" zu verfolgen (§§ 160 Abs. 1, 163 Abs. 1 StPO), unabhängig davon, ob eine Anzeige erstattet wird. Von diesem Grundsatz gibt es Ausnahmen und Einschränkungen. Bei **Antragsdelikten** wie z. B. Hausfriedensbruch (§ 123 StGB), Beleidigung (§§ 185 ff. StGB), oder Sachbeschädigung (§ 303 StGB) tritt die Verfolgung nur auf Antrag des Verletzten ein. Allerdings kann der Staatsanwalt bei einigen Delikten die Verfolgung von Amts wegen übernehmen, wenn ein „besonderes öffentliches Interesse" an der Strafverfolgung besteht (klassisches Beispiel ist die fahrlässige Körperverletzung im Straßenverkehr). Weil hier das Antragserfordernis nur relativ und nicht absolut gilt, werden diese Delikte auch „relative Antragsdelikte" genannt; absolutes Antragsdelikt ist z. B. der Haus- und Familiendiebstahl, weil der Gesetzgeber den Schutz von Ehe und Familie über den Strafverfolgungsanspruch stellt. **Privatklagedelikte** (§ 374 StPO) berechtigen den Verletzten, die Anklage vor dem Strafrichter zu erheben und zu vertreten. Die **Ermächtigungsdelikte** stellen die Strafverfolgung in das Ermessen der zuständigen politischen Organe, z.B. Verunglimpfung des Bundespräsidenten oder des Staates und seiner Symbole (§§ 90, 90a StGB).

Aufgrund der **richterlichen Aufklärungspflicht** sind alle *be*lastenden und *ent*lastenden Umstände zwingend von Amts wegen zu ermitteln (§ 244 Abs. 2 StPO). Das Gericht ist – ohne Beweisanträge der Beteiligten – per se verpflichtet, alles zur Aufklärung Notwendige zu tun. Selbst ein Geständnis des Angeklagten bindet das Gericht nicht. Es kann trotzdem die Beweisaufnahme weiterführen – ggf. mit dem Ziel, das Geständnis des Angeklagten zu widerlegen. Die vollständige Ermittlung des für das Urteil relevanten Sachverhalts ist zwingende Voraussetzung für andere Prozessgrundsätze. Der Grundsatz „Im Zweifel für den Angeklagten" kann erst dann greifen, wenn das Gericht alle Möglichkeiten ausgeschöpft hat, den Sachverhalt zu klären und damit Zweifel auszuschließen. Auch das Prinzip der freien Beweiswürdigung setzt voraus, dass das Gericht alle relevanten Umstände ermittelt hat, die auf Schuld oder Nichtschuld des Angeklagten schließen lassen. Dieser Grundsatz hat Grenzen. **Offenkundige Tatsachen** muss das Gericht nicht erforschen (§ 244 Abs. 3 Satz 2 StPO). Dazu zählen

- *allgemein*kundige Tatsachen, von denen verständige Menschen Kenntnis haben oder über die sich jeder aus allgemein zugänglichen Quellen wie Lexika, Fahrplänen, Straßenkarten usw. informieren kann. Von allgemeinkundigen Tatsachen müssen nicht *alle* Menschen Kenntnis haben; es reicht aus, wenn die Offenkundigkeit auf einen bestimmten Personenkreis beschränkt ist;
- *gerichts*kundige Tatsachen, von denen die Richter dienstlich zuverlässig Kenntnis erhalten haben.

Offenkundige Tatsachen werden zwar im Urteil ohne Beweisaufnahme verwertet, müssen aber vom Gericht in der Hauptverhandlung erörtert werden. Eine Ausnahme besteht nur dann, wenn die selbstverständlichen Tatsachen keiner weiteren Erörterung bedürfen. Ist eine im Allgemeinen offenkundige Tatsache im Einzelfall nicht offenkundig, weil es sich um einen atypischen Fall handelt, ist auch der Gegenbeweis zulässig (z.B. die offenkundige Tatsache der Ankunft des Zuges aus dem Fahrplan wird durch eine Auskunft über die Verspätung am Tattage widerlegt).

5 Legalitäts- und Opportunitätsprinzip

Nach dem Legalitätsprinzip ist die Staatsanwaltschaft grundsätzlich verpflichtet, alle Straftaten zu verfolgen, sofern ausreichende tatsächliche Anhaltspunkte vorliegen (§ 152 Abs. 2 StPO). Ziel ist die Erforschung der Wahrheit, um auf dieser Grundlage die Entscheidung über Schuld oder Nichtschuld und die daraus zu ziehenden rechtlichen Folgerungen treffen zu können. Erfährt der Staatsanwalt von der Begehung einer Straftat, muss er diese verfolgen. Tut er dies schuldhaft nicht, kann er wegen Strafvereitelung im Amt bestraft werden (§ 258a StGB). Das Legalitätsprinzip sichert die Einheit und Gleichheit der Rechtsanwendung gegenüber willkürlicher Selektion und gewährleistet das Vertrauen in eine Gleichbehandlung bei der Strafverfolgung. Der Zwang zur Strafverfolgung wird durch das Opportunitätsprinzip, das aus dem Grundsatz der Verhältnismäßigkeit folgt, durchbrochen. Danach kann im Einzelfall von der Verfolgung abgesehen und das Verfahren eingestellt werden.

6 Beschleunigungsgrundsatz

Das Beschleunigungsgebot soll für eine zügige Erledigung des Verfahrens sorgen. Es ergibt sich aus Art. 6 EMRK und der Fürsorgepflicht des Gerichts. Die StPO greift diesen Grundsatz in § 229 Abs. 1 StPO auf. Danach darf ein Verfahren nicht länger als 3 Wochen unterbrochen werden; ansonsten muss es erneut beginnen (§ 229 Abs. 4 StPO).

Von diesem Grundsatz gibt es zwei Ausnahmen: Hat ein Verfahren an mindestens 10 Hauptverhandlungstagen stattgefunden, darf die Hauptverhandlung bis zu 1 Monat unterbrochen werden (§ 229 Abs. 2 StPO). Unter der gleichen Voraussetzung ist die Frist der Unterbrechung bis zu 6 Wochen gehemmt, wenn ein Angeklagter oder Richter krankheitsbedingt nicht zur Hauptverhandlung erscheinen kann (§ 229 Abs. 3 StPO). Das BVerfG hat betont, dass das Rechtsstaatsgebot erfordere, Strafverfahren angemessen zu beschleunigen. Eine erhebliche Verfahrensverzögerung verletze den Beschuldigten in seinem Recht auf ein faires rechtsstaatliches Verfahren. Eine rechtsstaatswidrige Verzögerung muss bei der Durchsetzung des staatlichen Strafanspruchs berücksichtigt werden.[3]

7 Selbstbegünstigungsprinzip

Kein Beschuldigter muss an seiner eigenen Verurteilung mitwirken; er darf für sich alles tun, um der Strafe zu entgehen. Dieser Grundsatz wird aus Art. 2 Abs. 1, Art. 1 Abs. 1 GG und dem Rechtsstaatsprinzip abgeleitet. Deshalb hat der **Angeklagte** ein Schweigerecht (§ 243 Abs. 5 Satz 1 StPO). Die Einlassung des Angeklagten zur Sache zählt deshalb nicht zu den Beweismitteln, insbesondere ist er kein Zeuge; als Zeuge wäre er zur Wahrheit verpflichtet. Der **Zeuge** darf die Antwort verweigern, wenn er sich mit der wahrheitsgemäßen Beantwortung der Gefahr einer strafrechtlichen Verfolgung aussetzt (§ 55 Abs. 1 StPO).

3 BVerfG, Beschluss vom 25.07.2003, Az.: 2 BvR 153/03, www.bundesverfassungsgericht.de/SharedDocs/Pressemitteilungen/DE/2003/bvg03–066.html.

8 Grundsatz des fairen Verfahrens, gerichtliche Fürsorgepflicht

Der Grundsatz des fairen Verfahrens ist in Art. 6 Abs. 1 Satz 1 EMRK geregelt; dem entspricht in der deutschen Rechtstradition die prozessuale Fürsorgepflicht. Dabei handelt es sich um einen aus dem Rechtsstaatsprinzip entwickelten ungeschriebenen Verfahrensgrundsatz. Das Strafverfahren orientiert sich an den Prinzipien von Gerechtigkeit, Vernunft und Mäßigung der strafenden Gewalt des Staates; z.B. werden Entscheidungen über die Zurückweisung von Fragen an Zeugen oder über einen Beweisantrag unter dem Primat der Fairness gegenüber einem Angeklagten oder Zeugen getroffen. Ausprägung des Fairness-Grundsatzes ist u.a. die Pflicht des Gerichts, den Angeklagten zu informieren, wenn sich seine Auffassung über die rechtliche Bewertung der Tat ändert (§ 265 Abs. 1 StPO), z.B. wenn sich im Laufe der Beweisaufnahme ergibt, dass die Körperverletzung vorsätzlich und nicht – wie angeklagt – fahrlässig begangen wurde. Ändert sich die Auffassung des Gerichts erst nach Ende der Beweisaufnahme in der Beratung, muss das Gericht in die Verhandlung neu eintreten. Der Angeklagte kann die Aussetzung der Hauptverhandlung beantragen, damit er seine Verteidigung auf die neue Auffassung einstellen kann (§ 265 Abs. 3 StPO). Zieht das Gericht die Verhängung von Maßregeln der Besserung und Sicherung in Betracht, die in der Anklageschrift nicht enthalten sind, besteht ebenfalls eine Hinweispflicht (§ 265 Abs. 2 StPO). Der Hinweis muss so gehalten sein, dass sich der Angeklagte dagegen sachgemäß verteidigen kann. Hat der Angeklagte z.B. keinen Verteidiger, muss ihm die neue Vorschrift erläutert werden. Der durchschnittliche Angeklagte wird zwischen Diebstahl und Unterschlagung oder Mord und Totschlag kaum unterscheiden können. Diese Unterschiede müssen ihm erklärt werden. Ergeben sich in der Beweisaufnahme jedoch neue (strafbare) Lebenssachverhalte, die in der Anklage nicht enthalten sind, muss eine Nachtragsanklage erhoben werden. Das Gericht ist an den Inhalt eines rechtlichen Hinweises nicht gebunden und kann in der Beratung später durchaus zu dem Ergebnis kommen, dass es bei der ursprünglichen Rechtsauffassung bleibt.

9 Unschuldsvermutung

Jeder Angeklagte gilt bis zur Rechtskraft einer Verurteilung als unschuldig (Art. 6 Abs. 2 EMRK). Dieser Grundsatz hat Verfassungsrang. Zwar muss der Angeklagte alle zulässigen Maßnahmen über sich ergehen lassen, die nach der EMRK und dem deutschen Strafverfahrensrecht dem Nachweis der Schuld dienen. Diese Maßnahmen sind nur in dem Umfang zulässig, wie sie für den Nachweis der Schuld unbedingt erforderlich sind. Das Prinzip soll den Angeklagten vor Nachteilen schützen, die einem Schuldspruch oder einer Strafe gleichkommen (Vorverurteilung). Nur das Ergebnis der Hauptverhandlung versetzt die Richter in die Lage, einen Schuldspruch zu fällen. Allerdings gilt das Prinzip nur im Verhältnis zu den staatlichen Institutionen. Gegen Vorverurteilungen der Presse helfen nur presse- und zivilrechtliche Instrumente, wie z.B. Gegendarstellung oder Anspruch auf Schadenersatz.

10 Freie Beweiswürdigung

(a) Im Strafprozess gilt der Grundsatz der freien Beweiswürdigung (§ 261 StPO). Zu den Mitteln, die dem Richter zur Verfügung stehen, zählt der BGH die zur Ausübung des Amtes erforderliche Menschenkenntnis und die Fähigkeit, Aussagen auf ihren Wahrheitsgehalt zu prüfen.[4] Der Richter ist weder an abstrakt formulierte und gesetzlich vorgegebene Beweisregeln noch sonstige Richtlinien gebunden, unter welchen Voraussetzungen er eine Behauptung oder eine Tatsache für bewiesen oder nicht bewiesen zu halten hat. Ebenso wenig gibt es Vorschriften, welcher Beweiswert einem Beweismittel im Gesamtspektrum der Beweislage zukommen soll. Weder der Zahl der Zeugen, die eine bestimmte Aussage machen, kommt unbedingte Bedeutung zu, noch ist ein vereidigter Zeuge glaubwürdiger als ein unvereidigter. Nur die Regeln der Logik, die Naturgesetze, gefestigte naturwissenschaftliche Erkenntnisse (z.B. die Blutalkoholkonzentration bei der Feststellung der Fahruntauglichkeit), gesetzliche Bestimmungen (Beweiskraft eines gerichtlichen Protokolls, § 274 StPO), die Überprüfung durch höhere Instanzen und übergeordnete Verfahrensgrundsätze wie der Satz „Im Zweifel für den Angeklagten" oder Beweisverwertungsverbote setzen der freien Beweiswürdigung Grenzen. Auch auf denkgesetzlich unmögliche Grundlagen darf das Gericht seine Überzeugung nicht stützen.[5]

(b) Die freie Beweiswürdigung erfordert Disziplin bei der Feststellung der dieser Würdigung zugrunde liegenden Tatsachen. Falsche Tatsachenfeststellungen und verfehlte Beweiswürdigung führen zu Fehlurteilen. Das Urteil ist immer nur genauso schlüssig, wahr oder richtig, wie die das Urteil tragenden Tatsachen wahr oder richtig sind. Schwachstellen in der menschlichen „Programmierung" führen zu Fehlbeurteilungen. So neigen wir dazu, gutaussehende Menschen für glaubhafter zu halten als weniger attraktive („Was schön ist, ist gut", sog. **Halo-Effekt**). Ausgangspunkt können markante Merkmale der zu beurteilenden Person sein, die unsere Aufmerksamkeit („Kleider machen Leute") oder Bewunderung (z.B. außergewöhnliche Leistungen), aber auch unsere Empathie (z.B. bei einer Behinderung) hervorrufen.

Ein häufig auftretender Fehler – gerade in der gerichtlichen Praxis – ist der **Rückschaufehler.** Wer den Ausgang eines Geschehens kennt, bejaht die Frage, ob der Angeklagte diesen Ausgang vorhersehen konnte, eher als jemand, dem der Ausgang des Ereignisses unbekannt ist – wie ggf. vorher dem „Täter". Das spielt insbesondere bei der Beurteilung der Vorhersehbarkeit im Rahmen der Fahrlässigkeit eine Rolle. Ein Schöffe sollte sich daher genau fragen, ob er an der Stelle des Angeklagten – mit dem Wissen vor dem Ereignis – die möglichen Folgen vorhergesehen hätte.

4 BGH, Urteil vom 21.05.1992, Az.: 4 StR 81/92, NJW 1992, S. 2644, 2645.
5 BGH, Urteil vom 09.02.1951, Az.: 2 StR 5/51, NJW 1951, S. 325.

In die gleiche Kategorie fällt der **Bestätigungsfehler**. Ein solcher tritt ein, wenn der Schöffe den Tatsachen, die einer bevorzugten Hypothese entsprechen, stärkeres Gewicht beilegt als solchen Tatsachen, die seiner Hypothese widersprechen. Hat er sich etwa die Hypothese bereitgelegt, der Zeuge lüge bereits deshalb, weil er im Lager des Angeklagten stehe, wird er jede Erinnerungslücke, Unsicherheit und Ungenauigkeit für einen weiteren Beweis seiner Hypothese ansehen. Der Schöffe, der sich entscheidet, eine Tatsache für erwiesen (oder nicht) zu halten, muss sich selbst stets die Frage vorlegen, ob er einer inneren Beeinflussung unterliegt oder das Beweisergebnis nur deshalb für schlüssig oder unschlüssig hält, weil dies in sein bestehendes Bild passt.

(c) Das Prinzip der freien Beweiswürdigung ist auf die Beratung über das Urteil am Ende der Hauptverhandlung ausgerichtet. Das Gericht schöpft seine Überzeugung „aus dem Inbegriff der Hauptverhandlung". Eine Überzeugung über den Schuldvorwurf kommt also erst am Ende der Beweisaufnahme in Betracht. Eine vorzeitige Meinungsbildung macht befangen. Besonders virulent wird die Gefahr vorzeitiger Festlegung bei der Beratung über Beweisanträge der Verteidigung. Da der Vorsitzende – wenn er den Beweis für erforderlich hält – allein die Erhebung anordnen kann (Ladung des Zeugen usw.), kommen die Schöffen erst ins Spiel, wenn es um eine Ablehnung des Antrages geht. Dabei ist nur die Frage von Belang, ob die Beweiserhebung für die Feststellung der Wahrheit *erforderlich* ist. Der Hamburger Strafverteidiger *Strate* weist auf die Gefahr hin, die für die Schöffen droht, wenn das Gericht vorzeitig die Schuld des Angeklagten bewertet: *„Erstreckt sich die Vorberatung von Beweisanträgen auch auf die Schuldfrage, entwickelt sich auf die Laienrichter ein emotional wirksamer Druck, der die Unabhängigkeit der Schlussberatung und Abstimmung über die Schuldfrage gefährdet, wenn nicht sogar unterminiert. Denn selbst wenn die Schöffen anfänglich zu widersprechen wagen und die Anhörung eines Zeugen wünschen, dessen Bekundung die Berufsrichter für unerheblich halten, so müssen die Schöffen die Entscheidung über die Ablehnung des Beweisantrages nach außen als ihre mittragen, mag sie auch nur darauf beruhen, dass sie von den Berufsrichtern mit einfacher Mehrheit dominiert wurden. Wiederholen sich derartige Entscheidungen, liegt es nicht fern, dass der anfängliche Eigensinn eines Schöffen vereinnahmt wird von dem Kollegialgeist des Spruchkörpers, den der Schöffe nach außen gemeinsam mit den Berufsrichtern darstellt. Dass hierdurch die Unbefangenheit gegenüber den Schlussvorträgen sowie die Unabhängigkeit des Votums in der Schlussberatung gefährdet werden, liegt auf der Hand."*[6]

6 *Gerhard Strate,* Freie Beweiswürdigung und gebundene Beweiserhebung, HRRS 2003, S. 47, 51, www.hrr-strafrecht.de/hrr/archiv/03–03/index.php3?sz=6.

11 Im Zweifel für den Angeklagten

Der sog. Zweifelssatz (lat., in dubio pro reo) ist nicht ausdrücklich in der StPO formuliert, aber gleichwohl ein tragender Satz des Strafprozesses, der aus dem Grundsatz der freien Beweiswürdigung resultiert. Hat der Richter keine Gewissheit über das Vorliegen einer Tatsache, die den Angeklagten belastet, kann er seine Überzeugung nicht auf diese Tatsache stützen. Bei Zweifeln ist immer die dem Angeklagten günstigere Tatsache zu unterstellen. Auf bloße Schuld*vermutungen* darf der Richter sein Urteil nicht gründen. Der Grundsatz setzt andererseits „vernünftige" Zweifel voraus; die bloße abstrakte Vermutung, es könne theoretisch auch „alles ganz anders gewesen sein", reicht für einen vernünftigen Zweifel nicht aus. Wie das Gericht diese Zweifel durch Beweise ausräumen kann, muss es im Einzelfall entscheiden.

Der Grundsatz, im Zweifel immer das für den Angeklagten Günstigere anzunehmen, ist auf alle Umstände im Zusammenhang mit der Schuld und der Strafzumessung anzuwenden. Beruft sich der Angeklagte z. B. auf ein Alibi und kann ihm dieses nicht widerlegt werden, genügt das für einen Freispruch. Bestehen Zweifel an der Schuldfähigkeit, ist von Schuld*un*fähigkeit auszugehen.

Auf die Beurteilung von **Verfahrensfragen** ist der Zweifelssatz nicht anzuwenden. Der Angeklagte muss in diesem Fall die für ihn günstigen Tatsachen nachweisen, z. B. wenn er behauptet, das bei der Polizei abgelegte Geständnis dürfe nicht verwertet werden, weil er nicht über sein Schweigerecht belehrt worden sei.

12 Güterabwägungen

Aus der Erwägung, dass es keine absoluten Rechte und Freiheiten gibt, resultiert der Gedanke der Güterabwägung. Jedes Recht findet seine Grenze in dem Recht eines anderen. Wo die Grenze verläuft und wann ein Recht einem anderen weichen muss, ist eine Frage der Abwägung beider Positionen gegeneinander. Im Strafrecht kollidiert häufig das staatliche Eingriffsrecht, das aus dem Gewaltmonopol des Staates entspringt, mit den Individualrechten der Bürger – ob als Zeuge, Beschuldigter oder auch als Schöffe, der seine Dienstpflicht zu erfüllen hat. Eine wichtige Rolle spielt der Verhältnismäßigkeitsgrundsatz, wenn es um die Angemessenheit eines staatlichen Eingriffs in ein Grundrecht geht. Staatliche Maßnahme und die verfassungsrechtlich geschützte Position des Betroffenen müssen gegeneinander abgewogen werden. Manchmal hat der Gesetzgeber bereits eine Abwägung vorgenommen (z. B. durch Aussageverweigerungsrechte oder die Selbstbelastungsfreiheit, die den Aufklärungsauftrag des Gerichts einschränken); manchmal muss das Gericht eine solche Abwägung aus den Prinzipien des Strafverfahrens ableiten. In der Abwägung zweier Güter geht stets dasjenige Gut vor, dem das höhere Gewicht zukommt. Eine solche Abwägung hat das erkennende Gericht in jedem Einzelfall anzustellen, wobei es jeweils zu unterschiedlichen Ergebnissen kommen kann.

Vom Gesetzgeber getroffene Abwägungen sind zu befolgen (z. B. gilt das gesetzliche Aussageverweigerungsrecht einer Verlobten auch im Fall einer noch so grausamen Mordtat). Hingegen können Schöffen bei Abwägungen, die dem Gericht überlassen sind, auch Auffassungen vertreten, die im Gegensatz zu höchst- und obergerichtlichen Entscheidungen stehen. Das Tatgericht entscheidet immer den Einzelfall.

BEISPIEL 1

Das BVerfG musste sich mit der Frage zu befassen, ob einer verdächtigten Person zugemutet werden darf, für eine Gegenüberstellung die Haar- und Barttracht zu verändern. Das Gericht hatte keine verfassungsrechtlichen Bedenken, in § 81a StPO (Zulässigkeit körperlicher Eingriffe) die Rechtsgrundlage für die zwangsweise Veränderung eines Beschuldigten – bis hin zu Eingriffen in die Substanz der Haartracht – zum Zwecke seiner Identifizierung zu sehen. Zwar sei die Garantie der Menschenwürde (Art. 1 Abs. 1 GG) das Verfassungsgut mit dem abstrakt höchsten Gewicht. Diesem hat das BVerfG das rechtsstaatliche Interesse an der „Aufklärung von Straftaten und (der) Ermittlung von Straftätern" gegenübergestellt. Auch dieses Interesse habe ein hohes Gewicht, das im Vergleich zur Menschenwürde zwar geringer sei. Bei der Gegenüberstellung seien jedoch die Eingriffe in Haar- und Barttracht nur von „geringer Intensität". Deswegen müsse der Verdächtigte diese „im Interesse überwiegender Belange des Gemeinwohls hinnehmen" – obschon der Menschenwürde abstrakt ein höheres Gewicht zuzumessen wäre.[7]

BEISPIEL 2

Anlässlich einer Hausdurchsuchung bei einer des Mordes Beschuldigten wird ihr Tagebuch mitgenommen und richterlich beschlagnahmt. In der Hauptverhandlung wird die Passage verlesen, in der sie dem Tagebuch den Mord anvertraut hat. Die Verteidigung hat der Verlesung widersprochen. Der Eingriff in die Intimsphäre führe zur Unverwertbarkeit des Beweismittels, es bestehe ein Beweisverwertungsverbot. Dem hält die Staatsanwaltschaft entgegen, dass die Einträge, die sich auf eine Straftat beziehen, die Gesellschaft in solchem Maß beträfen, dass sie legitimerweise nicht mehr vom unantastbaren Schutzbereich des Persönlichkeitsrechts erfasst werden. Angesichts des hohen Stellenwertes des Strafverfolgungsinteresses sei das insbesondere dann der Fall, wenn die Einträge Aussagen über eine bereits begangene Straftat enthalten.[8] Die Strafkammer folgte der Staatsanwaltschaft, weil bei

7 BVerfG, Beschluss vom 14.02.1978, Az.: 2 BvR 406/77, BVerfGE 47, S. 239.
8 Fall nach BVerfG, Beschluss vom 14.09.1989, Az.: 2 BvR 1062/87, BVerfGE 80, S. 367.

einem Delikt von solcher Schwere wie ein Mord das Strafverfolgungsinteresse massiv erhöht sei, verlas die Passagen aus dem Tagebuch und stützte seine Entscheidung darauf. Der Beweiswert von Tagebuchaufzeichnungen sei besonders hoch, weil die Eintragungen in besonderem Maß glaubhaft seien.

TEIL C

Das Strafverfahren bis zur Hauptverhandlung

Teil C erläutert die Beweiserhebung im Ermittlungsverfahren, die Ermittlungsmethoden und die strafprozessualen Zwangsmittel zur Sicherung des Verfahrensziels. Mit der Einreichung der Anklageschrift geht die Zuständigkeit von den Ermittlungsorganen auf das Gericht über, das im Zwischenverfahren über die Eröffnung des Hauptverfahrens entscheidet und die notwendigen Vorbereitungen für die Durchführung der Hauptverhandlung trifft.

KAPITEL 1

Ermittlungsverfahren

Das Ermittlungsverfahren beginnt damit, dass die Ermittlungsbehörden (d. h. vor allem die Staatsanwaltschaft, aber auch die Straf- und Bußgeldstelle des Finanzamtes, der Zoll usw.) Kenntnis von dem Verdacht auf eine Straftat erhalten (sog. **Anfangsverdacht**) und ein förmliches Verfahren einleiten. Äußeres Zeichen für die Einleitung ist die Registrierung unter einem Aktenzeichen. An diesem sind die Behörde, die zuständige Abteilung, das Jahr des Beginns der Ermittlungen und die laufende Nummer des jeweiligen Verfahrens zu erkennen. Das Aktenzeichen 35 Js 323/19 sagt aus, dass es sich um ein staatsanwaltliches Verfahren gegen eine bestimmte Person handelt (Js; würde sich das Verfahren gegen „Unbekannt" richten, wäre die Buchstabenkombination UJs), das von dem Dezernenten der Abteilung 35 bearbeitet wird, und dass es im Jahre 2019 das 323. in dieser Abteilung registrierte Verfahren ist. Anhand des Aktenzeichens werden alle Beweismittel und sonstigen Dokumente zugeordnet, die für das Verfahren von Bedeutung sind.

Die Ermittlungsbehörden brauchen **konkrete Anhaltspunkte** (Tatsachen), um die Ermittlungen aufnehmen zu können. Der häufigste Anlass für einen Anfangsverdacht ist die Anzeige eines (mutmaßlichen) Geschädigten. Tatsachen wie das Auffinden einer Leiche oder der Brand eines Hauses können ebenfalls zur Aufnahme der Ermittlungen führen. Gesetzlich vorgeschriebene Mitteilungen können den Verdacht einer Straftat begründen, z. B. die Nachricht einer Bank an die Bundesanstalt für Finanzdienstleistungsaufsicht (BaFin) nach dem Geldwäschegesetz. Die Ermittlungen sind darauf ausgerichtet, einem bestimmten (mutmaßlich strafbaren) Vorgang oder Lebenssachverhalt (Tat) einen bestimmten Menschen (Täter) zuzuordnen. Die Ermittlungsbehörde hat mit den gesetzlich zulässigen Mitteln den Sachverhalt zu erforschen, der einen strafrechtlich relevanten Inhalt hat. Gelingt dies nicht mit der erforderlichen Sicherheit **(hinreichender Tatverdacht)**, ist das Verfahren einzustellen.

Anlasslose Ermittlungen unterhalb der Schwelle eines Anfangsverdachts ohne Einschaltung der Staatsanwaltschaft (sog. Vorfeldermittlungen) können durch das Bundeskriminalamt, die Zoll- und Steuerfahndung sowie das Bundesamt und die Landesbehörden für Verfassungsschutz und den Bundesnachrichtendienst durchgeführt werden. Ergeben diese Ermittlungen einen strafrechtlich relevanten Anfangsverdacht, ist der Vorgang zur weiteren Ermittlung an die zuständige Staatsanwaltschaft abzugeben.

Tatverdächtiger
Derjenige, gegen den ein Anfangsverdacht einer Straftat besteht

⇩

Beschuldigter
Derjenige, gegen den ein Anfangsverdacht einer Straftat besteht und gegen den die Strafverfolgungsbehörde ein Ermittlungsverfahren eingeleitet hat

⇩

Angeschuldigter
Der Beschuldigte, gegen den die öffentliche Anklage erhoben worden ist, bis zur Eröffnung des Hauptverfahrens

⇩

Angeklagter
Der Angeschuldigte nach Eröffnung des Hauptverfahrens

⇩

Verurteilter
Derjenige, gegen den rechtskräftig eine Strafe festgesetzt wurde

Abbildung 3 Bezeichnungen für den Verdächtigen in den verschiedenen Verfahrensabschnitten

1 Ermittlungsmethoden

Aufgabe der Staatsanwaltschaft ist es, zur Aufklärung einer Straftat so viele Beweise zu finden und zu sichern, dass eine Verurteilung durch das Gericht wahrscheinlich ist. Dazu stehen ihr die gesetzlich vorgesehenen Mittel und Methoden zur Verfügung. Sie kann Auskünfte einholen, Zeugen vernehmen, Daten erheben, Durchsuchungen und Razzien durchführen, Beweismittel beschlagnahmen, körperliche Untersuchungen anordnen usw. Im Rahmen dieser gesetzlichen Befugnisse stehen auch Zwangsmittel zur Verfügung. Oft sind diese Beweiserhebungen mit Eingriffen in Grundrechte verbunden (Schutz der Wohnung und der Privatsphäre, des Eigentums, der körperlichen Unversehrtheit, der Freiheit der Person usw.). Deshalb muss bei einigen Beweiserhebungen die Anordnung (vorher) oder Genehmigung (nachträglich) des Ermittlungsrichters eingeholt werden (sog. Richtervorbehalt). Über die Zulässigkeit und Ordnungsmäßigkeit der Ermittlungsmethoden entscheidet in der Hauptverhandlung das Gericht. Rechtswidrig erworbene Kenntnisse dürfen ggf. nicht verwertet werden.

(a) Das häufigste Mittel zur Gewinnung von Erkenntnissen ist der **Zeuge** (§§ 48 ff. StPO). Er kann ein bestimmtes Geschehen bekunden, zu Verhältnissen mutmaßlicher Täter und Opfer aussagen oder eine Person identifizieren. Hierfür haben Kriminalistik und Rechtsprechung bestimmte Regeln entwickelt, die zu einem großen Teil auf praktischer Lebenserfahrung beruhen. Die Identifizierung eines mutmaßlichen Täters durch einen (Tat)Zeugen ist z. B. nur dann verwertbar, wenn sie anhand von mehreren unterschiedlichen Lichtbildern oder Personen vorgenommen wird (Wahllichtbildvorlage bzw. Wahlgegenüberstellung). Die Vorlage nur eines Lichtbildes oder eines Verdächtigen („Ist er das?“) kann einen suggestiven Einfluss auf den Zeugen haben („Wenn man mir den schon zeigt, muss ja was dran sein“) oder eine falsche Anzeige begünstigen.

(b) Eine immer größere Bedeutung erlangen **wissenschaftliche Methoden** wie medizinische und technische Untersuchungen, die von der Daktyloskopie (Vergleich von Fingerabdrücken) über die DNA-Analyse, die Brandursachenermittlung, Schriftvergleichung bis zu Untersuchungen von Stoffen unter dem Elektronenmikroskop und deren chemischer Analyse reichen. Die technische Beweisführung liefert objektive Ergebnisse, die erst dann aussagekräftig sind, wenn sie einer bestimmten Person zugeordnet werden können. Zur Einführung dieser Erkenntnisse und Methoden in das Strafverfahren müssen sich Staatsanwaltschaft und Gericht weitgehend eines Sachverständigen bedienen.

(c) Der Erhebung persönlicher Daten kommt eine wachsende Bedeutung zu:

- Tatverdächtige können zur **Identitätsfeststellung** festgehalten (maximal 12 Stunden) und durchsucht werden (§§ 163b, 163c StPO). Auch Unverdächtige dürfen an- und festgehalten werden, wenn dies zur Bedeutung der Tat nicht außer Verhältnis steht.
- Ein Verdächtiger kann längerfristig **polizeilich observiert** werden (§ 163 f. StPO). Die planmäßige Überwachung ist zur Aufklärung aller Straftaten – unter Beachtung der Verhältnismäßigkeit – zulässig.
- Mit der Ausschreibung zur **polizeilichen Beobachtung** (§ 163e StPO) sollen Bewegungsbilder von dem Verdächtigen erstellt und Querverbindungen zu anderen Personen aufgespürt werden.
- Bei bestimmten schweren Straftaten können an öffentlichen Orten **Kontrollstellen** eingerichtet werden, an der jeder verpflichtet ist, seine Identität feststellen sowie sich und mitgeführte Sachen durchsuchen zu lassen (§ 111 Abs. 1 StPO).
- Die **Rasterfahndung** dient der Aufklärung bestimmter schwerer Straftaten (§ 98a StPO) durch maschinellen Abgleich personenbezogener Daten mit denen, die in Dateien anderer Stellen als Polizei oder Staatsanwaltschaft gespeichert sind.
- Bei der **Schleppnetzfahndung** (§ 163d StPO) werden an Grenzübergängen und bei sonstigen elektronischen Ausweiskontrollen (z. B. Flughäfen), bei Kontrollstellen an öffentlich zugänglichen Orten (§ 111 StPO) oder bei Kennzeichenkontrollen von Fahrzeugen kurzfristige Dateien angelegt und daraufhin untersucht, ob ein gesuchter Straftäter eine bestimmte Stelle passiert hat.

(d) Durch Überwachung mit technischen Mitteln können Erkenntnisse insbesondere aus geschlossenen Räumen gewonnen werden, wobei in der Regel ohne Kenntnis der Betroffenen vorgegangen wird.

- Die **Telekommunikationsüberwachung** (§§ 100a, 100b StPO) umfasst neben dem Abhören von Telefongesprächen auch die Standortbestimmung von Mobiltelefonen und die Überwachung der Internettelefonie (Voice over IP). Die sog. Quellen-TÜ ist zulässig (Eingriff mit technischen Mitteln in vom Betroffenen genutzte informationstechnische Systeme, § 201 Abs. 2 Bundeskriminalamtgesetz), ebenso der Zugriff auf gespeicherte Daten externer Server. Eingeschränkt ist diese Überwachung, soweit der „Kernbereich privater Lebensgestaltung" betroffen ist.
- Die akustische Überwachung von Wohnungen (**großer Lauschangriff**) ist bei bestimmten besonders schweren Straftaten (§ 100c StPO) zulässig, wenn andere Methoden die Ermittlungen unverhältnismäßig erschweren würden.
- Die akustische Überwachung von öffentlichen Orten, Büro- und Geschäftsräumen **(kleiner Lauschangriff)** ist bei Straftaten nach § 100a StPO zulässig, wenn die Ermittlungen des Sachverhalts oder des Aufenthalts eines Beschuldigten sonst unverhältnismäßig erschwert würden.

(e) Zu den traditionellen Methoden gehören Suche und Sicherstellung von Beweisgegenständen und verdächtigen Personen.

- Gegenstände, die als Beweismittel in Betracht kommen, können beschlagnahmt, d. h. in amtlichen Gewahrsam genommen werden. Einen Eingriff in das Postgeheimnis stellt die Beschlagnahme von Postsendungen dar (§§ 99, 100, 101 StPO). Die Anordnung der **Beschlagnahme** steht nur dem Richter zu (§ 98 Abs. 1 StPO). Bestimmte Gegenstände sind grundsätzlich von der Beschlagnahme ausgenommen (§ 97 StPO), z. B. schriftliche Mitteilungen zwischen dem Beschuldigten und Personen, die das Zeugnis verweigern dürfen.
- Die **Durchsuchung** (§§ 102 ff. StPO) ist die Suche nach versteckten Gegenständen oder einem Verdächtigen. Durchsucht werden können Wohnungen und andere Räume (Haussuchung) sowie Personen (Verdächtige, § 102 StPO; Unverdächtige, § 103 StPO) und die ihnen gehörenden Sachen.
- Die **Razzia** ist eine überraschende Fahndungsaktion der Polizei nach verdächtigen Personen oder Beweismitteln. Sie stützt sich auf die allgemeinen Regelungen der StPO (insbesondere die Identitätsfeststellung nach §§ 163b, 163c StPO).

(f) Rechtsmedizinische Methoden können den nicht natürlichen Tod eines Menschen zum Gegenstand haben oder Eingriffe in den (lebenden) menschlichen Körper.

- Die **Leichenschau** (§ 87 StPO) ist die äußerliche Begutachtung einer Leiche, während bei der Obduktion der Körper geöffnet und die inneren Organe untersucht werden. Bei einer bereits bestatteten Leiche kann deren Ausgrabung (Exhumierung) angeordnet werden. Bei dem Verdacht einer Vergiftung ist ein Chemiker hinzuzuziehen (§ 91 StPO).
- Zulässig sind Eingriffe (§§ 81 bis 81h StPO), durch die **körperliche Merkmale** eines oder mehrerer Menschen mit Spuren vom Tatort verglichen werden können (Bluntersuchung, molekulargenetische Untersuchung, DNA-Analyse, Fingerabdrücke usw.). Sie können auch den Zustand des Körpers oder eines Organs beweisen, wie etwa die Bestimmung der Blutalkoholkonzentration.

(g) Zu Zwecken der Ermittlung darf in die Kreise der Straftäter eingedrungen werden. **Verdeckte Ermittler** sind Polizeibeamte, die auf Dauer unter einer falschen Identität ermitteln. **V-Leute** hingegen sind Verbindungspersonen der Ermittlungsbehörden in der kriminellen Szene, die gegen entsprechende Vorteile Informationen liefern.

2 Freiheitsentziehende Maßnahmen zur Sicherung des Verfahrens

U-Haft und einstweilige Unterbringung sind (nur) aus Gründen der Verfahrenssicherung zulässig. Zuständig für die Anordnung einer solchen Freiheitsentziehung ist ausschließlich ein Richter, im Ermittlungsverfahren der sog. Ermittlungsrichter als Haftrichter.

2.1 Untersuchungshaft

Für den Erlass eines Haftbefehls müssen drei Voraussetzungen erfüllt sein (§ 112 StPO):

(a) Der Beschuldigte muss einer Straftat **dringend verdächtig** sein, d.h. der Haftrichter muss aufgrund bestimmter Tatsachen zu der Überzeugung kommen, dass mit hoher Wahrscheinlichkeit eine Verurteilung erfolgen wird.

(b) Es muss einer der im Gesetz beschriebenen **Haftgründe** gegen den Angeklagten bestehen:

- **Fluchtgefahr:** Es müssen bestimmte Tatsachen vorliegen, die die Annahme rechtfertigen, der Angeklagte werde sich dem weiteren Verfahren

durch Flucht entziehen (Vorbereitung einer Auslandsreise, Geldtransfer oder eine so hohe Straferwartung, dass sie einen Fluchtanreiz darstellt).
- **Verdunkelungsgefahr:** Bestimmte Tatsachen müssen die Annahme nahelegen, dass der Täter auf Zeugen oder sonstige Beweismittel einwirken wird, um sie so zu beeinflussen, dass die Verurteilung verhindert oder erschwert wird.
- **Tatschwere:** § 112 Abs. 3 StPO führt bestimmte schwere Taten auf (Mord, Totschlag, Bildung einer terroristischen Vereinigung usw.), bei denen der Wortlaut nahelegt, dass bei diesen Taten ein Haftgrund der Flucht- oder Verdunkelungsgefahr nicht vorliegen müsse, sondern der dringende Verdacht der schweren Straftat für die Anordnung der U-Haft ausreiche. Diese Lesart würde gegen den Grundsatz der Verhältnismäßigkeit verstoßen. Das BVerfG legt die Vorschrift deshalb verfassungskonform so aus, dass auch beim Verdacht einer schweren Straftat Umstände vorliegen müssen, die die Gefahr begründen, dass Aufklärung und Ahndung der Tat ohne U-Haft gefährdet wären.[1]
- **Wiederholungsgefahr:** Bei bestimmten schweren Delikten kann die Gefahr, dass der Täter wieder einschlägig straffällig wird, die U-Haft rechtfertigen (§ 112a Abs. 1 Nr. 2 StPO).

(c) Bei der Anordnung der U-Haft ist der Grundsatz der **Verhältnismäßigkeit** zu beachten. Eine U-Haft kommt regelmäßig nicht in Betracht, wenn der Angeklagte eine Geldstrafe oder eine Freiheitsstrafe bis zu 6 Monaten zu erwarten hat (§ 113 StPO).

2.2 Einstweilige Unterbringung

Ist ein Beschuldigter dringend verdächtig, eine Tat im Zustand der (verminderten) Schuldunfähigkeit begangen zu haben, und deshalb zu erwarten, dass im Urteil seine Unterbringung in einem psychiatrischen Krankenhaus oder einer Entziehungsanstalt angeordnet wird, kann seine einstweilige Unterbringung in einer solchen Anstalt angeordnet werden, wenn die öffentliche Sicherheit dies erfordert (§ 126a Abs. 1 StPO).

3 Anklageerhebung oder Einstellung des Verfahrens

Ergeben die Ermittlungen keinen hinreichenden Tatverdacht, wird das Verfahren eingestellt (§ 170 Abs. 2 StPO). Dem Verletzten einer Straftat steht in diesem Fall das Recht der Beschwerde an die Staatsanwaltschaft zu, bei deren Misserfolg das

1 BVerfG, Urteil vom 15.12.1965, Az.: 1 BvR 513/65, BVerfGE 19, S. 342, 350; *Lutz Meyer-Goßner/Bertram Schmitt*, Strafprozessordnung, 60. Aufl., München 2017, § 112, Rn. 37.

Klageerzwingungsverfahren (§ 172 StPO). In diesem Verfahren entscheidet das OLG, ob Anklage erhoben oder ggf. auch weiter ermittelt werden muss.

Liegt ein hinreichender Verdacht vor, dass der Angeklagte verurteilt werden wird, erhebt der Staatsanwalt schriftlich Anklage und übersendet dem zuständigen Gericht mit der Anklageschrift die Verfahrensakten. Der Staatsanwalt hat einen gewissen Spielraum bei der Einschätzung, bei welchem Gericht er anklagt. Das Gericht ist an die Bewertung des Staatsanwaltes jedoch nicht gebunden. Das Gericht höherer Ordnung kann das Verfahren vor dem Gericht niedrigerer Ordnung eröffnen, wenn es seine Zuständigkeit verneint. Das Gericht niedriger Ordnung kann das Verfahren dem Gericht höherer Ordnung zur Übernahme vorlegen. Das kann noch in der Hauptverhandlung geschehen. Kommt z. B. das Schöffengericht des Amtsgerichts zu der Auffassung, dass eine Freiheitsstrafe von mehr als 4 Jahren angemessen sein wird, legt es die Sache der Strafkammer des Landgerichts zur Übernahme vor. Die Entscheidung zur Vorlage wird vom Gericht getroffen, in der Hauptverhandlung also einschließlich der Schöffen.

KAPITEL 2

Zwischenverfahren

Mit dem Eingang der Akten und der Anklageschrift beim Gericht beginnt das Zwischenverfahren. Das Gericht (die Berufsrichter) entscheidet nach der Aktenlage, ob das Hauptverfahren eröffnet wird. Das Verfahren dient der Kontrolle, ob ein Angeschuldigter einer öffentlichen Hauptverhandlung ausgesetzt werden soll. Das Gericht prüft den ordnungsgemäßen Inhalt der Anklage (§ 200 StPO), stellt dem Angeschuldigten die Anklageschrift zu und ordnet ggf. weitere Beweiserhebungen an, wenn es den Sachverhalt der Anklage noch für aufklärungsbedürftig hält.

1 Eröffnung des Hauptverfahrens

Das Gericht prüft zunächst, ob die **Prozessvoraussetzungen** vorliegen. Fehlt eine Voraussetzung (örtliche und/oder sachliche Zuständigkeit des Gerichts, Strafantrag bei Antragsdelikten, Strafmündigkeit des Angeschuldigten) oder steht dem Verfahren ein sonstiges Prozesshindernis entgegen (Verjährung, Rechtshängigkeit[2] und Strafklageverbrauch, Spezialität bei vom Ausland ausgelieferten Angeschuldigten, Immunität oder Indemnität, Amnestie, Verhandlungs(un)fähigkeit des Angeschuldigten oder dessen dauernde Abwesenheit), wird die Eröffnung aus Rechtsgründen abgelehnt.

Danach wird geprüft, ob die vorgeworfene Tat die Voraussetzungen einer Strafvorschrift erfüllt und die Beweismittel – bei summarischer Betrachtung – eine Verurteilung erwarten lassen. Verneint das Gericht auf der Grundlage der Anklage den hinreichenden Tatverdacht, wird die Eröffnung des Hauptverfahrens aus tatsächlichen Gründen abgelehnt. Bejaht das Gericht die Strafbarkeit des angeklagten Sachverhalts und den hinreichenden Tatverdacht, wird das Hauptverfahren eröffnet und ein Termin zur Hauptverhandlung bestimmt. Das Gericht kann das Hauptverfahren auch mit Änderungen der Anklage eröffnen. Es kann einzelne Taten herausnehmen oder rechtliche Gesichtspunkte ändern, z. B. kann aus dem angeklagten Mord ein Totschlag werden, weil das Gericht bereits jetzt das Vorliegen von Mordmerkmalen aus Rechtsgründen verneint.

2 Rechtshängigkeit besteht, wenn die zu verhandelnde Straftat bereits durch einen Eröffnungsbeschluss bei einem Gericht anhängig ist; der Prozess kann nicht noch bei einem anderen Gericht anhängig gemacht werden.

2 Vorbereitung der Hauptverhandlung

Wird die Anklage zur Hauptverhandlung zugelassen, trifft der Vorsitzende die Vorbereitungen für ihre Durchführung. Er fordert notwendige Akten an, bestimmt den Termin, lädt Zeugen und Sachverständige sowie Angeklagte und Verteidiger. Die Staatsanwaltschaft erhält Nachricht vom Termin, eventuell werden weitere Beteiligte wie Jugendgerichts- und Bewährungshilfe informiert. Bei mehrtägigen Verhandlungen stellt der Vorsitzende einen Plan über die Reihenfolge der Vernehmung der Zeugen und die weitere Beweisaufnahme auf. Die Geschäftsstelle des Gerichts benachrichtigt die Schöffen. Findet die Verhandlung erstinstanzlich vor dem Landgericht statt, ist den Beteiligten die Besetzung des Gerichts einschließlich der Schöffen mitzuteilen. Der Verteidiger hat das Recht zu überprüfen, ob die Besetzung ordnungsgemäß ist, z. B. die Auslosung auf die Sitzungstermine korrekt durchgeführt oder ein Hauptschöffe zu Unrecht von der Teilnahme an der Hauptverhandlung befreit und deshalb ein Hilfsschöffe geladen wurde. Eine Änderung der Gerichtsbesetzung ohne hinreichenden Grund kann die Aufhebung des Urteils durch das Revisionsgericht zur Folge haben, wenn dies rechtzeitig vom Verteidiger in der Hauptverhandlung gerügt wird.

TEIL D

Die Hauptverhandlung bis zum Beginn der Beweisaufnahme

Teil D beschreibt die prozessuale Stellung der Beteiligten am Strafverfahren, ihre Rolle und Mitwirkungsmöglichkeiten sowie die Prozesshandlungen vom Beginn der Hauptverhandlung bis zur Vernehmung des Angeklagten zur Sache. Die Kommunikation zwischen den Beteiligten hat mit der „Erörterung“ über den Verfahrensstand und der „Verständigung“ über Fortgang und Ergebnis der Hauptverhandlung ihre besonderen gesetzlichen Regelungen gefunden. Schöffen können von dieser Art der Kommunikation in besonderer Weise betroffen werden.

KAPITEL 1

Beteiligte am Strafverfahren

Die Hauptverhandlung ist ein auf Kommunikation und Kooperation angelegter Prozess zwischen den Verfahrensbeteiligten zur Erhebung von Daten und Fakten, die auf die Schuld oder Nichtschuld von Angeklagten schließen lassen. Das Strafverfahrensrecht (StPO, GVG, Allgemeiner Teil des StGB, JGG) stellt die Regeln für den Prozess auf, der auf Waffengleichheit, Fairness und Achtung der Würde der Beteiligten beruht. Der Angeklagte steht im Mittelpunkt der Strafverfolgung. Dabei darf der Blick nicht dafür verstellt werden, dass auch die (Opfer-) Zeugen einen Anspruch auf eine faire Behandlung haben, der die Rechte anderer Beteiligter begrenzt.

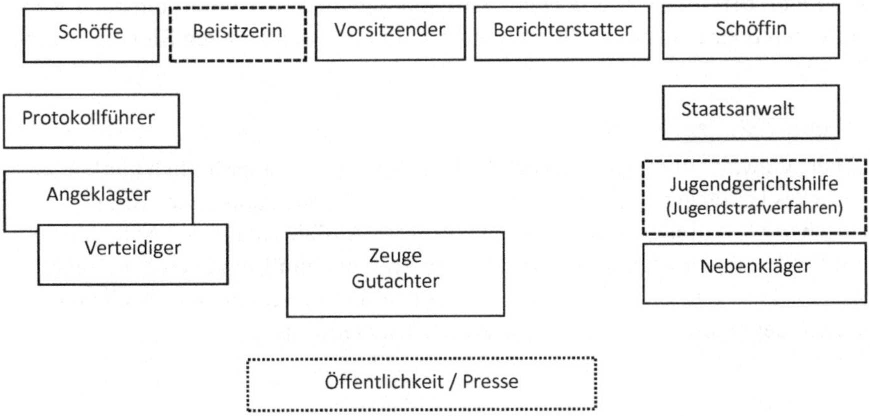

Abbildung 4 Beteiligte an der Hauptverhandlung, Besetzung einer Großen (Jugend-)Strafkammer (mit 2 oder 3 Berufsrichtern)

1 Staatliche Beteiligte

1.1 Gericht, Richter

Das für die Hauptverhandlung zuständige Gericht wird durch die Regeln der StPO, des JGG und des GVG bestimmt. Das Gericht muss **örtlich** (bestimmt sich nach dem Tatort, Ergreifungsort, Wohnsitz des Beschuldigten oder besonderen

Regeln) **und sachlich** (Straf- bzw. Jugendrichter, Schöffen- und Jugendschöffengericht, Große Strafkammer für allgemeine oder Jugendstrafsachen) **zuständig** sein. Innerhalb des Amts- oder Landgerichts besteht eine Geschäftsverteilung auf die einzelnen Spruchkörper. Welcher Spruchkörper für welches Verfahren zuständig ist und welche Richter ihm angehören, wird durch das Präsidium des Gerichts bestimmt.

Den Richtern ist die rechtsprechende Gewalt anvertraut (Art. 92 GG). Sie entscheiden eine Sache mit Letztverbindlichkeit in persönlicher und sachlicher **Unabhängigkeit**. Die richterliche Unabhängigkeit wird ergänzt durch die **Bindung an Gesetz und Recht**. Die Unterwerfung unter das Gesetz gilt ohne Einschränkung. Zweckmäßigkeitserwägungen, abweichende politische Einstellungen oder Gewissensgründe hat der Richter gegen ein gültiges Gesetz nicht geltend zu machen. Dem Gericht steht jedoch ein **Prüfungsrecht** zu, ob ein Gesetz gültig zustande gekommen ist oder in seinem Inhalt gegen die Verfassung verstößt. Dann kann es eine Vorlage an das BVerfG beschließen (Art. 100 GG).

Richter können das Recht durch Auslegung einer Norm weiterentwickeln, an sich verändernde Verhältnisse in Gesellschaft, Wirtschaft und Technik oder an sich wandelndes Rechtsbewusstsein anpassen und Gesetzeslücken schließen (sog. **Rechtsfortbildung**). Sie dürfen sich dabei jedoch nicht vom geltenden Recht entfernen oder eine Norm durch Interpretation in einen anderen Sinn verkehren.

BEISPIEL 1 – RECHTSFORTBILDUNG ZUM GEWALTBEGRIFF

Unter „Gewalt“ in § 240 StGB hat die Rechtsprechung ursprünglich nur körperliches Handeln verstanden. Im Laufe der Zeit hat sie daraus auch den psychischen Gewaltbegriff abgeleitet. Das dichte Auffahren auf der Autobahn mit Betätigen der Lichthupe, um den Vordermann zum Freigeben der Fahrspur zu zwingen, unterfällt nach inzwischen übereinstimmender Meinung ebenso dem Gewaltbegriff wie die körperliche Gewalt.

BEISPIEL 2 – ÜBERDEHNUNG DES GEWALTBEGRIFFS

Nach § 113 StGB macht sich strafbar, wer einem Vollstreckungsbeamten „mit Gewalt“ Widerstand leistet. Das LG Halle hat bei einem Angeklagten einen solchen gewaltsamen Widerstand angenommen, der vor der Polizei in seinem Pkw geflüchtet ist und sich eine wilde Verfolgungsjagd geliefert hat. Dieses Urteil hat der BGH aufgehoben, weil er – zu Recht – gesagt hat, dass die bloße Flucht keine Gewaltanwendung darstellt. Eine Flucht als Gewalt anzusehen, widerspricht schon dem allgemeinen Sprachgebrauch.[1]

1 BGH, Beschluss vom 19.12.2012, Az.: 4 StR 497/12, NStZ 2013, S. 336.

1.2 Staatsanwaltschaft

Die Staatsanwaltschaft (§§ 141ff. GVG) ist die Herrin des Ermittlungsverfahrens. Da sie nicht (wie im anglo-amerikanischen Strafprozess) Partei ist, ist der Staatsanwalt bei seinen Ermittlungen zur strikten **Objektivität** verpflichtet. Er hat auch entlastende Umstände zu ermitteln und ggf. sogar nach der Urteilsverkündung zugunsten des Angeklagten Rechtsmittel einzulegen, wenn er im Gegensatz zu dem verurteilenden Gericht von der Unschuld (oder geringeren Schuld) des Verurteilten überzeugt ist. In der Hauptverhandlung vertritt der Staatsanwalt die Anklage. Das muss nicht unbedingt der Staatsanwalt sein, der die Anklageschrift verfasst hat; während der Hauptverhandlung kann der Sitzungsvertreter wechseln. Nach der Rechtskraft des Urteils übernimmt die Staatsanwaltschaft die Vollstreckung des Urteils (Beitreibung der Geldstrafe, Ladung zum Haftantritt usw.). Die Staatsanwaltschaft ist also **Ermittlungs-, Anklage- und Vollstreckungsbehörde.**

Der Staatsanwalt ist als Beamter weisungsgebunden. Er kann von seinem Vorgesetzten, dieser von den übergeordneten Behördenleitern in der Sache angewiesen werden. Dagegen hat er das Recht zur Remonstration (Gegenvorstellung). Allerdings ist der Staatsanwalt an das Gesetz gebunden; gesetzeswidrige Weisungen muss er nicht befolgen. Oberste Behörde ist der Justizminister, der sein Weisungsrecht durch Allgemeinverfügungen und nur in ganz seltenen Ausnahmefällen in einem Einzelfall ausübt.

2 Sonstige Verfahrensbeteiligte

2.1 Angeklagter

(a) Im Mittelpunkt des Verfahrens steht der Angeklagte. Er ist nicht bloßes Objekt des Verfahrens, sondern mit eigenen Rechten ausgestattet. Zwar dürfen die Belange des Opfers nicht aus dem Blickfeld geraten; Ziel der Strafverfolgung ist aber der Angeklagte, der sich gegen die Anklage in einem fairen Verfahren verteidigen können muss. Er hat das Recht auf Achtung der Menschenwürde, was z.B. schon in der höflichen Anrede in der Hauptverhandlung mit „Herr X“ oder „Frau Y“ zum Ausdruck kommen muss; die Anrede „Angeklagte/r“ ist nicht mehr zeitgemäß.

(b) Jeder Angeklagte hat das Recht auf einen Verteidiger (§§ 137ff. StPO). Hat er dazu nicht die finanziellen Mittel, muss ihm in Fällen der „notwendigen Verteidigung“ ein **Pflichtverteidiger** auf Kosten des Staates bestellt werden. Notwendig ist die Verteidigung (§ 140 StPO), wenn

- die Sache in erster Instanz vor dem LG oder OLG stattfindet (Abs. 1 Nr. 1),
- dem Angeklagten ein Verbrechen zur Last gelegt wird (Abs. 1 Nr. 2),

- das Verfahren zu einem Berufsverbot führen kann (Abs. 1 Nr. 3) oder
- die Schwierigkeit der Sach- oder Rechtslage die Mitwirkung eines Verteidigers erfordert (Abs. 2).

(c) Während der gesamten Hauptverhandlung besteht ein **Anwesenheitsrecht** des Angeklagten (§ 230 StPO), aber auch eine **Anwesenheitspflicht**. Nur in den gesetzlich festgelegten Fällen kann die Hauptverhandlung in zeitweiliger Abwesenheit des Angeklagten fortgeführt werden:

- Versucht der Angeklagte, sich aus der Sitzung zu entfernen, hat der Vorsitzende dies zu verhindern (§ 231 Abs. 1 StPO). Notfalls hat er ihn im Saal bewachen und in den Sitzungspausen in Gewahrsam nehmen zu lassen. Entfernt sich der Angeklagte dennoch, kann die Hauptverhandlung zu Ende geführt werden, wenn er über die Anklage bereits vernommen war und seine Anwesenheit vom Gericht nicht für erforderlich erachtet wird (§ 231 Abs. 2 StPO).
- Bei ordnungswidrigem Benehmen des Angeklagten kann er aus dem Sitzungssaal abgeführt werden (§ 231b StPO in Verbindung mit § 177 GVG). Die Entscheidung trifft das Gericht. Es kann ohne den Angeklagten weiterverhandeln, wenn seine Anwesenheit entbehrlich ist. Allerdings muss der Angeklagte die Gelegenheit bekommen, sich zur Anklage zu äußern. Er ist zur Verhandlung wieder zuzulassen, wenn seine Anwesenheit die Verhandlung nicht mehr in schwerwiegender Weise beeinträchtigt.
- Die Abwesenheit eines Angeklagten bei einzelnen Verhandlungsteilen kann für den Fall gestattet werden, wenn bei mehreren Angeklagten ein Angeklagter von Teilen der Verhandlung nicht betroffen ist (§ 231c StPO). Die Erlaubnis erteilt das Gericht.
- Das Gericht kann anordnen, dass sich der Angeklagte aus dem Sitzungssaal zu entfernen hat, wenn befürchtet wird, dass ein Zeuge in seiner Anwesenheit (z. B. aus Angst) nichts oder nicht die Wahrheit sagen wird (§ 247 Satz 1 StPO).
- Bei Zeugen unter 18 Jahren und Personen, bei denen ein Nachteil für ihre Gesundheit zu befürchten ist, kann das Gericht die Entfernung des Angeklagten für die Dauer der Vernehmung anordnen (§ 247 Satz 2 StPO). Der Zeuge soll vor einer für ihn unerträglichen Belastung durch die Konfrontation mit dem Angeklagten bewahrt werden.
- Während der Erörterungen über den körperlichen oder geistigen Zustand des Angeklagten kann dieser auf Anordnung des Gerichts aus dem Sitzungssaal entfernt werden (§ 247 Satz 3 StPO).

Diese Ausnahmefälle sind abschließend. Es sind keine anderen Fälle zulässig, in denen ohne den Angeklagten verhandelt werden kann. Ein Verstoß gegen die Anwesenheitspflicht des Angeklagten außerhalb der gesetzlichen Ausnahmen begründet die Revision. Anordnungen „des Gerichts" werden unter Beteiligung der Schöffen getroffen.

(d) Den größten Einfluss auf die Gestaltung der Ermittlungen und der Hauptverhandlung kann der Angeklagte durch das Recht ausüben, **Beweisanträge** zu stellen (§§ 219, 244 bis 246 StPO). Ihm steht das **Fragerecht** an Zeugen und Sachverständige zu (§ 240 Abs. 2 StPO), nicht aber das Recht der Befragung von Mitangeklagten.

(e) Der Angeklagte hat in jeder Lage des Verfahrens einen Anspruch auf **rechtliches Gehör** (Art. 103 Abs. 1 GG). Nach jeder Vernehmung eines Mitangeklagten und nach jeder einzelnen Beweiserhebung hat er das Recht, dazu etwas zu erklären (§ 257 StPO). Weil die **Gerichtssprache** Deutsch ist (§ 184 Satz 1 GVG), hat der Angeklagte, der der deutschen Sprache nicht mächtig bzw. hör- oder sprachbehindert ist, einen Anspruch auf einen Dolmetscher bzw. geeignete technische Hilfsmittel (§§ 185 ff. GVG).

2.2 Verteidigung

(a) Der Verteidiger ist einerseits den Interessen seines Mandanten verpflichtet, gleichzeitig ein dem Gericht und der Staatsanwaltschaft gleichgeordnetes Organ der Rechtspflege. Er darf alle gesetzlich zulässigen Mittel zur Verteidigung des Angeklagten einsetzen. Ein Recht zur Lüge und Täuschung hat der Verteidiger jedoch nicht. Er hat dafür zu sorgen, dass der Angeklagte ein faires Verfahren bekommt, ist aber nicht auf diese passive Rolle beschränkt. Ihm steht das Recht zu, Lücken in Straf- und Verfahrensrecht oder Fehler des Gerichts zugunsten des Angeklagten zu nutzen; dies zwingt das Gericht zu präziser Arbeit. Der Verteidiger hat die Möglichkeit zur Gestaltung des Prozesses. Er kann Beweisanträge stellen, Akten einsehen, Fragen an Zeugen und Sachverständige richten und in der gesamten Hauptverhandlung anwesend sein (selbst wenn der Angeklagte ausgeschlossen wurde). Auch außerhalb der Hauptverhandlung darf er mit Zeugen Kontakt aufnehmen und ihnen Fragen stellen. Er nimmt diese Rechte immer für den Angeklagten wahr, nicht in eigenem Namen. Weisungen kann der Angeklagte dem Verteidiger nicht erteilen. Grenzen sind der Verteidigung durch die Persönlichkeits- und Verfahrensrechte der anderen Beteiligten gesetzt.

(b) Der Verteidiger ist zum **Schweigen** über das verpflichtet, was er in dieser Eigenschaft erfährt. Legt der Angeklagte ihm gegenüber ein Geständnis ab, darf er dieses gegen den Willen des Angeklagten nicht offenbaren. Er darf zwar weiter den Freispruch des Mandanten anstreben, jedoch nur mit zulässigen Mitteln. Er kann z. B. keinen Zeugen mehr benennen, der die Unschuld des Angeklagten bezeugen soll; dieser würde der Gefahr einer Falschaussage ausgesetzt.

(c) Der Verteidiger kann aus dem Verfahren **ausgeschlossen** werden, wenn er selbst mit der Tat in Verbindung steht, den Angeklagten zu Straftaten missbraucht, die Anstaltssicherheit gefährdet oder durch seine Mitwirkung bei Staatsschutzdelikten die Staatssicherheit gefährdet. Als Organ der Rechtspflege kann der Verteidiger nicht wegen Ungebühr aus dem Gerichtssaal entfernt werden (§ 177 GVG). Im Rahmen der Sitzungsleitung des Vorsitzenden ist jedoch die Entziehung des Wortes möglich (§ 238 Abs. 1 StPO). Des Weiteren können Fragen des Verteidigers zurückgewiesen werden (§ 241 Abs. 2 StPO). Die unzulässige Beschränkung der Verteidigung durch das Gericht in einem für die Entscheidung wesentlichen Punkt kann einen absoluten Revisionsgrund darstellen (§ 338 Nr. 8 StPO).

2.3 Verletzter

In den letzten Jahren hat der Gesetzgeber dem Opferschutz in zunehmendem Umfang Rechnung getragen. Dem Verletzten stehen Möglichkeiten zur Verfügung, mit denen er seine Rechte verfolgen kann. Staatsanwaltschaft und Gericht haben die Pflicht, den Verletzten auf diese Rechte hinzuweisen (§ 406h StPO).

(a) Bei bestimmten Taten (u. a. Sexualdelikte, Taten gegen die persönliche Ehre, Körperverletzung, Taten gegen die persönliche Freiheit sowie Versuch des Mordes und des Totschlages) hat der Verletzte das Recht, sich dem Verfahren mit der **Nebenklage** anzuschließen (§ 395 StPO). Damit tritt er neben den Staatsanwalt als eigenständiger Kläger mit allen Rechten (§ 397 StPO). Zur Nebenklage befugte Verletzte können sich eines Rechtsanwaltes bedienen, der ein Anwesenheitsrecht in der Hauptverhandlung hat. Der Nebenkläger (bzw. sein Rechtsanwalt) kann Richter und Sachverständige wegen der Besorgnis der Befangenheit ablehnen, Fragen an Angeklagte, Zeugen und Sachverständige stellen, Fragen beanstanden, Beweisanträge stellen und Erklärungen abgeben. Nach dem Urteil kann er Rechtsmittel einlegen. Dem Nebenkläger kann nach den Grundsätzen der Prozesskostenhilfe ein Rechtsanwalt als Nebenklägervertreter beigeordnet werden, wenn er seine Interessen nicht selbst wahrnehmen kann oder ihm dies nicht zuzumuten ist.

(b) Bei bestimmten schweren Delikten aus dem Nebenklagekatalog ist auf Antrag des Nebenklägers ein sog. **Opferanwalt** zu bestellen, für den die gleichen Vorschriften wie für den Vertreter eines Nebenklägers gelten (§ 397a StPO). Liegen die Voraussetzungen der Nebenklage nicht vor, kann ein Anwalt nach den Grundsätzen der Prozesskostenhilfe beigeordnet werden. In der Hauptverhandlung entscheidet über die Zuziehung des Opferanwaltes oder die Gewährung von Prozesskostenhilfe der Vorsitzende.

(c) Problematisch kann die Stellung des **Verletzten als Zeuge** in der Hauptverhandlung sein. Zum einen hat der Angeklagte bzw. sein Verteidiger das Recht, die Glaubhaftigkeit der Aussage des Opfers einer Straftat zu überprüfen; andererseits muss auf die besondere psychische Lage – vor allem bei Opfern von Gewalttaten – Rücksicht genommen werden. Deshalb sieht die StPO zwei Institute vor: den Verletztenbeistand und die Vertrauensperson (§ 406f StPO). Bei einer

Vernehmung des Verletzten ist die Anwesenheit eines Rechtsanwalts als **Verletztenbeistand** gestattet. Er kann Fragen beanstanden und den Ausschluss der Öffentlichkeit zum Schutz der Privatsphäre des Verletzten beantragen (§ 171b GVG). Eine Verhinderung des Beistandes stellt keinen Grund für eine Vertagung oder ein Zeugnisverweigerungsrecht des Verletzten dar. Der Verletzte kann sich, wenn er als Zeuge vernommen wird, einer **Vertrauensperson** bedienen. Das kann ein Rechtsanwalt sein, aber auch jede andere Person, die das Vertrauen des Verletzten genießt. Die Zulassung der Vertrauensperson steht in der Hauptverhandlung im pflichtgemäßen Ermessen des Vorsitzenden. Die Vertrauensperson kann auch als Hilfsperson für das Gericht tätig werden, etwa wenn es sich bei dem Verletzten um eine schwer hörgeschädigte oder geistig zurückgebliebene Person handelt und die Vertrauensperson die Verständigung zwischen dem Verletzten und dem Gericht herstellt.

(d) Der Verletzte kann durch einen Rechtsanwalt die Akten einsehen, wenn sie dem Gericht vorliegen oder vorzulegen wären (§ 406e StPO). Der Antrag kann nur dann versagt werden, wenn überwiegende schutzwürdige Interessen des Angeklagten oder anderer Personen entgegenstehen, der Untersuchungszweck gefährdet ist oder das Verfahren erheblich verzögert würde.

(e) In der Hauptverhandlung kann zum Schutz des Verletzten die **Öffentlichkeit** ausgeschlossen werden (§ 171b GVG); dem Verletzten soll bei ausgeschlossener Öffentlichkeit der Zutritt gestattet werden (§ 175 Abs. 2 GVG). Ihm ist der Ausgang des gerichtlichen Verfahrens mitzuteilen, soweit er betroffen ist.

(f) Mit dem **Adhäsionsverfahren** (§§ 403 bis 406c StPO) kann der Verletzte einen aus der Straftat erwachsenen vermögensrechtlichen Anspruch (z. B. Schadenersatz) im Strafprozess geltend machen, ohne dafür einen gesonderten Zivilprozess anstrengen zu müssen. Vorteile hat bei diesem Verfahren nicht nur der Geschädigte, weil kein zweiter Prozess notwendig ist. Auch der Angeklagte kann von diesem Verfahren profitieren. Das Gericht kann die wirtschaftliche Gesamtsituation bei der Bemessung der Strafe sofort berücksichtigen. Auf diese Weise kommt der Geschädigte schneller an sein Geld. Allerdings kann das Gericht von einer Entscheidung im Adhäsionsverfahren absehen, wenn es das Verfahren für ungeeignet hält. Deshalb kommt dieses Verfahren in der Praxis (leider) nicht sehr häufig vor.

KAPITEL 2

Beginn der Hauptverhandlung

1 Aufruf der Sache bis Verlesung der Anklage

Die Hauptverhandlung beginnt mit dem **Aufruf der Sache** (§ 243 Abs. 1 StPO). Der Vorsitzende stellt fest, ob alle Geladenen anwesend sind. Ist der Angeklagte nicht erschienen, wird seine ordnungsgemäße Ladung anhand der Akten geprüft. Wurde er ordentlich zur Hauptverhandlung geladen und liegt eine genügende Entschuldigung nicht vor, muss entschieden werden, ob ein neuer Termin festgesetzt und der Angeklagte durch die Polizei vorgeführt bzw. ein Haftbefehl gegen ihn erlassen wird. Der Vorsitzende kann sich vorbehalten, außerhalb der Hauptverhandlung Nachforschungen anzustellen und danach die notwendigen Maßnahmen zu veranlassen.

Sind alle Zeugen erschienen, erfolgt eine **Belehrung** durch den Vorsitzenden auf ihre Wahrheitspflicht und die Möglichkeit der Vereidigung. Dann verlassen sie den Saal (§ 243 Abs. 2 Satz 1 StPO). Im Rahmen der Beweisaufnahme werden sie später einzeln wieder aufgerufen, um in Abwesenheit der jeweils nachher zu hörenden Zeugen vernommen zu werden (§ 58 StPO).

Nachdem die Zeugen den Saal verlassen haben, folgt die **Vernehmung des Angeklagten über seine persönlichen Verhältnisse** (§ 243 Abs. 2 Satz 2 StPO). Er ist zur Angabe der Personalien, die der Identifizierung der Person dienen, verpflichtet (Vor-, Nach- und Geburtsname, Tag und Ort der Geburt, Familienstand, Beruf, Anschrift und Staatsangehörigkeit). Darüber hinausgehende Angaben zu den persönlichen Verhältnissen gehören zur Sache (Vorleben, Vorstrafen, schulischer und beruflicher Werdegang, familiäre und wirtschaftliche Verhältnisse, Einkommen), weil sie z. B. zur Strafzumessung herangezogen werden können. Hierzu kann der Angeklagte die Angaben verweigern. Mit der Vernehmung zur Person endet das Recht, aufgrund bislang bekannter Tatsachen einen Richter wegen der Besorgnis der **Befangenheit** abzulehnen (§ 25 Abs. 1 StPO).

Die Einführung des zu verhandelnden Sachverhaltes erfolgt mit der **Verlesung des Anklagesatzes** durch den Staatsanwalt, ggf. auch mit abweichenden rechtlichen Auffassungen des Gerichts, die im Eröffnungsbeschluss dargelegt wurden (§ 243 Abs. 3 StPO). Die Anklage begrenzt den Prozessstoff.

2 Vernehmung des Angeklagten zur Sache

(a) Der Beginn der Vernehmung zur Sache stellt einen weiteren Einschnitt im Verfahren dar: Der Angeklagte muss sich bis dahin auf die (funktionelle, § 6a StPO und örtliche, § 16 StPO) Unzuständigkeit des Gerichts berufen, eine Nichteinhaltung der Ladungsfrist gerügt (§ 217 Abs. 2 StPO) und im Verfahren vor dem LG den Einwand der fehlerhaften Besetzung des Gerichts erhoben haben (§ 222b StPO). Danach sind diese Rügen unzulässig.

(b) Der Angeklagte wird belehrt, dass er sich zur Sache – persönliche Verhältnisse und Tatvorwurf – nicht äußern muss (§ 243 Abs. 5 Satz 1 StPO). Aus seinem **Schweigen** dürfen keine für ihn nachteiligen Schlüsse gezogen werden. Wechselt er jedoch seine Taktik, nachdem er sich zunächst zur Sache eingelassen hat, und verweigert die Antwort auf weitere Fragen, kann das Gericht aus einem **Teilschweigen** Schlussfolgerungen ziehen. Hierauf ist der Angeklagte fairerweise zu belehren. Werden dem Angeklagten mehrere Straftaten vorgeworfen, gilt das Schweigerecht gesondert für jede einzelne Straftat. Er kann ohne Nachteile zu einem Tatvorwurf schweigen, zu anderen Anklagepunkten hingegen Angaben machen. Macht der Angeklagte in der Hauptverhandlung von seinem Schweigerecht Gebrauch, hat aber im Ermittlungsverfahren bei einer Vernehmung durch Polizei oder Staatsanwaltschaft bereits Angaben gemacht, kann die Vernehmungsperson als Zeuge befragt werden, wenn der Angeklagte vor seiner damaligen Vernehmung ordentlich belehrt wurde. Wurde er durch einen Richter vernommen, kann auch das Vernehmungsprotokoll verlesen werden (§ 254 Abs. 1 StPO).

(c) Dem Angeklagten soll mit seiner **Einlassung** zunächst die Gelegenheit gegeben werden, sich im Zusammenhang zu der Anklage zu äußern. Vorhaltungen, klarstellende und steuernde Fragen des Vorsitzenden sind zulässig; der zusammenhängende Bericht darf aber nicht ständig unterbrochen werden. Die Vernehmung des Angeklagten erfolgt grundsätzlich mündlich. Das Gericht kann ihm jedoch gestatten, zunächst eine vorbereitete Erklärung zur Sache zu verlesen oder verlesen zu lassen. Ein Sachvortrag des Verteidigers wird dem Angeklagten zugerechnet, da er den Vortrag als *eigene* Einlassung gelten lassen will. Die Verweigerung weiterer Antworten gibt dem Gericht wiederum Gelegenheit, hinsichtlich der Motive des Schweigens Schlussfolgerungen zu ziehen.

KAPITEL 3

Kommunikation zwischen den Verfahrensbeteiligten

Bevor die weitere Beweisaufnahme dargestellt wird, soll ein Blick darauf geworfen werden, welche Möglichkeiten die Verfahrensbeteiligten und das Gericht haben, über den Stand des Verfahrens, seine weitere Gestaltung und das Ergebnis miteinander zu kommunizieren. Grundsätzlich ist der Strafprozess ein streitiges Verfahren. Das Gericht ist an bestimmte Verfahrensgrundsätze gebunden, vor allem an die Verpflichtung zur Aufklärung von Amts wegen. Es ist zur Einhaltung und Durchsetzung dieser Grundsätze auch gegen den Willen der Verfahrensbeteiligten verpflichtet. Seit Beginn der 1980er-Jahre besteht ein Trend zur Kommunikation über die Gestaltung des Verfahrens – zunächst informell, später durch höchstrichterliche Rechtsprechung geregelt, zuletzt 2009 vom Deutschen Bundestag durch das „Gesetz zur Regelung der Verständigung im Strafverfahren" in rechtliche Normen gegossen. Zwei Stufen werden dabei unterschieden: die „Erörterung" und die „Verständigung". Beide Formen sind in der Hauptverhandlung möglich, daher für Schöffen von Interesse. In der Praxis leider höchst verbreitete Verstöße gegen die Regeln rühren an die Grundlagen der Beteiligung der Schöffen im Strafverfahren.

1 Erörterung des Verfahrensstandes

Staatsanwaltschaft und Gericht können in den verschiedenen Phasen den Stand des Verfahrens mit den Verfahrensbeteiligten erörtern, und zwar nach

- § 160b StPO ausgehend von der Staatsanwaltschaft im Ermittlungsverfahren,
- § 202a StPO ausgehend vom Gericht im Zwischenverfahren,
- § 212 StPO ausgehend vom Gericht im Hauptverfahren vor Terminierung der Hauptverhandlung,
- § 257b StPO ausgehend vom Gericht in der Hauptverhandlung.

In der Praxis geht die Initiative zu einer Verfahrenserörterung häufig von der Verteidigung aus. Die Themen der Erörterung sind vielfältig und vom Gesetzgeber bewusst nicht eingeschränkt worden. In Betracht kommen etwa Ablauf und Struktur des weiteren Verfahrens (z. B. die Reihenfolge der Zeugen, Ankündigung oder Verzicht auf Beweisanträge), Verfahrensbeendigung durch Einstellung (z. B. nach § 153a StPO) oder die Vorbereitung eines Täter-Opfer-Ausgleichs (§ 46a StGB). Teilnehmer der Erörterung sind die „Verfahrensbeteiligten", also alle, die gestaltend als Subjekt am Prozess mitwirken. „Das Gericht" ist immer der Spruchkörper in der Zusammensetzung des jeweiligen Verfahrensabschnittes, d. h. vor der Hauptverhandlung (§§ 202a, 212 StPO) ohne Schöffen, nach Beginn der Hauptverhandlung stets unter Beteiligung der Schöffen (§ 257b StPO).

Bedenklich ist die bewusste Unterbrechung der Hauptverhandlung, um Erörterungsgespräche „außerhalb der Hauptverhandlung" und dementsprechend ohne Mitwirkung der Schöffen zu führen. Schöffen haben in einer Vielzahl von Fällen berichtet, dass sie im Laufe der Verhandlung vom Vorsitzenden gebeten wurden, den Saal zu verlassen; Staatsanwaltschaft, Verteidigung und Berufsrichter hätten „etwas Juristisches" miteinander zu besprechen. Sie würden danach wieder hereingebeten. Dagegen haben Schöffen nur ein Mittel: Sie lassen sich nicht wegschicken und nehmen selbstverständlich an der Erörterung teil. Die Unterbrechung der Hauptverhandlung mit der Behauptung, man befände sich nun „außerhalb" der Hauptverhandlung mit der Folge, dass die Schöffen nicht teilnehmen dürfen, ist rechtsmissbräuchlich.[2] Als Grund für den Ausschluss wird immer wieder vorgetragen, dass die Schöffen durch diese Gespräche befangen werden könnten. Bei einer reinen Verfahrenserörterung kann eine solche Befangenheit kaum auftreten. Dient die Erörterung – wie häufig in der Praxis – bereits der Vorbereitung einer Verständigung, sind solche Befürchtungen ebenfalls unbegründet, weil ohnehin später beraten werden muss. Warum die Schöffen die gegenseitigen Argumente über das weitere Verfahren nicht im Originalton miterleben, sondern auf einen späteren Bericht des Vorsitzenden angewiesen sein sollen, ist nicht nachvollziehbar.

2 Verständigung über Ablauf und Ergebnis der Hauptverhandlung

Die Verständigung (umgangssprachlich auch Absprache oder Deal) ist für die Hauptverhandlung in § 257c StPO geregelt.[3] Der Gesetzgeber hat sich dabei an der in Jahrzehnten entwickelten Rechtsprechung des BGH orientiert. Die Verständigung hat ihren Ursprung im anglo-amerikanischen Strafprozess, in dem sich „Anklage" und „Verteidigung" als Parteien gegenüberstehen und demgemäß über Verfahren und Ausgang des Prozesses verständigen können.

2.1 Entwicklung der Verständigung

Ausgangspunkt für Verständigungen in Deutschland waren Fälle von Gewalt- und Sexualstraftaten, in denen den geschädigten Frauen oder Kindern erspart werden sollte, als Zeugen in der Hauptverhandlung vernommen zu werden und ihre Tat während der Einvernahme noch einmal durchleben zu müssen. Ein An-

2 Zur Auffassung, dass die Erörterung auch bei einer Unterbrechung „in der Hauptverhandlung" stattfindet, vgl. Richter am BGH *Wolfgang Pfister*, Die Verfahrensabsprache im Strafprozess – Welche Rolle haben die Schöffen?, RohR 2010, S. 97, 99.

3 Eingefügt durch das Gesetz zur Regelung der Verständigung im Strafverfahren vom 29.07.2009, BGBl I 2009, S. 2353.

geklagter, der durch ein Geständnis die Vernehmung dieser Zeugen überflüssig machte, sollte auf eine Strafmilderung rechnen können. Als rechtliche Grundlage hierfür diente seinerzeit § 46 Abs. 2 StGB, wonach „das Verhalten nach der Tat" Einfluss auf die Höhe der Strafe hat. In welchem Umfang das Geständnis strafmildernd wirken sollte, teilte das Gericht vorab mit, sodass der Angeklagte abschätzen konnte, worauf er sich einließ. Von hier aus entwickelte sich eine Dynamik auf andere Verfahren, in denen das Gericht für ein Geständnis schon vorab einen bestimmten Strafnachlass signalisierte. Von dieser nachvollziehbaren Konstellation war es in der Praxis nur ein kleiner Schritt zu

- den Verteidigern, die ein schwieriges und umfangreiches Verteidigungsverhalten ankündigten für den Fall, dass das Gericht nicht in eine Verhandlung über die Strafe eintreten würde (Konfliktverteidigung);
- dem Gericht, das harte Sanktionen in Aussicht stellte für den Fall, dass der Angeklagte nicht zu einem Geständnis mit verkürzter Beweisaufnahme bereit war, und erheblich mildere für den Fall einer Verständigung (Sanktionsschere).

Dem deutschen Strafprozess, in dem die gerichtliche Aufklärungspflicht oberste Maxime ist, ist eine solche Verständigung im Grundsatz fremd.[4] Ihre extensive Ausweitung, die auch in den Amtsgerichten um sich greift, führt zu kritischem Nachdenken. Rechtslehrer (z. B. *Siolek, Rönnau, Schünemann, Schlothauer*) und (ehemalige) Bundesrichter *(Fischer, Eschelbach)* denken offen darüber nach, ob ein allzu plattes „Dealen" nicht eine Strafbarkeit der Verfahrensbeteiligten begründen kann.

Jahrelang hat der BGH versucht, diese vom Gesetz nicht vorgesehene, in der Praxis nicht mehr zu verhindernde Verhaltensweise durch die Entwicklung von Regeln in halbwegs rechtsstaatliches Fahrwasser zu steuern. Erst auf massiven Hinweis des obersten Gerichts in Strafsachen hat der Gesetzgeber in der StPO verbindliche Regeln aufgestellt. Große Teile der Praxis ignorieren diese gesetzlichen Regelungen jedoch weiterhin. Dass Schöffen hiervon in besonderer Weise betroffen sind, hat das BVerfG in seinem Urteil zur Zulässigkeit der Verständigung festgestellt.[5] Der Düsseldorfer Rechtsprofessor *Karsten Altenhain* hat im Auftrag des BVerfG ein Gutachten über die Verständigungspraxis erstellt, indem er Richter und Staatsanwälte über ihren Umgang mit den vom Gesetzgeber aufgestellten Regeln befragt hat. 2011 wurden 17,9 % der Strafverfahren an Amtsgerichten und 23 % der Strafverfahren an Landgerichten durch Absprachen erledigt. 58,9 % der befragten Richter gaben an, mehr als die Hälfte ihrer Absprachen „in-

4 Vgl. *Albin Eser*, Adversatorische und inquisitorische Verfahrensmodelle, Sonderdruck, Freiburg 2014, https://freidok.uni-freiburg.de/data/9734.

5 BVerfG, Urteil vom 19.03.2013, Az.: 2 BvR 2628/10, 2 BvR 2883/10, 2 BvR 2155/11, RohR 2013, S. 25, 27.

formell", also ohne Anwendung des § 257c StPO durchgeführt zu haben; 26,7 % gaben an, immer so vorgegangen zu sein. Da die Rechtsprechung an Recht und Gesetz gebunden ist (Art. 20 Abs. 3 GG), kann durchaus von einem massenhaften Verfassungsbruch in der Rechtsprechung gesprochen werden.

2.2 Zulässige und unzulässige Gegenstände der Verständigung

Die Verfahrensbeteiligten und das Gericht verständigen sich über den „weiteren Fortgang des Verfahrens" sowie über die „Rechtsfolgen", jedoch nur im Rahmen der Zuständigkeit des Gerichts und nur soweit keine entgegenstehenden gesetzlichen Bindungen bestehen.

(a) Mit der Verständigung über den **Fortgang des Verfahrens** ist nicht gemeint, dass die Beteiligten sich über den Ablauf der Verhandlung ggf. abweichend von der StPO einigen können. Verteidigung und Staatsanwaltschaft machen ihr Prozessverhalten, das Gericht die verfahrensbezogenen Maßnahmen zum Gegenstand der Verständigung. Die verfassungsrechtlich garantierte Bindung der Richter an Recht und Gesetz kann nicht aufgehoben oder eingeschränkt werden. Somit beschränkt sich die Verständigungs„fähigkeit" des Gerichts auf die Maßnahmen, für die ein Ermessensspielraum besteht; es können alle Maßnahmen vereinbart werden, in denen das Gericht nach dem Gesetz etwas tun „kann". Wenn das Gericht etwas zu tun „hat" oder das Gesetz die Formulierung „ist zu" benutzt, kommt eine Verständigung nicht in Betracht, da das Gericht zu der jeweiligen Maßnahme verpflichtet ist, wenn deren Voraussetzungen vorliegen. Über den „Fortgang des Verfahrens" sind Verständigungen möglich, z. B. zu Terminierung, Urlaub für den Angeklagten oder dessen Entbindung vom Erscheinen in der Hauptverhandlung, Verbindung mehrerer Strafverfahren, Form der Beweiserhebung (etwa eine Videovernehmung weit entfernt wohnender Zeugen) und deren Umfang, ohne dass auf eine Beweisaufnahme ganz verzichtet werden kann. Der Angeklagte kann auf die Stellung von Beweisanträgen verzichten (weil er ein Geständnis ablegen will), der Verlesung von Protokollen oder dem Selbstleseverfahren zustimmen, von Befangenheitsanträgen Abstand nehmen usw. Die Staatsanwaltschaft hat in ähnlichem Umfang wie der Angeklagte die Möglichkeit, gestaltende Absprachen zu treffen.

(b) Die Verständigung über das **Ergebnis des Verfahrens** betrifft das Urteil mit den dazugehörigen Beschlüssen (Bewährungsauflagen, Haftfortdauer usw.). Die wichtigste Rechtsfolge einer Verständigung ist die zu verhängende Strafe. Das Gericht nennt eine Ober- und eine Untergrenze der in Betracht kommenden Strafe, innerhalb derer es sich unter Berücksichtigung des Geständnisses und des weiteren Ergebnisses der Beweisaufnahme bewegen wird. Die Zusicherung einer punktgenauen Strafe ist unzulässig. Ober- und Untergrenzen, die lediglich um 1 Monat differieren, dürften als Umgehung dieses Verbots zu werten sein.

Ein Problem entsteht in der Praxis, wenn das Gericht sein „Angebot" mit der „Drohung" verbindet, beim Ausbleiben eines Geständnisses eine exorbitant hohe

Strafe zu verhängen (Ober- und Untergrenze fallen unverhältnismäßig weit auseinander, sog. **Sanktionsschere**). Der Angeklagte ist in einem solchen Fall kaum noch frei in seiner Entscheidung und legt manchmal lieber ein falsches Geständnis ab, als das Risiko einer hohen Strafe einzugehen. So ausschlaggebend für die Höhe einer Strafe (bzw. deren Milderung) kann kein Geständnis sein, als dass es die in Aussicht gestellte Strafe um die Hälfte verringern könnte. Strafverteidiger sprechen daher auch ganz unverhohlen von Aussageerpressung durch das Gericht.

(c) Das Gericht darf **keine Verständigung** eingehen, wenn es nicht zuständig ist oder das Gesetz ihm eine eigene Entscheidung zwingend auferlegt. Es ist unzulässig, Zusagen über Verfahren zu machen, die bei einem anderen Gericht anhängig sind, oder über Maßnahmen, die erst bei der Vollstreckung des Urteils getroffen werden (z. B. eine Zusage über die Aussetzung der Reststrafe zur Bewährung nach der Hälfte oder zwei Dritteln der verbüßten Strafe). Auch den Strafvollzug kann das erkennende Gericht nicht beeinflussen. Es dürfen keine Vereinbarungen über Fragen getroffen werden, deren Vorliegen das Gericht anhand von gesetzlich bestimmten Voraussetzungen bejahen oder verneinen muss (Anwendbarkeit von Jugend- oder allgemeinem Strafrecht, Anordnung der Sicherungsverwahrung usw.). Es dürfen mit der Absprache keine unzulässigen Zwecke verfolgt werden, die mit der angeklagten Tat nichts zu tun haben (z. B. dass der Angeklagte Steuern zahlt, die nicht von dem Verfahren umfasst sind, sondern sich noch im Verwaltungsverfahren beim Finanzamt befinden). Die Absprache darf keinen Rechtsmittelverzicht des Angeklagten beinhalten.

Es dürfen keine Absprachen über den **Schuldvorwurf** getroffen werden. Dem Angeklagten darf z. B. nicht zugesichert werden, dass das Gericht nicht von einer bandenmäßigen, sondern einer alleinigen Begehung des Einbruchdiebstahls ausgeht, um den Strafrahmen dahin zu beeinflussen, dass statt eines schweren nur wegen einfachen Diebstahls verhandelt wird. Ebenso wenig kann das Gericht zusagen, die Tat als (bewusst) fahrlässige Tötung zu bewerten statt – wie in der Anklage – als (bedingt vorsätzlichen) Totschlag.

2.3 Zustandekommen der Verständigung

(a) Das Gericht macht nach dem Wortlaut des Gesetzes einen **Vorschlag**, welcher Strafrahmen in Betracht kommt, wenn der Angeklagte den Bedingungen des Gerichts (in aller Regel ein Geständnis) erfüllt. Die Initiative für eine Verständigung kann auch von Verteidigung oder Staatsanwaltschaft ausgehen. Das Gericht muss eine Vorstellung davon entwickeln, welcher Strafrahmen angemessen wäre, wenn sich die Anklage in dem erhobenen Umfang in einem ordentlichen Verfahren beweisen ließe. Davon kann ein „Abschlag“ für ein qualifiziertes Geständnis als Ausdruck von Reue, Schuldeinsicht usw. gemacht werden. Kein Argument für eine geringere Strafe ist die Tatsache, dass der Angeklagte dem Gericht „Arbeit erspart hat“. Hinsichtlich des Geständnisses muss sich das Gericht darüber einig sein, ob es auf der persönlichen Darstellung des Angeklagten besteht oder eine Erklärung der Verteidigung ausreicht. Der Angeklagte sollte bereit sein, Nachfragen zu beantworten. Das BVerfG fordert in seinem Grundsatzurteil, dass das Tatgericht seine Entscheidung nicht auf ein Formalgeständnis oder ein schlichtes Anerkenntnis des Anklagesatzes durch den Verteidiger stützen darf („Mein Mandant räumt die von der Staatsanwaltschaft erhobenen Vorwürfe im Umfang der Anklage ein").

Der Vorschlag des Gerichts kommt durch Beschluss des gesamten Spruchkörpers zustande. Die Abstimmung erfolgt nach denselben Regeln wie bei der Urteilsfindung (§ 263 StPO). Da der Beschluss die Schuld des Angeklagten und die Rechtsfolgen betrifft, muss er mit Zwei-Drittel-Mehrheit gefasst werden. Gegen die beiden Stimmen der Schöffen kommt keine Verständigung zustande. Der Vorsitzende ist daher gut beraten, die Schöffen von vornherein einzubeziehen. Für den Fall, dass Verteidiger und Staatsanwalt (in einem informellen Vorgespräch) sein Angebot akzeptieren, nicht aber später die Schöffen, würde er sich außerordentlich blamieren. Vereinbarungen vor der Hauptverhandlung im Rahmen von Erörterungen haben keine Verbindlichkeit.

Das Procedere macht deutlich, dass Verständigungen bereits zu Beginn der Beweisaufnahme wenig sinnvoll (und vom Gesetzgeber nicht gewollt) sind, da die Schöffen keinen Anhaltspunkt haben, an dem sie sich bei der Abstimmung über das „Angebot des Gerichts" orientieren können. Sie müssten sich auf die (ggf. am gewollten Ergebnis ausgerichtete) Auskunft der Berufsrichter und den (verlesenen) Anklagesatz verlassen, was dem Grundsatz widerspricht, dass die Überzeugung des Richters aus „dem Inbegriff der Hauptverhandlung" zu schöpfen ist.

(b) Der Vorschlag des Gerichts bedarf der **Zustimmung** des Angeklagten bzw. seines Verteidigers und der Staatsanwaltschaft. Nimmt eine der beiden Seiten den Vorschlag des Gerichts nicht an, sondern unterbreitet eigene Vorstellungen über Verfahren oder Ergebnis des Prozesses, ist der gerichtliche Vorschlag abgelehnt. Das Gericht kann sich über den Vorschlag des ablehnenden Beteiligten eine Meinung bilden und ggf. einen weiteren Vorschlag machen. Nehmen Staatsanwalt und Angeklagter den Vorschlag des Gerichts an, hängt es von dem Verhalten des Angeklagten ab, das gewollte Ergebnis tatsächlich herbeizuführen.

(c) Das Gericht kann **andere Verfahrensbeteiligte** zu der beabsichtigten Verständigung hören, z. B. den Nebenkläger(vertreter). Dessen Ablehnung hätte keinen zwingenden Einfluss auf die Verständigung, da er nicht notwendiger Beteiligter der Absprache ist. Vorschläge zur obligatorischen Beteiligung des Nebenklägers hat der Bundestag im Gesetzgebungsverfahren abgelehnt.

(d) Eine **Bindungswirkung** entfaltet die Verständigung nur für das Gericht, das diese Absprache vorgeschlagen hat. Nachfolgend entscheidende Gerichte (Berufungs-, Revisions- oder Wiederaufnahmegericht) werden nicht gebunden. Auch für die Staatsanwaltschaft und den Angeklagten gibt es keine Bindungswirkung. Der Angeklagte kann sich jederzeit anders entscheiden mit der Folge, dass das

Gericht von seiner Zusage frei wird. Das Gericht kann sich von einer Zusage wieder lösen, wenn es rechtlich oder tatsächlich bedeutsame Umstände übersehen hat oder der Angeklagte sich nicht an seine Zusagen hält. Die Bindungswirkung entfällt nicht automatisch, sondern nur mit der Erklärung des Gerichts, sich nicht mehr an die Verständigung halten zu wollen. Dies muss es den Beteiligten – insbesondere dem Angeklagten – mitteilen. Das von dem Angeklagten ggf. bereits abgelegte Geständnis darf dann nicht verwertet werden; die Schuld des Angeklagten muss folglich mit den vorhandenen Beweismitteln nachgewiesen werden.

(e) Haben vor der Hauptverhandlung Erörterungen (§§ 202a, 212 StPO) zwischen Berufsrichtern, Staatsanwaltschaft und Verteidigung stattgefunden, ist deren Inhalt zu protokollieren und in der späteren Hauptverhandlung bekannt zu geben (§ 243 Abs. 4 StPO).

3 Grundsätze der Verständigung

3.1 Die Prinzipien des Strafprozesses werden nicht verändert

(a) Die Hauptverhandlung ist der allein maßgebliche Ort für eine bindende Verständigung.[6] Das Gesetz bestimmt in § 257c StPO ausdrücklich, dass das Gericht seine Vorstellung über eine Verständigung in **öffentlicher** Hauptverhandlung „bekannt gibt". Deshalb steht die zentrale Vorschrift über die Verständigung in dem Abschnitt über die Hauptverhandlung. Der Gesetzgeber wollte seinerzeit die zunehmende „Hinterzimmer-Verständigung" beenden und dem Öffentlichkeitsgrundsatz auch bei einer Verständigung Geltung verschaffen. Darauf hat das BVerfG in seiner Entscheidung ausdrücklich hingewiesen.[7] Kontakte vor der Hauptverhandlung zwischen Gericht, Staatsanwaltschaft und Verteidiger sind Erörterungen, keine Vereinbarungen. Allerdings erfolgt die öffentliche Darstellung des Abspracheergebnisses meist in stark verkürzter Form, was sich mit dem eigentlichen Anliegen des Öffentlichkeitsgrundsatzes nur schwer vereinbaren lässt, nämlich dem Informationsinteresse der Allgemeinheit, um die Kontrolle der Justiz zu gewährleisten.

(b) Der Grundsatz der **Mündlichkeit** und **Unmittelbarkeit,** dass das Urteil aus dem „Inbegriff der Hauptverhandlung" zu schöpfen ist (§ 261 StPO), gilt auch für die Verständigung. Zwar muss das Gericht eine gewisse Prognose aus der Aktenlage treffen, welche Strafe möglicherweise in Betracht kommt und in wel-

6 *Martin Niemöller/Reinhold Schlothauer/Hans-Joachim Weider,* Gesetz zur Verständigung im Strafverfahren, München 2010, S. 63 Rn. 13; *Frank Nobis,* Strafverteidigung vor dem Amtsgericht, München 2011, S. 96 Rn. 96.

7 BVerfG, Urteil vom 19.03.2013, Az.: 2 BvR 2628/10, 2 BvR 2883/10, 2 BvR 2155/11, RohR 2013, S. 25.

chem Umfang sich ein Geständnis auf die Strafe auswirken kann. Da es sich hier um eine zu verifizierende Prognose handelt, kann eine Verständigung die Beweisaufnahme – insbesondere den persönlichen Eindruck vom Angeklagten – nicht vollständig ersetzen. Das Gericht kann deshalb nur einen Strafrahmen nennen, in dem es sich nach der Beweisaufnahme bewegen will. Insbesondere müssen die Schöffen hinreichend über die Tatsachen informiert werden, auf die das Gericht seine Überzeugung von dem Strafrahmen stützen will. Unmittelbarkeit und Mündlichkeit würden ausgehebelt, wenn die Schöffen nur das ausgehandelte Ergebnis anhand des Akteninhalts kennen und keinen originären Eindruck von den Beweismitteln haben.

(c) Der **Amtsermittlungsgrundsatz** soll weder durch die Verständigung noch durch ein Geständnis beeinträchtigt werden. Aus diesem Grund formuliert § 257c Abs. 1 Satz 2 StPO ausdrücklich: „§ 244 Abs. 2 bleibt unberührt." Das Gericht ist auch bei einer Verständigung von der Ermittlung der Wahrheit von Amts wegen nicht entbunden. Die Verständigung wirkt sich nur auf den *Umfang* der Beweiserhebung aus: Die Verteidigung verzichtet auf weitere Beweisanträge; das Gericht erhebt keine Beweise, die nur indiziell sind oder die Glaubhaftigkeit von Zeugenaussagen betreffen. Im Kerngeschehen kann auf eine Beweiserhebung nicht verzichtet werden. Die Ermittlung des Sachverhalts wird jedoch oft durch ein – taktisch motiviertes – „abgesprochenes Geständnis" ersetzt, das in der Hauptverhandlung zu einem sehr frühen Zeitpunkt abgelegt wird, um die erstrebte Ersparnis an Zeit und Aufwand zu erreichen.

(d) Bei dem **Grundsatz des fairen Verfahrens** handelt es sich um einen aus dem Rechtsstaatsprinzip entwickelten Verfahrensgrundsatz (Art. 6 Abs. 1 Satz 1 EMRK). Das Strafverfahren orientiert sich an den Prinzipien von Gerechtigkeit, Vernunft und Mäßigung der strafenden Gewalt des Staates. Der Grundsatz gebietet im Hinblick auf die Verständigung vor allem, dass der Angeklagte nicht unter Druck gesetzt wird, sich auf eine Verständigung einzulassen. Er ist nicht verpflichtet, die Beweisaufnahme zu vereinfachen. Legt er ein Geständnis ab, kann er sich (wegen der Einsichtsfähigkeit) eine Strafmilderung verdienen; legt er kein Geständnis ab, ist dies kein Grund für eine Strafschärfung.

(e) Eine nicht rechtskonform durchgeführte Verständigung kann **weitere Prozessgrundsätze** gefährden. Die **Unschuldsvermutung** kann durch die Absprache in ihr Gegenteil verkehrt werden. Das Angebot des Gerichts für einen möglichen Strafrahmen gegen ein Geständnis setzt die Annahme der Schuld des Angeklagten gerade voraus. Ob sich nach einer nicht zustande gekommenen Verständigung alle Mitglieder des Gerichts von der Annahme lösen können, dass die Bereitschaft des Angeklagten zum Verständigungsgespräch ein indirektes Eingestehen seiner Täterschaft beinhaltet, mag dahinstehen. Die **Selbstbelastungsfreiheit** kann faktisch beeinträchtigt werden, wenn das Angebot des Gerichts auf Strafreduzierung inzident die Drohung enthält, im Falle der Verweigerung die

Strafe gegenüber der ansonsten schuldangemessenen deutlich zu erhöhen. Die Absprachepraxis bedroht latent auch den verfassungsrechtlichen Grundsatz der **Gleichbehandlung** (Art. 3 Abs. 1 GG). Ob das Gericht einer Absprache zugänglich ist, kann davon abhängen, welches „Verhandlungspotenzial" der Angeklagte mitbringt. Ein Anspruch auf eine Verständigung besteht nicht. Der Angeklagte der Alltags- oder Massenkriminalität hat regelmäßig gegenüber Wirtschaftskriminellen, bei denen die Tataufklärung in komplexen Fällen erheblich schwieriger ist, schlechtere Karten.

3.2 Die Stellung der Schöffen wird nicht beeinträchtigt

Schöffen üben während der Hauptverhandlung das Richteramt in vollem Umfang und mit gleichem Stimmrecht wie die Berufsrichter aus, sofern nicht gesetzlich eine Ausnahme bestimmt ist (§§ 30, 77 GVG). Sie wirken auch an den Entscheidungen mit, die nicht in Beziehung zu der Urteilsfällung stehen. Dieser Grundsatz ist durch die Regeln zur Verständigung nicht tangiert und schon gar nicht außer Kraft gesetzt. Ein Mitglied des Gerichts von der Mitwirkung und Entscheidung auszuschließen, ohne dass es dafür eine ausdrückliche Rechtsgrundlage gibt, ist rechtswidrig – wenn nicht sogar nichtig. Gleichwohl werden Schöffen in Größenordnungen von Erörterungen über eine Verständigung ferngehalten. *Rönnau* bringt es auf den Punkt: *Für die Laienrichter ist die Situation im Absprachekontext zudem deshalb überaus misslich, weil sie noch erheblich stärker als im herkömmlichen Verfahren in eine Nebenrolle abgedrängt werden, obwohl sie nach dem Gesetz während des Laufs der Hauptverhandlung das Richteramt grundsätzlich „in vollem Umfang und mit gleichem Stimmrecht" (vgl. §§ 30 Abs. 1, 77 Abs. 1 GVG) wie die Berufsrichter ausüben. In ihrer eigentlichen Kernfunktion, als einzige Verfahrensbeteiligte (ohne Aktenkenntnis) ihre Überzeugung frei und allein „aus dem Inbegriff der Verhandlung schöpfen" zu können, werden sie bei nach der Absprache deutlich verkürzter Hauptverhandlung nicht mehr gebraucht. Mittelfristig wird das bei anhaltender Abspracheeuphorie zu ihrer Abschaffung führen.*[8]

Schöffen müssen sich darüber informieren lassen, welche Erkenntnislage die Akten gemessen an der Anklage haben. Welches sind die tragenden Beweise? Wie sicher ist die Beweislage? Dient das Geständnis tatsächlich nur der Abkürzung des Verfahrens oder soll Druck auf den Angeklagten ausgeübt werden, eine unsichere Beweislage „wasserdicht" zu machen? Die Verständigung hat nicht die Aufgabe, eine mäßige Aufklärung der Staatsanwaltschaft zu reparieren. Kurz: **Schöffen haben einen Anspruch auf eine qualifizierte Einführung in den Verfahrensstand.** Auf keinen Fall dürfen sie sich mit oberflächlichen Informationen abspeisen oder

8 *Thomas Rönnau,* Das deutsche Absprachemodell auf dem Prüfstand – zwischen Pest und Cholera, Zeitschrift für internationale Strafrechtsdogmatik 2018, S. 167, 171, www.zis-online.com/dat/artikel/2018_5_1203.pdf.

sich davon beeindrucken lassen, dass bereits Vorgespräche mit Staatsanwaltschaft und Verteidigung geführt worden seien, „an die man in gewisser Hinsicht gebunden sei“. Ein solches Ansinnen ist rechtswidrig, da über eine Verständigung „das Gericht“ – also einschließlich der Schöffen – entscheidet; Vorabsprachen haben keinerlei Bindungswirkung. Das BVerfG hat in nicht zu überbietender Klarheit festgestellt: *Dementsprechend ermöglicht § 257c StPO es ausschließlich „dem Gericht“ – nicht nur dem Vorsitzenden oder nur den Berufsrichtern –, eine Verständigung mit den Verfahrensbeteiligten herbeizuführen.* ***Damit ist es ausgeschlossen, dass ohne eine Beteiligung der Schöffen Strafgrenzen mit der Bindungswirkung des § 257c Abs. 4 StPO in Aussicht gestellt werden.***[9]

BEISPIEL

Krassester Fall in der Praxis war wohl ein Verfahren des LG Verden, das der Entscheidung des BGH vom 14.04.2011 zugrunde liegt. Die Schöffen, die zuvor nur die Verlesung der Anklage gehört hatten, stimmten nach einer ca. 10-minütigen Beratung einem Verständigungsvorschlag zu, der 148 Taten von vier Angeklagten in wechselnder Tatbeteiligung umfasste. Darüber hinaus war bei zwei Angeklagten noch eine Gesamtstrafe unter Einbeziehung mehrerer früherer Verurteilungen zu bilden. Der 4. Senat des BGH ließ diesen Vorgang unbeanstandet: „Den Schöffen war bei der Beratung der zur Anklage gebrachte Sachverhalt bekannt, denn in dem verlesenen Anklagesatz sind alle Taten konkret geschildert. Anhaltspunkte dafür, dass die Schöffen nicht in der Lage gewesen wären, sich während der Beratung eine eigene Meinung über die Angemessenheit der von den Berufsrichtern für sachgerecht erachteten Strafobergrenzen zu bilden, bestehen nicht.“ Der Senat stellt mit solch irrealen Annahmen die jahrelangen Bemühungen des BGH in Frage, die Tatgerichte zu rechtsstaatlichem Verhalten anzuhalten.[10]

3.3 Die Grundsätze der Strafzumessung werden nicht berührt

Die Schuld des Täters ist die Grundlage für die Bemessung der Strafe (§ 46 Abs. 1 StGB). Der Katalog der Schuldmerkmale (§ 46 Abs. 2 StGB) ist auch für die Strafzumessung bei der Verständigung zu beachten; die Strafe muss schuldangemessen sein.[11] Die Feststellung der Schuld ist wesentlicher Teil der Beweisaufnahme. Ohne dass das Gericht Tatsachen zur Motivation des Angeklagten,

9 BVerfG, Urteil vom 19.03.2013, Az.: 2 BvR 2628/10, 2 BvR 2883/10, 2 BvR 2155/11, RohR 2013, S. 25.

10 BGH, Urteil vom 14.04.2011, Az.: 4 StR 571/10, RohR 2011, S. 102.

11 BGH, Urteil vom 28.08.1997, Az.: 4 StR 240/97, RohR 2005, S. 40.

zu der Tatsituation, zu seinen sozialen und wirtschaftlichen Verhältnissen, zur kriminellen Energie usw. erhebt, kann es keine Strafe festsetzen. Der äußere Tathergang allein ist keine ausreichende Grundlage für die Feststellung der Schuld und die Bemessung der Strafe. Das Geständnis ist nur *ein* – wenn auch wesentliches – Kriterium der Strafzumessung. Die Verständigung kann gegen das Schuldprinzip verstoßen (§ 46 Abs. 1 Satz 1 StGB), wenn ein „Zweckgeständnis" nicht auf Reue, Einsicht oder den Willen, künftig keine Straftaten mehr zu begehen, schließen lässt.

TEIL E

Beweisaufnahme

Nach der Feststellung der Anwesenheit der Beteiligten und der Person des Angeklagten sowie seiner Einlassung findet die Beweisaufnahme statt – das Herzstück der Hauptverhandlung. Nunmehr werden die in der Anklage erhobenen Vorwürfe gegen den Angeklagten in allen Einzelheiten auf ihren Wahrheitsgehalt überprüft. Teil E informiert über Beweisarten und -mittel sowie die Möglichkeiten der Verfahrensbeteiligten, an der Beweisaufnahme mitzuwirken. Eine rechtsstaatliche Begrenzung der Aufklärungspflicht erfolgt durch Beweisverbote. Vernehmungs- und Fragetechnik werden anschaulich erläutert.

KAPITEL 1

Allgemeine Grundsätze des Beweisrechts

Die Anklage, die der Staatsanwalt verliest, stellt das Ergebnis *seiner* Ermittlungen dar. In der Hauptverhandlung sind diese Behauptungen durch die vorhandenen Beweismittel zur Überzeugung des Gerichts nachzuweisen. Ziel der Beweisaufnahme ist es zu klären,

- ob die angeklagte Tat dem Angeklagten nachzuweisen ist oder eine Verurteilung aus tatsächlichen oder rechtlichen Gründen nicht in Betracht kommt;
- welche Umstände einem überführten Täter strafmildernd oder strafschärfend zugerechnet werden können, um schuld- und tatangemessene Sanktionen gegen ihn festzusetzen.

Dabei dürfen nur solche Tatsachen festgestellt werden, die für die angeklagte Tat erheblich sind, d.h. in Beziehung zu dem Tatbestand des Strafgesetzes oder zu den für die Strafbemessung wichtigen Umständen stehen. Ist der Angeklagte eines Diebstahls beschuldigt, haben Fragen nach seinem Sexualleben nur selten einen Bezug zum Tatvorwurf. Die Beweisaufnahme soll nicht *die* Wahrheit über den Angeklagten feststellen, sondern nur eine *prozessuale* Wahrheit über die in der Anklage enthaltenen Taten. Bei der Erhebung der Beweise sind dem Gericht rechtliche Grenzen gesetzt. Lassen sich die Tatsachen nicht beweisen oder bestehen Zweifel daran, ist freizusprechen.

1 Strengbeweis, Freibeweis

Im Strafprozess wird das Urteil des Gerichts auf die Basis rationaler Erkenntnisse gestellt, die durch bestimmte Beweismittel erlangt werden. Den Nachweis aller Tatsachen, die für den Hergang der Tat, die Schuld des Täters und die Höhe der Strafe von Bedeutung sind, muss das Gericht mit den sog. Strengbeweismitteln führen: Zeugen, Sachverständige, richterlicher Augenschein und Urkunden. Die Einlassung des Angeklagten ist im strengen Sinn kein Beweismittel, weil der Angeklagte nicht verpflichtet ist, sich selbst zu belasten. Wenn er sich zur Sache einlässt, sind seine Ausführungen zu den Vorwürfen eine Erkenntnisquelle für das Gericht, die bei der Beweiswürdigung berücksichtigt werden.

Die Umstände, die nicht mit der Schuld und der Strafe im Zusammenhang stehen – im Wesentlichen reine Verfahrensfragen -, können durch Freibeweis ermittelt werden. Dabei ist das Gericht weder an die strengen Beweismittel noch an die Art der Beweiserhebung gebunden. Ebenso werden an die Überzeugung des Gerichts geringere Anforderungen gestellt. Die Tatsachen müssen nur „wahrscheinlich" sein. In Betracht kommen die Überprüfung der Verhandlungsfähigkeit des Angeklagten, das Bestehen eines Verwandtschaftsverhältnisses für ein Zeugnisverweigerungsrecht, die Rechtzeitigkeit eines Strafantrages usw.; dies kann durch Telefonat, schriftliche Auskunft oder jedes andere geeignete Mittel überprüft werden.

2 Beweis und Indizien – Haupt- und Hilfstatsachen

In der Beweisaufnahme geht es um die Feststellung von Tatsachen, die das Gericht vom Vorliegen oder Nichtvorliegen eines strafrechtlichen Tatbestandes überzeugen sollen durch Sach- und Personalbeweise sowie Indizien unter Anwendung der Denkgesetze. Der Beweis ist der plausible ursächliche Zusammenhang zwischen verschiedenen Tatsachen aufgrund eines Denkvorganges. Alle Tatsachen sind daraufhin zu überprüfen, welche Aussagekraft sie im Hinblick auf die angeklagte Tat haben. Dabei wird unterschieden in unmittelbare (sog. Haupttatsachen) und mittelbare Beweise (Indizien oder Hilfstatsachen). *Unmittelbar* ist ein Beweis, dessen Tatsachen direkt auf ein im Strafgesetz genanntes Merkmal hinweisen. Wenn bei einer Anklage auf Totschlag (§ 212 StGB: „Wer einen Menschen tötet, ...") ein Zeuge den Angeklagten bei der Tat beobachtet hat, bekundet er unmittelbar eine Haupttatsache, nämlich den Täter. Der *mittelbare* Beweis bezieht sich auf Tatsachen, die erst durch ihr Zusammenwirken mit weiteren Tatsachen und darauf beruhender Schlussfolgerungen auf das Vorliegen eines Merkmals des gesetzlichen Tatbestandes schließen lassen. Erläutert der Sachverständige, dass der Fingerabdruck am Tatort dem Angeklagten zuzuordnen ist, lässt dies nur den Schluss zu, dass der Angeklagte (irgendwann) am Tatort war. Der Zeitpunkt muss durch weitere Tatsachen geklärt werden; zum Nachweis der Täterschaft ist er allein nicht geeignet.

In der Regel handelt es sich bei den vom Gericht erhobenen Beweisen um mittelbare Tatsachen. Da auch innere Merkmale (Vorsatz oder Fahrlässigkeit), Antriebe und Motive des Angeklagten (z. B. Habgier) eine Rolle spielen, sind vorwiegend durch Indizien erbrachte Beweise Grundlage der richterlichen Überzeugung. Mehrere mittelbare Tatsachen können die Wahrscheinlichkeit erhöhen, dass ein gesetzliches Tatbestandsmerkmal vorliegt. Die festgestellten Tatsachen müssen daraufhin bewertet werden, welche Bedeutung und Aussagekraft sie im Hinblick auf die gesetzlichen Merkmale der Strafvorschrift haben. Diese Bewertung muss logisch sein, d. h. mit den Denkgesetzen übereinstimmen. Schlussfolgerungen, die zur Täterschaft des Angeklagten führen können, müssen eine hohe Wahrscheinlichkeit in sich tragen und mögliche entlastende Schlussfolgerungen ausschließen, sodass keine vernünftigen Zweifel an der Täterschaft des Angeklagten bleiben.

Der Erkenntnisvorgang aus mehreren Indizien kann sich im Wesentlichen in zwei verschiedenen Methoden vollziehen.

- Zum einen können sich viele Tatsachen wie ein Ring um die zu beweisende Haupttatsache gruppieren; jede weist auf die Haupttatsache hin (sog. **Beweisring**). Der Wert jeder einzelnen Tatsache für die Beweisführung kann unterschiedlich groß sein. Wird eines dieser Indizien im Ring widerlegt oder für bedeutungslos gehalten, kann die Beweisführung zwar schwächer werden, bricht aber nicht in sich zusammen, weil die restlichen Indizien immer noch genügend Überzeugungskraft im Hinblick auf die Täterschaft haben können.
- Anders ist es bei der sog. **Beweiskette**, bei der eine Tatsache hierarchisch auf der anderen aufbaut. Entfällt eine dieser Tatsachen, zerreißt die Kette und der Beweis misslingt.

Zu der Bewertung, welche Beweiskraft eine Tatsache für den Nachweis einer strafbaren Handlung besitzt, sind auch Schöffen in der Lage. Für diesen Gedankengang sind keine speziellen juristischen, sondern vor allem tatsächliche Kenntnisse über das Verhalten von Menschen und Lebenserfahrung erforderlich. Für den Beweiswert einer Tatsache kann z. B. von Bedeutung sein, wie häufig sie erfahrungsgemäß im Zusammenhang mit den Umständen zusammentreffen, die der zu beweisenden Tatsache entsprechen.

BEISPIEL 1

A ist des Mordes an O angeklagt. In der Leiche des O wurde ein Messer gefunden, dessen Griff den Anfangsbuchstaben des Vornamens des A trägt [*Indiz 1*]; zudem finden sich am Messer Fingerabdrücke [*Indiz 2*] sowie Hautpartikel, die dem A zugeordnet werden können [*Indiz 3*]. Auf dem Smartphone des O ist eine WhatsApp mit einer Drohung des A [*Indiz 4*]; an der Kleidung des A befinden sich Fasern einer Jacke [*Indiz 5*], die A nach Aussage eines Zeugen zur Tatzeit getragen hat [*Indiz 6*]. Jedes Indiz weist in unterschiedlicher Intensität auf den A als Täter hin; in der Summe verdichtet sich der Verdacht zur Gewissheit, weil das zufällige Aufeinandertreffen dieser Merkmale wenig wahrscheinlich ist.

BEISPIEL 2

J hat 15 Gramm Heroin bei sich. Hinsichtlich des Verbots, Betäubungsmittel zu besitzen (§ 29 Abs. 1 Nr. 3 BtMG), beweist der Fund den strafbaren Drogenbesitz. Ob J verbotenerweise auch mit Drogen handelt (§ 29 Abs. 1 Nr. 3 BtMG), kann daraus nicht unmittelbar geschlossen werden. Indiz kann aber sein, dass die Menge über den normalen Tagesgebrauch eines Konsumenten hinausgeht. Wäre der Stoff in einzelne Portionen verpackt und hätte J Bargeld in „handelsüblicher Stückelung" bei sich, ergäbe sich ein weiterer mittelbarer Beweis. Unmittelbarer Beweis wäre ein Videofilm, der die Abgabe des Heroins und die Annahme von Geld dokumentiert. Der Film wäre Gegenstand des Augenscheins in der Hauptverhandlung und beweist unmittelbar Täter und Tathandlung.

3 Beweisantrag

Das Gericht ist von Amts wegen zur Wahrheitserforschung verpflichtet und muss auch ohne Antrag jedes Beweismittel heranziehen, das zur Aufklärung des Sachverhalts erforderlich ist. Alle Prozessbeteiligten haben das Recht, Anträge zur Beweisaufnahme zu stellen. Das Gericht muss zulässigen Beweisanträgen nachgehen. Ein Beweisantrag ist unzulässig und vom Gericht abzulehnen, wenn

- die Beweiserhebung unmöglich oder verboten ist (z. B. weil der Zeuge sich auf ein Zeugnisverweigerungsrecht beruft),
- über den Beweisgegenstand bereits rechtskräftig entschieden ist oder
- die zu beweisende Tatsache mit der verhandelten Sache nichts zu tun hat.

Im Übrigen darf ein Beweisantrag nur abgelehnt werden, wenn

- die Beweistatsache offenkundig und die Beweiserhebung deshalb überflüssig ist,
- die behauptete Tatsache für die Entscheidung tatsächlich oder rechtlich unerheblich oder schon erwiesen ist,
- das Beweismittel völlig ungeeignet oder unerreichbar ist,
- der Beweisantrag zum Zweck der Prozessverschleppung gestellt wurde,
- eine den Angeklagten *entlastende* Tatsache als wahr unterstellt werden kann.

Ein Beweisantrag auf Einholung eines Gutachtens und Vernehmung des Sachverständigen kann abgelehnt werden, wenn das Gericht die erforderliche Sachkunde selbst besitzt. Ist bereits ein Gutachten erstattet worden, kann die Anhörung eines weiteren Sachverständigen abgelehnt werden, wenn das Gegenteil der vom Antragsteller behaupteten Tatsache bereits durch das frühere Gutachten erwiesen ist. Liegen mehrere Gutachten vor, die einander widersprechen oder Zweifel offenlassen, kann ein Obergutachten eingeholt werden.

Bloße Beweis*ermittlungs*anträge kann das Gericht zurückweisen. Das sind solche Anträge, bei denen der Angeklagte bzw. sein Verteidiger hoffen, dass bei weiteren Ermittlungen etwas Günstiges für den Angeklagten herauskommt. Sprachlich ist ein Beweisermittlungsantrag meist daran zu erkennen, dass Beweis erhoben werden soll, „ob, wann, wie oder wo" eine Tatsache sich ereignet hat oder eingetreten ist.

4 Beweisverbote

Der Gewinnung von Beweisen sind aus rechtsstaatlichen Gründen Grenzen gesetzt (Verhältnismäßigkeit, Schutz der Menschenwürde oder Privatsphäre, Verbot, den freien Willen zu brechen usw.). Der Zweck des Strafverfahrens, Straftaten aufzuklären und abzuurteilen, kann zurücktreten, wenn andere staatliche oder private Interessen überwiegen. Dieser Interessenabwägung dienen die Beweisverbote, die in Beweiserhebungs- und Beweisverwertungsverbote unterschieden werden. Beweis*erhebungs*verbote untersagen, einem bestimmten Beweis überhaupt nachzugehen; ein Beweis*verwertungs*verbot besteht, wenn ein zulässig oder unzulässig erhobener Beweis, der zur Kenntnis des Gerichts gelangt ist, für die Urteilsbildung nicht herangezogen werden darf.

Eine Beweiserhebung ist nur über Tatsachen zulässig. Über **Rechtsfragen** kann kein Beweis erhoben werden; über diese muss das Gericht aus eigener Sachkunde entscheiden. Eine (seltene) Ausnahme kann bestehen, wenn Fragen aus einem fremden Rechtskreis bei der Entscheidung des deutschen Verfahrens eine Rolle spielen können, z. B. wenn es bei der Klärung, ob sich der Angeklagte in einem Rechtsirrtum befunden hat, darauf ankommt, wie das Recht eines anderen Staates diese Frage regelt. Dazu kann ein Gutachter gehört werden, der in diesem Recht sachverständig ist. Auch die Praxis anderer Gerichte (z. B. welche Strafen diese in bestimmten Fällen verhängen) ist einer Beweisaufnahme nicht zugänglich. Tatsachen, die bereits rechtskräftig von einem anderen Gericht durch rechtsgestaltendes Urteil festgestellt sind, können ebenso nicht Gegenstand einer Beweisaufnahme sein. Hat z. B. das Familiengericht rechtskräftig festgestellt, dass der Angeklagte der Vater des Kindes ist, ist das Strafgericht bei der Beurteilung, ob er sich einer Unterhaltspflichtverletzung schuldig gemacht hat, an diese Feststellung gebunden.

4.1 Beweiserhebungsverbote

Das Gericht muss in der Hauptverhandlung überprüfen, ob Erkenntnisse im Ermittlungsverfahren unzulässig erhoben wurden. Verschiedene Arten von Beweiserhebungsverboten untersagen die Gewinnung eines Beweises.

(a) Beim Beweis*themen*verbot dürfen bestimmte Sachverhalte nicht zum Gegenstand einer Beweisaufnahme gemacht werden. Hierzu gehört der Bereich der

Geheimnisse. Die Beratung des Gerichts darf (mit geringen Ausnahmen) nicht ausgeforscht werden, weil die Richter eine Pflicht zur Wahrung des Beratungsgeheimnisses trifft (§§ 43, 45 Abs. 1 DRiG). Von dieser Schweigepflicht können sie nicht entbunden werden. Weiter darf das Gericht getilgte oder tilgungsreife Vorstrafen nicht berücksichtigen. Einige Themen dürfen nur unter bestimmten Voraussetzungen zum Gegenstand der Beweisaufnahme gemacht werden. So dürfen Beamte oder Richter über dienstliche Kenntnisse nur im Rahmen einer nach dem Dienstrecht erteilten Aussagegenehmigung (§ 54 StPO) vernommen werden.

(b) Das Beweis*mittel*verbot untersagt, bei der Beweisaufnahme bestimmte Beweismittel zu benutzen. Die Aussage einer Person, die zur Verweigerung des Zeugnisses berechtigt ist und über dieses Recht nicht belehrt wurde, darf nicht verwertet werden. Unzulässig ist es, sich auf einen Mitangeklagten als Zeugen zu berufen.

(c) Das Beweis*methoden*verbot untersagt bestimmte Maßnahmen oder Vorgehensweisen wie Misshandlung, Täuschung, Drohung usw. (§ 136a StPO):

- Eine Übermüdung darf nicht zur Vernehmung ausgenutzt werden.
- Hemmungslösende Mittel („Wahrheitsserum“) zu verabreichen, ist ebenso untersagt, wie einem starken Raucher über lange Zeit keine Zigaretten zu geben, um ihn zum Reden zu bringen.
- Verboten ist die Zufügung körperlicher oder seelischer Schmerzen.
- Es ist verboten, den Beschuldigten zu täuschen. Das heißt nicht, dass ihm keine Falle gestellt werden darf. Das bloße listige Verschweigen von Tatsachen ist nicht verboten. Unzulässig ist eine glatte Lüge, die die Situation des Beschuldigten in entscheidender Weise verdreht. Klassischer Fall: Der Vernehmende sagt dem Beschuldigten wahrheitswidrig, sein Komplize habe bereits gestanden. Macht der Beschuldigte daraufhin eine Aussage, die ihn selbst belastet, ist diese wegen Täuschung nicht verwertbar.
- Die Drohung mit unzulässigen Maßnahmen ist verboten, die Drohung mit zulässigen Maßnahmen hingegen erlaubt.
- Das Versprechen von nicht erfüllbaren Vorteilen ist verboten (z. B. ein Polizeibeamter verspricht dem Beschuldigten für ein Geständnis die Aussetzung der Strafe zur Bewährung).

(d) Bestimmte Beweiserhebungen sind nur einem bestimmten Personenkreis erlaubt (z. B. die Entnahme einer Blutprobe durch einen Arzt, die Anordnung der Beschlagnahme durch einen Richter oder bei Gefahr im Verzug durch einen Staatsanwalt).

(e) Der Einsatz eines sog. Lügendetektors (Polygraf) ist unzulässig, weil unzulässiger Druck auf den Angeklagten auch befürchtet wird, wenn der Lügendetektor nur zu Gunsten des Angeklagten verwendet werden soll, um ihn ggf. als Täter auszuschließen.

4.2 Beweisverwertungsverbote

Nicht jeder unzulässig erhobene Beweis führt automatisch dazu, dass die durch ihn gewonnenen Erkenntnisse für die Urteilsfindung nicht verwertet werden dürfen. Entscheidend ist, ob höherwertige Rechtsgüter als die Bestrafung eines Täters und die Sicherheit der Allgemeinheit den Verzicht auf Beweismittel und Beweisergebnisse unabweislich machen. In folgenden Fällen dürfen unzulässig erhobene Beweise nicht verwertet werden:

(a) *Gesetzliche* Verwertungsverbote: Erkenntnisse, die mit verbotenen Methoden (§ 136a Abs. 3 StPO) gewonnen wurden, dürfen nicht verwertet werden. Die Aussage eines vor der Hauptverhandlung vernommenen Zeugen, der in der Hauptverhandlung von seinem Zeugnisverweigerungsrecht Gebrauch macht, darf nicht verlesen werden (§ 252 StPO). Eine Verurteilung, die im Bundeszentralregister zu löschen ist, darf für die Strafzumessung nicht verwendet werden.

(b) Die Rechtsprechung hat Fallgruppen *außergesetzlicher* Beweisverwertungsverbote entwickelt, wenn

- Strafverfolgungsorgane gegen ein Beweiserhebungsverbot, das dem Schutz des Beschuldigten dient, *bewusst* verstoßen (Gebot des fairen Verfahrens);
- der durch das Verbot gewährleistete Schutz gerade durch die Verwertung entfallen würde; z. B. darf bei einer unterbliebenen Belehrung des Zeugen (§ 136 StPO) über sein Auskunftsverweigerungsrecht (§ 55 StPO) seine Aussage zwar gegen den Angeklagten dieses Verfahrens verwertet werden, wegen des Selbstbegünstigungsprinzips aber nicht in einem späteren Strafverfahren gegen den Zeugen selbst;
- bei einer an sich zulässigen Telefonüberwachung weitere Straftaten bekannt werden, derentwegen die Telefonüberwachung nicht hätte angeordnet werden dürfen.

(c) Kein Verwertungsverbot liegt vor, wenn der Rechtskreis des Angeklagten durch den fehlerhaft erhobenen Beweis nicht wesentlich berührt ist. Dies ist der Fall, wenn

- ein Beamter ohne Aussagegenehmigung aussagt (§ 54 StPO);
- ein bloßer Zuständigkeitsverstoß im Rahmen des § 81a StPO vorliegt, z. B. ein Nichtarzt die Blutprobe entnimmt, dabei aber die Regeln der ärztlichen Kunst einhält;

- die Verwertung auf das Urteil keinen Einfluss hat, z. B. bei einer unterlassenen Belehrung über ein Aussageverweigerungsrecht, wenn der nicht belehrte Angeklagte sein Schweigerecht kennt, aber gleichwohl aussagt;
- nur gegen bloße Ordnungsvorschriften verstoßen wird.

(d) Ein selbstständiges Beweisverwertungsverbot (ohne vorherigen Verstoß gegen ein Verbot zur Gewinnung des Beweises) kann bestehen, wenn durch die Beweiserhebung in die **Privatsphäre** des Angeklagten eingedrungen wird:

- Wenn die Information im unantastbaren „Kernbereich" der Persönlichkeit (Intimbereich) gewonnen wurde (z. B. Tagebuch), herrscht ein generelles Beweisverwertungsverbot. Eine Ausnahme ist bei der Aufklärung eines Mordes gemacht worden, weil das Interesse an der Strafverfolgung wichtiger war als der Schutz der Persönlichkeit.
- Stammt die durch den Beweis gewonnene Information aus dem Privatbereich (z. B. Aufzeichnung eines Telefongesprächs), muss eine Abwägung erfolgen. Dabei kommt es auf die Schwere des Delikts an: je schwerer das Delikt, umso eher ist die Information verwertbar.

BEISPIEL

Beim Ankauf sog. Steuer-CDs sind die Daten von dem Verkäufer oder einem Dritten zuvor dem Berechtigten entwendet worden. Nach der Auffassung des BVerfG darf das Strafgericht diese Daten verwenden, um Angeklagte der Steuerhinterziehung zu überführen. Nicht jede unzulässige oder rechtswidrige Beweiserhebung führt zu einem Beweisverwertungsverbot.[1] Das Rechtsstaatsprinzip erfordert die Berücksichtigung einer funktionstüchtigen Strafrechtspflege, ohne die der Gerechtigkeit nicht zum Durchbruch verholfen werden kann.[2]

(e) Stammen die Daten aus der öffentlichen Sphäre, ist eine Verwertung der durch die Beweiserhebung gewonnenen Information zulässig (z. B. Nachweis eines Diebstahls durch Videokamera).

(f) Darf ein mit verbotenen Methoden gewonnenes Wissen nicht gegen den Angeklagten verwendet werden, ist streitig, wie zu verfahren ist, wenn aufgrund des illegal erworbenen Wissens *weitere legale* Ermittlungen ermöglicht werden, die ihrerseits Erkenntnisse über eine Täterschaft erbringen. Dies wird auch als **Fern-**

1 BVerfG, Beschluss vom 09.11.2010, Az.: 2 BvR 2101/09, NStZ 2011, S. 103 (Steuer-CD).
2 BVerfG, Beschluss vom 07.12.2011, Az.: 2 BvR 2500/09, 2 BvR 1857/10, BVerfGE 130, S. 1, 25 (Wohnraumüberwachung).

wirkung eines Beweisverbotes oder „Früchte des vergifteten Baumes" bezeichnet.[3] Nach der überwiegenden Rechtsprechung ist eine Verwertung der durch anschließende legale Methoden gewonnenen Erkenntnisse nicht automatisch verboten. Der BGH ist der Auffassung, dass für eine effektive Strafverfolgung auf derartige Methoden nicht verzichtet werden könne, da nicht vorhergesehen werden könne, ob der Beweis nicht auch ohne die unzulässige Erhebung gefunden worden wäre. Dieses Argument arbeitet mit einem hypothetischen Verlauf der Ermittlungen. Für die Verwertbarkeit der gefundenen Beweismittel reicht die bloße Möglichkeit aus, dass die Ermittlungsbehörden auch ohne den Verstoß das erforderliche Beweismaterial gefunden hätten.

BEISPIEL

Bei der Durchsuchung einer Wohnung, die die Polizei ohne richterliche Anordnung durchführt, weil sie fehlerhaft eine „Gefahr im Verzug" angenommen hat, findet sie ein Schriftstück, das einen Hinweis auf den Aufenthalt eines Zeugen gibt, der Angaben zu der Straftat machen kann. Durch die Aussage dieses Zeugen kann der Angeklagte überführt werden.

(g) Private Ermittlungen, die den Anforderungen der StPO (z. B. Belehrungspflicht, § 136 StPO; verbotene Vernehmungsmethoden, § 136a StPO) nicht genügen, führen nach der Rechtsprechung nicht automatisch zu Verwertungsverboten. Die gesetzlichen Anforderungen sollen die Staatsgewalt „zähmen", nicht Privatpersonen zur Einhaltung strafprozessualer Vorschriften anhalten. Eine Ausnahme besteht lediglich dann, wenn die private Maßnahme eine extreme Menschenrechtsverletzung darstellt (z. B. Folter). Dann dürfen die durch diese Maßnahme gewonnenen Erkenntnisse durch die Justiz nicht verwertet werden. Wann ein solcher Grad von Menschenrechtsverletzung anzunehmen ist (eventuell schon bei Drohung oder massiver Täuschung), muss das Tatgericht im Einzelfall entscheiden. Ebenso wäre die rechtswidrig erhobene Erkenntnis eines Privaten unverwertbar, wenn er von der Strafverfolgungsbehörde bewusst zu der rechtswidrigen Maßnahme benutzt worden wäre (z. B. ein V-Mann).

3 Aus dem amerikanischen Strafprozess (fruit of the poisonous tree).

KAPITEL 2

Beweismittel

1 Zeugen

Zu seiner Identifizierung macht der Zeuge zunächst Angaben zur Person: Vor-, Nach- und Geburtsname, Alter, Beruf, Wohnort (§ 68 Abs. 1 StPO). Auch der Zeuge, der sich auf ein Zeugnisverweigerungsrecht beruft, muss diese Angaben machen. Besteht für den Zeugen eine Gefahr, kann der Vorsitzende ihm gestatten, seinen Wohnort nicht anzugeben (§ 68 Abs. 2 StPO). Besonders gefährdeten Personen (V-Leute, verdeckte Ermittler) kann die Angabe der Personalien vom Vorsitzenden erlassen werden (§ 68 Abs. 3 StPO). Gegen die Entscheidung des Vorsitzenden kann die Entscheidung des Gerichts angerufen werden.

Der Zeuge wird noch einmal auf seine Wahrheitspflicht und ein eventuelles Zeugnisverweigerungsrecht (§§ 52, 53, 53a StPO) belehrt sowie auf ein Auskunftsverweigerungsrecht (§ 55 StPO), wenn er sich durch die wahrheitsgemäße Aussage oder die Beantwortung einzelner Fragen der Gefahr einer strafrechtlichen Verfolgung aussetzen würde. Die Bereitschaft, trotz eines Verweigerungsrechtes auszusagen, kann der Zeuge im Laufe der Vernehmung widerrufen.

1.1 Vernehmung des Zeugen

(a) Die Vernehmung ist eine auf einem Konzept beruhende eingehende Befragung des Zeugen und zunächst Sache des Vorsitzenden, der dieses Recht auch einem Beisitzer (meistens dem Berichterstatter) überlassen kann. Ist der Zeuge von der Verteidigung benannt worden, kann der Vorsitzende dem Verteidiger die einleitende Vernehmung gestatten. Der Zeuge wird über den Gegenstand seiner Vernehmung unterrichtet; dann erhält er Gelegenheit, das ihm zum Gegenstand der Untersuchung Bekannte im Zusammenhang zu schildern (§ 69 StPO). Die Darstellung erfolgt mündlich; das Verlesen vorbereiteter schriftlicher Erklärungen durch den Zeugen ist unzulässig. Allerdings kann der Zeuge Aufzeichnungen und andere Unterlagen als Gedächtnisstütze benutzen. Weitschweifigkeit und nicht zur Sache gehörende Darstellungen kann der Vorsitzende durch korrigierende Fragen unterbinden, ohne den Zeugen in eine bestimmte Richtung zu drängen. Einen Zeugen, der wegen Nervosität, mangelnder Fähigkeiten oder Erinnerungslücken nicht in der Lage ist, den zu beweisenden Vorgang in einer historischen und logischen Folge zu schildern, kann die Vernehmungsperson durch gezielte Fragen führen. Nach seiner freien Darstellung wird der Zeuge ergänzend vernommen, der Bericht durch Fragen vervollständigt und überprüft.

(b) Nach der Vernehmung hat der Vorsitzende den Beisitzern und Schöffen, dem Staatsanwalt, dem Verteidiger und dem Angeklagten zu gestatten, ergänzende Fragen zu stellen (§ 240 StPO). Fragen des Staatsanwalts, des Verteidigers und des Angeklagten sowie der Schöffen können vom Vorsitzenden und den jeweils anderen Beteiligten beanstandet werden. Über die **Beanstandung von Fragen** entscheidet zunächst der Vorsitzende, gegen dessen Entscheidung das Gericht angerufen werden kann. Dieses entscheidet durch einen Beschluss, der zu begründen ist. Fragen der berufsrichterlichen Beisitzer kann der Vorsitzende nicht beanstanden. Er kann aber die Verhandlung unterbrechen und über die Zulässigkeit einer Frage, die er monieren will, eine Entscheidung des Gerichts herbeiführen. Beanstanden der Staatsanwalt oder der Verteidiger die Frage eines berufsrichterlichen Beisitzers, entscheidet zunächst der Vorsitzende über die Zulässigkeit der Frage, danach auf Antrag das Gericht.

Zurückgewiesen werden können ungeeignete und nicht zur Sache gehörende Fragen (§ 241 Abs. 2 StPO). „Nicht zur Sache gehörend" sind Fragen, die keinen mittelbaren Bezug zum Gegenstand der Anklage haben oder die erkennbar verfahrensfremden Zwecken dienen (z. B. einen Zeugen bloßstellen oder lediglich Aufsehen erregen sollen). „Ungeeignet" sind Fragen, die nicht zur Wahrheitsfindung beitragen (z. B. nach der Rechtsmeinung eines Zeugen) oder bloße Wiederholungen bereits gestellter und ausreichend beantworteter Fragen sind. Suggestivfragen, Fragen, die nur der Verwirrung des Zeugen dienen sollen oder aus Rechtsgründen nicht gestellt werden dürfen, sind ebenfalls unzulässig, z. B. Fragen an einen Beamten außerhalb seiner Aussagegenehmigung oder an einen Richter, wenn sie das Beratungsgeheimnis betreffen, entehrende Fragen (§ 68a StPO), Fangfragen, die unter das Täuschungsverbot (§ 136a StPO) fallen, oder Fragen zu Vorgängen, über die kein Beweis erhoben werden darf.

(c) Zeugen berichten über Wahrnehmungen. Diese können Fehlern unterliegen. Das typische Beispiel ist der sog. **Knallzeuge,** der durch den Aufprall auf einen Auffahrunfall aufmerksam wird und hinterher sicher ist, bezeugen zu können, dass das hintere Fahrzeug auf das vordere aufgefahren ist, weil dies der Erfahrung in 99% aller Fälle entspricht. Deshalb ist es wichtig, sich nicht nur den äußeren Hergang schildern zu lassen, sondern auch nachzufragen, *warum* der Zeuge etwas wahrgenommen hat.

1.2 Pflichten des Zeugen

(a) Der Zeuge hat die Pflicht, vor Gericht zu erscheinen und eine wahrheitsgemäße Aussage zu machen. Verweigert ein Zeuge die Aussage, obwohl er kein Zeugnisverweigerungsrecht hat, kann zur Erzwingung der Aussage Beuge- oder Erzwingungshaft bis zu 6 Monaten angeordnet werden, jedoch nicht über das

Ende des Verfahrens in dieser Instanz hinaus (§ 70 Abs. 2 StPO). Der Weigerung gleichzustellen ist die wahrheitswidrige Behauptung, nichts von dem Vorgang zu wissen. Alternativ oder zusammen mit der Beugehaft kann ein Ordnungsgeld – ersatzweise Ordnungshaft – festgesetzt werden. Der Zeuge trägt neben der Ordnungsstrafe die Kosten, die durch sein pflichtwidriges Verhalten entstanden sind. Die Entscheidung über Ordnungsstrafe und Beugehaft trifft das Gericht mit einfacher Mehrheit (Verfahrensfrage). Im Übrigen begeht ein Zeuge, der fälschlicherweise vorgibt, keine Erinnerung an das Geschehen zu haben, ein Aussagedelikt.

(b) Zeugen können nach ihrer Vernehmung vereidigt werden, wenn ihre Aussage „nach dem Ermessen" des Gerichts von ausschlaggebender Bedeutung oder die **Vereidigung** zur Erlangung einer wahrheitsgemäßen Aussage notwendig ist (§ 59 StPO). Wenn sich der Zeuge auf einen früher geleisteten Eid beruft, gilt dieser fort (§ 67 StPO). **Vereidigungsverbote** bestehen für Zeugen unter 18 Jahren und Personen, die wegen ihrer Unreife oder einer psychischen Krankheit keine Vorstellung von der Bedeutung eines Eides haben (§ 60 StPO) sowie für Personen, die in der zu verhandelnden Sache der Begünstigung, Strafvereitelung oder Hehlerei verdächtig sind oder verurteilt wurden. Den Eid **verweigern** (§ 61 StPO) dürfen Zeugen, die ein Zeugnisverweigerungsrecht aus persönlichen Gründen haben (§ 52 Abs. 1 StPO), namentlich Verwandte und Angehörige des Angeklagten. Über die Möglichkeit, einen Eid zu verweigern, muss das Gericht den Betroffenen aufklären. Wer uneidlich vorsätzlich oder unter Eid fahrlässig falsch aussagt, dem drohen hohe Strafen. Hat das Gericht den Eindruck, dass ein Zeuge nicht die Wahrheit sagt, darf es ihn nicht deshalb vereidigen, damit er im Falle der Falschaussage „ordentlich" bestraft wird. Ein offensichtlich falsch aussagender Zeuge darf nicht in den Meineid (§ 154 StGB) „gehetzt" werden. Die Vereidigung ist in diesem Fall schon deshalb unzulässig, weil eine erkennbar falsche Aussage keine „ausschlaggebende Bedeutung" für das Urteil haben kann.

Der Eid kann in weltlicher oder religiöser Form geleistet werden. Wem ein Eid aus religiösen Gründen untersagt ist, kann an dessen Stelle eine Beteuerung abgeben; aus religiösen Gründen kann auch eine andere Formel als „Ich schwöre bei Gott dem Allmächtigen und Allwissenden" und „So wahr mir Gott helfe" hinzugefügt werden (§ 64 Abs. 1 StPO). Über die Vereidigung kann zunächst der Vorsitzende entscheiden, wogegen die Verfahrensbeteiligten die Entscheidung des Gerichts beantragen können. Es ist unschädlich, wenn sofort das ganze Gericht entscheidet.

Die freie Beweiswürdigung des Gerichts wird durch eine Vereidigung nicht beeinflusst. Das Gericht kann dem unvereidigten Zeugen glauben und dem vereidigten nicht. Es gibt keine Rangfolge der vereidigten und unvereidigten Zeugen.

1.3 Rechte des Zeugen

(a) Ein Zeuge kann die Aussage verweigern, wenn ihm aus persönlichen oder beruflichen Gründen ein Zeugnisverweigerungsrecht zusteht. Ein **persönliches Zeugnisverweigerungsrecht** (§ 52 Abs. 1 StPO) steht Verlobten, Ehegatten (auch geschiedenen), Verwandten und Verschwägerten des Angeklagten zu. Der Grund zur Verweigerung des Zeugnisses muss zum Zeitpunkt der Hauptverhandlung (nicht schon zur Tatzeit) bestehen. Verwandte auf- und absteigender Linie sind bis zum dritten und Verschwägerte bis zum zweiten Grad verweigerungsberechtigt.

In *aufsteigender* Linie sind Verwandte

- ersten Grades: (Adoptiv-, Stief-, Schwieger-)Eltern;
- zweiten Grades: deren Eltern (Großelterngeneration) sowie die Geschwister;
- dritten Grades: die Urgroßeltern und die Großeltern der Stief- bzw. Schwiegereltern sowie die Geschwister der Eltern (Onkel und Tanten).

In *absteigender* Linie sind Verwandte

- ersten Grades: Adoptiv-, Stief-, Schwiegerkinder, nichteheliche Kinder;
- zweiten Grades: deren Kinder (Enkelgeneration) sowie die Ehegatten der Enkel;
- dritten Grades: (Stief-)Urenkel, die Ehegatten der Urenkel sowie Nichten und Neffen.

Verschwägert sind die Ehegatten der Geschwister und die Geschwister der Ehegatten. Nicht zur Verweigerung des Zeugnisses berechtigt sind demnach Cousin und Cousine sowie die Ehegatten der Geschwister des Ehepartners (sog. Schwipp-Schwäger). Auch gleichgeschlechtliche Lebenspartner in eingetragener *Lebenspartnerschaft* haben ein Zeugnisverweigerungsrecht.

Aus beruflichen Gründen (§ 53 StPO) können Geistliche, juristische Berater, Angehörige von Heilberufen, Mitglieder von Schwangerschaftsberatungsstellen, Abgeordnete und Journalisten das Zeugnis über Angelegenheiten verweigern, die sie in ihrer beruflichen Eigenschaft erfahren haben. Auch ihre Berufshelfer haben dieses Recht (§ 53a StPO). Öffentliche Bedienstete bedürfen vor ihrer Aussage einer Genehmigung des Dienstherrn. Abgesehen von Geistlichen, Abgeordneten und Journalisten *müssen* die übrigen aus beruflichen Gründen zur Verweigerung des Zeugnisses Berechtigten aussagen, wenn sie von der Schweigepflicht entbunden werden (§ 53 Abs. 2 StPO). Die Entbindung kann vom Angeklagten zurückgenommen werden. Daraus kann das Gericht Schlussfolgerungen ziehen. Eine richterliche Vernehmung dieses Zeugen aus dem Ermittlungsverfahren kann in der Hauptverhandlung verwertet werden, indem der vernehmende Richter als Zeuge über die damalige Aussage vernommen wird.

(b) Auf einzelne Fragen kann der Zeuge die **Auskunft verweigern**, wenn er sich mit der Beantwortung der Gefahr einer strafrechtlichen Verfolgung aussetzen würde (§ 55 StPO). Das kann z. B. der Fall sein, wenn wegen des Sachverhaltes, der der Vernehmung zugrunde liegt, gegen den Zeugen ein Strafverfahren anhängig ist oder anhängig gemacht werden könnte. Auf Fragen, die diesen Sachverhalt nicht betreffen, muss der Zeuge hingegen antworten. Wenn zu befürchten ist, dass alle Fragen, die dem Zeugen in dieser Sache gestellt werden, eine strafrechtliche Verfolgung begründen, darf er die Auskunft ganz verweigern. Der Zeuge muss ein Zeugnis- oder Auskunftsverweigerungsrecht im Zweifel glaubhaft machen (§ 56 StPO), worüber das Gericht durch Beschluss entscheidet.

(c) Der Zeuge kann bei seiner Vernehmung einen Rechtsanwalt als Beistand hinzuziehen (§ 68b StPO). Dieser **Zeugenbeistand** unterstützt den Zeugen bei der Durchsetzung eines möglichen Zeugnisverweigerungsrechts und bedarf keiner besonderen Zulassung durch das Gericht. Ihm stehen keine Rechte zu, Anträge zu stellen oder Akten einzusehen. Beanstandet er die Art der Vernehmung, entscheidet der Vorsitzende, gegen dessen Maßnahme das Gericht angerufen werden kann (§ 238 Abs. 2 StPO). Der Beistand kann ausgeschlossen werden, wenn seine Anwesenheit dazu missbraucht wird, die Beweisaufnahme zu erschweren. Er kann mehreren Zeugen beistehen, wenn zwischen diesen kein Interessenkonflikt besteht. Dem Zeugen kann ein Beistand vom Gericht beigeordnet werden (§ 68b Abs. 2 StPO), wenn er seine Befugnisse bei der Vernehmung ersichtlich nicht selbst wahrnehmen und seinen schutzwürdigen Interessen auf andere Weise nicht Rechnung getragen werden kann (z. B. durch Ausschluss der Öffentlichkeit, Entfernung des Angeklagten, Videovernehmung). Eine Beiordnung kommt z. B. in Betracht bei minderjährigen (Opfer-)Zeugen sowie ungeschickten, ängstlichen oder gefährdeten Zeugen, die mit Repressalien seitens des Angeklagten oder Dritter rechnen müssen. Die wirtschaftliche Situation des Zeugen spielt bei der Frage der Beiordnung keine Rolle.

1.4 Kinder und Jugendliche als Zeugen

Junge Zeugen sollen vor der psychischen Belastung einer Vernehmung weitgehend bewahrt werden. Kinder und Jugendliche (also Zeugen unter 18 Jahren) werden deshalb allein vom Vorsitzenden vernommen (§ 241a StPO). Einer Vertrauensperson kann die Anwesenheit in der Verhandlung gestattet werden (§ 406f StPO). Die übrigen Prozessbeteiligten (auch die Schöffen) können vom Vorsitzenden verlangen, dass er im Anschluss an seine Vernehmung bestimmte Fragen an den jungen Zeugen richtet. Der Vorsitzende darf nur solche Fragen verweigern, die er bei direkter Befragung durch den Prozessbeteiligten beanstanden könnte. Er kann die direkte Befragung durch einen anderen Prozessbeteiligten gestatten, wenn ein Nachteil für das Wohl des Kindes bzw. Jugendlichen nicht zu befürchten ist (§ 241a Abs. 2 Satz 2 StPO). Die Erlaubnis kann er jederzeit zurücknehmen. Die Öffentlichkeit kann für die Dauer der Vernehmung ausgeschlossen oder der Angeklagte aus dem Gerichtssaal entfernt werden.

Die Vernehmung eines jungen Zeugen per Videoübertragung von außerhalb des Gerichtssaals (Videovernehmung) ist zulässig. Ist ein Zeuge unter 18 Jahren in Verfahren wegen bestimmter schwerer Straftaten (§ 255a Abs. 2 StPO) richterlich vernommen und die Vernehmung videografiert worden, ist anstelle seiner Vernehmung in der Hauptverhandlung das Abspielen der Videoaufnahme zulässig.

1.5 Ausnahmen vom Unmittelbarkeitsgrundsatz

Bei der Vernehmung von Zeugen gilt der Grundsatz der Unmittelbarkeit, d. h. das Gericht muss sie persönlich vernehmen. Von diesem Grundsatz macht die StPO einige Ausnahmen.

(a) Stehen der Vernehmung eines Zeugen (oder Sachverständigen) an Gerichtsstelle für längere oder ungewisse Zeit gesundheitliche, sonstige nicht zu beseitigende Hindernisse bzw. eine weite Entfernung entgegen, kann die **kommissarische Vernehmung** durch einen beauftragten Richter (Mitglied des erkennenden Gerichts, in aller Regel der Berichterstatter) oder einen ersuchten Richter (Richter des Amtsgerichts am Aufenthaltsort des Zeugen) durchgeführt werden (§ 223 StPO).

(b) Die **Verlesung von Protokollen** über die Vernehmung im Ermittlungsverfahren ist im Grundsatz unzulässig (§ 250 StPO), weil das Protokoll im Verhältnis zu der Aussage vor Gericht nicht das „originäre" Beweismittel ist.

Die Vernehmung eines Zeugen, Sachverständigen oder Mitbeschuldigten darf ausnahmsweise durch das polizeiliche Protokoll einer Vernehmung oder eine von ihm stammende schriftliche Erklärung ersetzt werden (§ 251 Abs. 1 StPO), wenn

- der Staatsanwalt, der Verteidiger und der Angeklagte damit einverstanden sind,
- der Zeuge, Sachverständige oder Mitbeschuldigte verstorben ist oder aus einem anderen Grund in absehbarer Zeit gerichtlich nicht vernommen werden kann oder
- die Niederschrift oder Urkunde das Vorliegen oder die Höhe eines Vermögensschadens betrifft.

Das Protokoll einer früheren *richterlichen* Vernehmung kann verlesen werden (§ 251 Abs. 2 StPO), wenn

- dem Erscheinen des Zeugen, Sachverständigen oder Mitbeschuldigten in der Hauptverhandlung für eine längere oder ungewisse Zeit Krankheit, Gebrechlichkeit oder andere nicht zu beseitigende Hindernisse entgegenstehen,
- das Erscheinen in der Hauptverhandlung wegen großer Entfernung unter Berücksichtigung der Bedeutung der Aussage nicht zugemutet werden kann.

Erklärt ein Zeuge, dass er sich an eine Tatsache nicht mehr erinnern kann, kann der Teil des Protokolls, der die Erinnerungslücke betrifft, zur Unterstützung des Gedächtnisses verlesen werden (sog. **Vorhalt**, § 253 Abs. 1 StPO). Dasselbe gilt, wenn der Zeuge die Sache im Vergleich zu seinen Erklärungen im Ermittlungsverfahren widersprüchlich darstellt (§ 253 Abs. 2 StPO). Das Protokoll über ein von dem Angeklagten abgelegtes Geständnis darf in der Hauptverhandlung verlesen werden, wenn es sich um die Protokollierung einer *richterlichen* Vernehmung handelt (§ 254 StPO). Über die Verlesung von Protokollen entscheidet das Gericht (§ 251 Abs. 4 Satz 1 StPO).

BEISPIEL

Der Zeuge ist in dem (zivilrechtlichen) Vaterschaftsprozess des Angeklagten vernommen worden. In dem späteren Strafprozess wegen der Verletzung der Unterhaltspflicht darf das Protokoll seiner Aussage nicht anstelle seiner Vernehmung im Strafverfahren verlesen werden. Es darf dem Zeugen aber zur Auffrischung des Gedächtnisses oder zur Herbeiführung einer wahrheitsgemäßen Aussage vorgehalten werden, um eventuelle Widersprüche zu klären.

(c) Hat ein Angeklagter im Ermittlungsverfahren ein **Geständnis** abgelegt und widerruft er dieses in der Hauptverhandlung, kann die Person, die ihn vernommen hat (Polizeibeamter, Staatsanwalt, Richter), als Zeuge gehört werden. Dasselbe gilt für die **Vernehmung eines Zeugen**, der in der Hauptverhandlung von seinem Zeugnisverweigerungsrecht Gebrauch macht (§ 252 StPO). Bei der **Vernehmung der Verhörperson** durch das Gericht sollte geklärt werden, ob sie sich anhand des Protokolls auf die Vernehmung vorbereitet und die Glaubhaftigkeit der Schilderung dadurch gelitten hat. Kann die Verhörperson nur bekunden, dass das richtig sei, was seinerzeit protokolliert wurde, reicht das für eine Beweisführung nicht aus.

(d) Per **Videoübertragung** ist die Vernehmung eines Zeugen zulässig, der sich außerhalb des Gerichtssaals befindet (Videosimultanvernehmung), wenn

- eine dringende Gefahr für das Wohl des Zeugen bei seiner Anwesenheit im Gerichtssaal besteht (§ 247a Satz 1 Halbsatz 1 StPO),
- dem Erscheinen des Zeugen, Sachverständigen oder Mitbeschuldigten in der Hauptverhandlung für eine längere oder ungewisse Zeit Krankheit, Gebrechlichkeit oder andere nicht zu beseitigende Hindernisse entgegenstehen oder
- das Erscheinen in der Hauptverhandlung wegen großer Entfernung unter Berücksichtigung der Bedeutung seiner Aussage nicht zugemutet werden kann (§ 247a Satz 1 Halbsatz 2 in Verbindung mit § 251 Abs. 2 StPO).

Das Gericht ordnet eine solche Vernehmung nach pflichtgemäßem Ermessen an.

(e) Zeugen, die ihre Kenntnisse nicht durch unmittelbare eigene Wahrnehmung erworben haben, sondern durch Erzählungen Dritter, sind sog. **Zeugen vom Hörensagen** (Privatpersonen, Vernehmungsbeamte, Richter, Sachverständige, Führer von V-Leuten, verdeckte Ermittler). Über die Wahrheit und Richtigkeit des Erzählten können sie keine Angaben machen. BGH und BVerfG sehen die Vernehmung als zulässig an und den Unmittelbarkeitsgrundsatz nicht verletzt, da auch der Zeuge vom Hörensagen eine Primärquelle ist. Es liegt aber ein Verstoß gegen die gerichtliche Aufklärungspflicht (§ 244 Abs. 2 StPO) vor, wenn das Gericht nicht den unmittelbaren Zeugen vernimmt, obwohl dies möglich wäre. Hauptfälle eines Zeugen vom Hörensagen sind Vernehmungen nach dem Einsatz von verdeckten Ermittlern und Vertrauenspersonen. Bekommt der V-Mann keine Aussagegenehmigung und wird an seiner Stelle der V-Mann-Führer vernommen, verstößt dies nicht gegen die gerichtliche Aufklärungspflicht, da der V-Mann dem Gericht nicht zur Verfügung steht. Allerdings ist nach Auffassung des BGH ein solches Beweismittel wenig wert, da die Aussage nicht durch Rückfragen überprüfbar ist und die Verurteilung deshalb nicht allein auf einen Zeugen vom Hörensagen gestützt werden kann.

2 Sachverständige

Als Gehilfe des Gerichts hat der Gutachter die zur Beantwortung der rechtlichen Fragen notwendigen Anhaltspunkte zu liefern (§§ 72 bis 84 StPO). Das Gericht ist an die Beurteilung des Sachverständigen nicht gebunden. Der Verkehrssachverständige kann neue Erkenntnisse der Unfallforschung vortragen, der Psychiater Anhaltspunkte für etwaige Geisteskrankheiten, der Psychologe abnorme Verhaltensweisen erklären. Um die Ausführungen des Sachverständigen nachvollziehen und bewerten zu können, muss sich das Gericht ein Mindestmaß an Sachverstand zulegen. Das bedeutet nicht, dass das Gericht ein „Studium" auf dem Gebiet des Sachverständigen nachholen muss. Es muss sich aber kundig machen, ob andere wissenschaftliche Schulen bestehen oder der Sachverständige sich auf dem letzten Stand der Technik befindet.

Der Sachverständige darf sich nicht an die Stelle des Gerichts setzen. Der Psychiater hat nicht zu begutachten, ob der Angeklagte schuldunfähig oder vermindert schuldfähig (§§ 20, 21 StGB) ist, sondern nur, ob bei dem Angeklagten zur Tatzeit die in § 20 StGB genannten krankhaften Erscheinungen vorlagen. Die daraus folgende Rechtsfrage der (verminderten) Schuld(un)fähigkeit hat das Gericht zu entscheiden. Auch die Beurteilung der Glaubhaftigkeit einer Aussage liegt ausschließlich in der Kompetenz des Gerichts. Lediglich bei kindlichen Zeugen kann ein aussagepsychologisches Gutachten empfehlenswert sein.

Bei den Tatsachen, die ein Sachverständiger vorträgt, ist zu unterscheiden in diejenigen, die er aufgrund seiner Sachkunde selbst festgestellt hat (sog. *Befund*tatsachen), und solchen, die er erst durch Befragung anderer Personen als des Angeklagten in Erfahrung gebracht hat (sog. *Zusatz*tatsachen, z. B. wenn die

Mutter des Angeklagten über dessen Entwicklung befragt wird). Solche Zusatztatsachen sind entweder durch die Vernehmung dieser anderen Person oder durch den Sachverständigen als Zeugen in den Prozess einzuführen. Dieser Umstand ist wichtig für den Fall, dass die dritte Person nicht über ein mögliches Zeugnisverweigerungsrecht belehrt worden ist (zu dieser Belehrung ist der Sachverständige nicht verpflichtet). Der Sachverständige hat aus denselben Gründen, aus denen ein Zeuge ein Recht zur Zeugnisverweigerung hat, das Recht zur Verweigerung des Gutachtens (§ 76 StPO).

BEISPIEL: FALL MARIA ROHRBACH IN MÜNSTER/WESTFALEN

Wie notwendig die kritische Prüfung von Gutachten ist, macht einer der bekanntesten Justizirrtümer der Nachkriegsgeschichte deutlich. Der Sachverständige hatte im Kamin der Wohnung, in der *Maria Rohrbach* ihren Mann getötet haben sollte, Thallium gefunden – ein Stoff, der in Rattengift Verwendung fand. Daraus schloss er, dass die Angeklagte ihren Mann mit Rattengift vergiftet und den nicht gefunden Kopf der Leiche im Ofen verbrannt hatte. Es wurden weder Vergleichsuntersuchungen durchgeführt zur Klärung, ob Thallium ein bei Verbrennungsprozessen regelmäßig anfallender Stoff ist, noch wurde der fragliche Ofen vom Gericht in Augenschein genommen. Der Kopf des Opfers wurde später in einem Bombentrichter gefunden. In dem folgenden Wiederaufnahmeprozess ließ die Verteidigung Untersuchungen durchführen, bei denen in vielen Kaminen Thalliumrückstände gefunden wurden (u. a. in einer JVA). Die Öffnungen in dem Ofen erwiesen sich allesamt als zu klein, dass ein Menschenkopf hindurchgepasst hätte.[4] Maria Rohrbach wurde freigesprochen.

3 Richterlicher Augenschein

Der Augenschein (§ 86 StPO) bezieht sich im Wesentlichen auf die Beschaffenheit eines Objekts. Bei einer Urkunde kann die Existenz der Urkunde an sich, das Schriftbild eines Briefes (Abschiedsbrief eines Selbstmörders zu dessen psychischer Verfassung) oder die Echtheit einer Unterschrift unter einem Dokument bewiesen werden. Geht es um die Aussagekraft eines Gegenstandes, muss der lesbare Teil als Urkunde in die Hauptverhandlung eingeführt werden (z. B. der eingestanzte Schriftzug des Herstellers auf einer Waffe). Ein Tonträger (Tonband, DVD) kann den Inhalt der Aufzeichnung beweisen, wenn die Echtheit des

4 *Hans-Dieter Otto,* Das Lexikon der Justizirrtümer, Sonderausg., Vierkirchen-Pasenbach 2007, S. 154.

Tonträgers von dem Angeklagten oder einem Zeugen bestätigt wird. Auch das Äußere des Angeklagten kann Gegenstand der Augenscheineinnahme sein, wenn z. B. ein Zeuge bekundet hat, der Täter habe eine auffallend große Nase gehabt.

Wenn es auf den unmittelbaren Eindruck ankommt, muss sich das Gericht diesen durch eigenen Augenschein verschaffen. In schwierigen Situationen (z. B. Besichtigung eines Gegenstandes unter Wasser) kann dieser durch die Anhörung eines Sachverständigen, der das Objekt zur Vorbereitung seines Gutachtens besichtigt hat, ersetzt werden (sog. **Augenscheingehilfe**). Der Unmittelbarkeitsgrundsatz gilt insoweit nicht.

4 Urkunden

Strafprozessual sind Urkunden (§§ 249 bis 256 StPO) „alle Gedankenerklärungen, die zum Beweis dienen und verlesen werden können". Die Schriftstücke können auch in Zahlen verfasst sein, z. B. Bilanzen, Rechnungen. Technische Aufzeichnungen wie etwa Diagrammscheiben eines Fahrtenschreibers, die nicht verlesen werden können, sind Gegenstand des richterlichen Augenscheins. Auch Kopien sind Urkunden im prozessualen Sinn. Ihre Echtheit muss mit anderen Mitteln als der Verlesung bewiesen werden, z. B. durch Zeugenaussagen. Dokumente in fremden Sprachen können nicht als Urkunde verlesen werden. Diese sind zu übersetzen, sodass die Übersetzung in der Hauptverhandlung verlesen werden kann. Ist ein Schriftstück in Kurz- oder Geheimschrift abgefasst, muss über den Inhalt ein Sachverständigengutachten erstellt werden. Beherrscht ein Mitglied des Gerichts z. B. die Stenografie, kann das Gutachten durch die Sachkunde des Gerichts ersetzt werden.

Die Verlesung von Urkunden – insbesondere in „papierintensiven" Wirtschaftsstrafverfahren – kann durch das sog. **Selbstleseverfahren** (§ 249 Abs. 2 StPO) ersetzt werden. Macht das Gericht davon Gebrauch, müssen sowohl die Berufsrichter als auch die Schöffen vom Wortlaut der Urkunden Kenntnis nehmen, diese also tatsächlich lesen und dies zu Protokoll erklären.

Zeugnisse oder Gutachten öffentlicher Behörden oder von Ärzten oder Gutachten über den Blutalkoholgehalt können in Verhandlungen über leichtere Delikte, wie z. B. Körperverletzung, verlesen werden (§ 256 StPO). Öffentliche Behörden sind u. a. die Kriminalämter, Handels- und Handwerkskammern, öffentliche Kliniken oder die Physikalisch-Technische Bundesanstalt.

KAPITEL 3

Fragetechnik

Fragen sind ein Instrumentarium zur Gewinnung von Informationen (Fakten, Begründungen, Erklärungen, Präzisierungen, Hintergründe).[5] Das Gericht will etwas erfahren oder erläutert bekommen, was es zuvor noch nicht oder nicht genau wusste. Eine allgemeine Regel lautet: „Wer fragt, der führt!“ Der Fragende übernimmt eine führende Rolle. Mit Fragen steuert und strukturiert er die Vernehmung, wobei er sich vom Allgemeinen zum Speziellen vorarbeitet. Professionelles Fragen erfolgt nach dem Modell des „Fragetrichters“. Zunächst ist der Trichter breit – durch offene Fragen werden möglichst viele Informationen gesammelt, der Fragende verschafft sich einen Überblick. Im Laufe der Vernehmung wird der Trichter nach unten immer enger – durch geschlossene Fragen werden die Informationen geordnet, sondiert, gefiltert und überprüft. Für die verschiedenen Phasen ist die passende Frageform zu wählen. Diese bestimmt das Maß der Freiheit, das der Befragte bei seiner Antwort hat, und den Informationsgehalt der Antwort. Körpersprachliche Begleitsignale des Befragten sind dabei zu beobachten, um die Antwort richtig einordnen und den Informationsstand absichern zu können.

Der Vorsitzende leitet die Vernehmung nach einem bestimmten Konzept. Danach haben die anderen Verfahrensbeteiligten ein umfassendes Fragerecht (§ 240 StPO, Einschränkungen in §§ 241, 241a StPO). Die Schöffen haben das Recht, (ergänzende) Fragen an den Angeklagten, Zeugen oder Sachverständigen zu stellen.

1 Allgemeine Regeln

(a) Oberstes Gebot ist, die Frage **unbefangen** und neutral zu stellen. Die Frage sollte keine Vermutungen, emotionalen Wertungen und Vorurteile enthalten. Der Befragte soll das Wissen des Gerichts erweitern, nicht dessen Erwartungen erfüllen. Dass der Befragte auf der Anklagebank sitzt, macht seine Antworten nicht per se unglaubhaft. Der Angeklagte ist nur beschuldigt, noch nicht schuldig.

(b) Der Befragte muss den Inhalt der Frage verstehen. Um ein optimales Ergebnis aus der Befragung zu erzielen, hat sich der Fragende dem **Sprachhorizont**

5 Ausführliche Darstellungen: *Anne Brunner*, Die Kunst des Fragens, 5. Aufl., München 2017; *Sigrid Frank-Eßlinger*, Mit Fragen führen, 2. Aufl., Freiburg 2019; *Vera F. Birkenbihl*, Fragetechnik schnell trainiert, 22. Aufl., München 2018.

des Befragten anzupassen. Angeklagte wie Zeugen verfügen häufig nicht über die sprachliche Fähigkeit, erlebtes Geschehen in eine bildhafte Sprache zu übersetzen. Sie sollten durch einen geeigneten Fragestil unterstützt werden, ihre Wahrnehmungen und Erinnerungen sprachlich zu rekonstruieren. Nur wenn man sich den Fall **in einfachen Worten** schildern lässt (und auch so fragt), können Tathergang und weitere Umstände nachvollzogen werden. Keinesfalls sollte der Fragende einen Dialekt oder speziellen Jargon (Jugendsprache) imitieren. Ebenso wenig sollten Schöffen der Versuchung erliegen, sich möglichst „juristisch" auszudrücken.

(c) Fragen sollten **eindeutig formuliert** sein. Ist von Bedeutung, was der Angeklagte am Tag vor der Tat gemacht hat, lautet die Frage „Was haben Sie am Tag vor der Tat gemacht?" und nicht „Was haben Sie vor der Tat (oder: vorher) gemacht?". Nicht eindeutig sind weit gefasste Fragen, obwohl nur eine bestimmte Tatsache von Interesse ist („Wie verhält sich der Angeklagte denn so?" anstatt „Wie steht es mit dem Alkoholkonsum des Angeklagten?").

(d) In kurzen Sätzen (mit höchstens einem Nebensatz) fragen. Schon der Fragende kann Schwierigkeiten haben, einen langen Satz grammatikalisch richtig zu Ende zu bringen, weil ihm am Ende des Satzes das richtige Verb nicht mehr einfällt. Der Befragte wird sich am Ende eines langen Satzes erst recht nicht mehr sicher sein, was der Fragende von ihm will.

(e) Mehrere Fragen sollten niemals gleichzeitig, sondern einzeln nacheinander gestellt werden. Kettenfragen sind zu vermeiden, z. B. „Konnten Sie überhaupt den Tatort einsehen? Wie waren denn die Lichtverhältnisse und wo war ihr Standort? Sie sind doch durch Ihre Brille sicherlich behindert, bei einbrechender Dämmerung auf die Entfernung noch sichere Beobachtungen zu machen? Wie stark ist denn Ihre Brille?". Mehrere aufeinanderfolgende Fragen verunsichern den Befragten und überfordern seine Merkfähigkeit. Klassisches Beispiel: Der Befragte beginnt auf die ihm gestellten Fragen mit dem Satz: „Um mit der Beantwortung der letzten Frage zu beginnen …" Er wird sich bis zur ersten Frage möglicherweise nicht mehr durchkämpfen oder selektiv antworten, d. h. unverfängliche Fragen beantworten und unangenehme ausblenden. Sollen z. B. die Alkoholgewohnheiten einer Person erfragt werden, wird eine Kette einzeln zu beantwortender Fragen aufgebaut: „Haben Sie den Angeklagten einmal betrunken gesehen?" – „Wann war das?" – „Haben Sie ihn häufiger betrunken gesehen?" – „Wie betrunken war er jeweils?" – „Womit hat er sich betrunken?"

(f) Eine **Fachsprache**, die dem Laien unverständlich ist, oder Begriffe, die in der Umgangssprache eine andere Bedeutung haben können als in der Fachsprache (gleichgültig ob juristisch, technisch, medizinisch usw.), sind zu vermeiden. Um Verständnisschwierigkeiten auszuschließen, ist in allgemein verständlichem Deutsch zu fragen.

(g) Abstrakte Bezeichnungen sollten nicht verwendet werden, auch wenn sie bei Gericht gebräuchlich sind. Bei dem Begriff „Nebenkläger" weiß der Angeklagte nicht unbedingt, welche Person gemeint ist; daher ist die Person mit ihrem Namen zu benennen. Unbestimmte Fragen („Wie haben *die* denn reagiert?") sollten präzisiert und dem Befragten stets deutlich gemacht werden, wer mit „die" gemeint ist.

(h) Missverständliche Fragen sind zu vermeiden. Wendungen wie „Sie sollen gesagt haben …?" klingen, als ob Zweifel an der Wahrheit bestehen. Doppelte Verneinungen sind missverständlich und können beim Zuhören verwirren. Die Frage „Sind Sie nicht der Auffassung, dass Sie von dieser Stelle nichts sehen konnten?" lässt, wenn mit Ja oder Nein geantwortet wird, keine eindeutigen Schlüsse zu. Rückfragen („Also haben Sie …?", „Bedeutet das, dass Sie …?") sind erforderlich, damit der Befragte ggf. eine missverständliche Antwort korrigieren kann.

(i) Dieselbe Sache ist immer mit **demselben gebräuchlichen Begriff** zu bezeichnen. Eine Vernehmung ist kein Deutschaufsatz, in dem aus ästhetischen Gründen mit Synonymen eine Wortvielfalt hergestellt wird.

(j) Bewusst oder unbewusst können Fragen bereits **Vorgaben oder Wertungen** enthalten. Eine Frage an den Zeugen darf nicht die Erwartung wecken, dass er sie „eigentlich beantworten können müsste". Gutwillige Zeugen, die dem Gericht bei der Wahrheitsfindung behilflich sein wollen, neigen dazu, diese Erwartungen erfüllen zu wollen. Der Zeuge sagt dann nicht nur das, was er aus eigenem Erleben weiß, sondern was das Gericht nach seiner Auffassung hören will. Auch Floskeln wie „Wollten sie wirklich (etwa) …?" drängen den Befragten in eine Richtung.

(k) Eine Frage sollte nicht mit einer **Begründung** beginnen, warum sie gestellt wird. Selbst wenn die Frage kontextlos erscheint, würde eine Erläuterung Aufschluss über bisherige Kenntnisse des Fragenden offenbaren. Allenfalls können allgemeine Übergänge gewählt werden wie: „Um noch mal auf den Punkt xy zu kommen …" Auch eine **Entschuldigung** für eine (unangenehme) Frage ist fehl am Platz.

(l) Schambesetzte Themen, die dem Angeklagten oder Zeugen **peinlich** sein können, sind neutral und sachlich zu behandeln. Beispielsweise darf bei sexuellen Bezügen nicht um den „heißen Brei" herumgeredet werden. Dem Befragten ist fest in die Augen zu blicken und er ist so zu fragen, als ob die Angelegenheit die selbstverständlichste Sache der Welt wäre.

(m) Fragen sollten **keine Vorwürfe** enthalten. Ein Zeuge darf durch Vorwürfe in der Frage nicht subjektiv in die Rolle des Angeklagten gerückt werden. Ein Vorwurf reizt den Zeugen zum Widerspruch oder drängt ihn in eine Verteidigungsposition, in der er unter Umständen sogar zum Lügen gezwungen wird. Eine Anhalterin, die in das Auto des Mannes gestiegen ist, der sie später vergewaltigt hat, wird auf die vorwurfsvolle Frage „Steigen Sie eigentlich zu jedem wildfremden Mann ins Auto?“ möglicherweise zu rechtfertigenden Schilderungen greifen, die eine falsche Darstellung der Ereignisse entstehen lassen. Taktische Vorwürfe, z. B. um den Befragten zu provozieren, sollten an das Ende der Befragung gestellt werden, um die Aussage nicht zu verfälschen.

(n) Wer fragt, muss auch **zuhören** können. Beim aktiven Zuhören werden dem Befragten Aufmerksamkeit und Interesse durch eine zugewandte Grundhaltung und Blickkontakt signalisiert.

BEISPIEL

Bei einer Anklage wegen Vergewaltigung sagte eine Augenzeugin aus: „Ich habe gesehen, wie das Opfer an der Bushaltestelle stand. Da kam von hinten ein Mann und zerrte das Mädchen ins Gebüsch.“ Frage: „Können Sie den Mann beschreiben?“ – „Nein. Ich weiß nur, dass er eine Lederjacke anhatte.“ – „Haben Sie irgendwelche Merkmale gesehen, die den Mann identifizieren könnten?“ – „Nein.“ – „Erkennen Sie hier im Saal jemanden wieder, der so aussieht, wie dieser Mann?“ – „Nein.“ – Frage der Schöffin: „Können Sie denn die Farbe der Jacke beschreiben, die der Angeklagte trug?“ – „Nein.“ Nunmehr beantragte der Verteidiger, die Schöffin wegen Besorgnis der Befangenheit auszuschließen. Ihre Frage offenbarte, dass sie ohne Anlass den unbekannten Mann als den Angeklagten identifizierte.

2 Frageformen

(a) Mit der **Filterfrage** prüft der Vernehmende, ob der Zeuge überhaupt etwas zum Beweisthema aussagen kann („Waren Sie am Soundsovielten an jenem Ort [Tatort]?“) oder in der Lage war, eine bestimmte Wahrnehmung zu machen („Hat das Gespräch auf Englisch stattgefunden?“ – „Sprechen Sie Englisch?“). Anlass zu Filterfragen geben Formulierungen des Zeugen wie „Man hat …“ oder „Wir haben …“, um zu klären, ob der Zeuge die Beobachtung selbst gemacht hat. Damit werden Vernehmungen vermieden, die nichts bringen. Darüber hinaus können vorab Handicaps bei der Wahrnehmung (z. B. Seh-, Hörschwäche) geklärt werden.

(b) Mit **offenen Fragen**, die wertungsfrei sind und keine Richtung vorgeben, hat der Zeuge Gelegenheit zu einer ausführlichen, zusammenhängenden und unbeeinflussten Schilderung der Beweisfrage. Er kann seinen Gedanken freien Lauf lassen; die Antworten sind nicht vorgegeben. Offene – sog. W-Fragen – sind daran zu erkennen, dass das Fragewort mit einem W beginnt: was, wie, wo, wer, weshalb, warum, wozu, womit, wohin, welche usw. („Was haben Sie gesehen?", „Wo haben Sie den Angeklagten gesehen?"). Sie werden häufig als Einstieg genutzt, um möglichst viele Informationen zu sammeln und Einzelheiten zu erfahren. Das Gericht erhält Erkenntnisse, an was sich der Zeuge erinnert und welche Details fehlen. Zudem hat der Zeuge die Möglichkeit, etwas zu schildern, was er im Ermittlungsverfahren vielleicht noch nicht ausgesagt hat. Er kann Schwerpunkte setzen, was er für wichtig und erwähnenswert hält. Daraus können hinsichtlich des Wahrheitsgehaltes mehr Schlüsse gezogen werden, als wenn der Fragende eine bestimmte Richtung vorgibt.

Offene Fragen können als **Leerfragen** gestellt werden („Wie ging es weiter?" – „Was geschah dann?"), als **Anstoßfragen,** mit denen der Befragte weiter frei assoziieren kann („Was geschah während des Gesprächs?"), oder als **Sondierungsfragen,** mit denen zur Ergänzung weiterer Details ermutigt wird („Woher wissen Sie das?", „Wie meinen Sie das?").

Offene Fragen haben auch Nachteile, wenn z. B. der redselige Zeuge den Faden verliert oder der Zeuge nur einsilbig antwortet, weil er den angebotenen Freiraum nicht nutzen will. „Warum"-Fragen sind vorsichtig einzusetzen, da sie Rechtfertigungsdruck auslösen können; unproblematisch sind sie, wenn nach sachlichen Informationen gefragt wird.

(c) Im Laufe der Vernehmung kann durch **geschlossene Fragen** immer enger auf ein bestimmtes Ziel hingesteuert werden. Geschlossene Fragen lassen nur kurze, prägnante Antworten zu, bergen aber ein hohes suggestives Potenzial. Mit **Auswahlfragen** werden dem Zeugen zwei oder mehrere Varianten zur Auswahl gegeben; eine offene Variante ist immer hinzuzufügen („Hatte der Täter Jeans oder einen Anzug an oder welche Kleidung trug er sonst?"). Die **Alternativfrage** („Hatte die Person schwarze oder braune Haare?") lässt nur eine von zwei Möglichkeiten zu. Die meisten Zeugen entscheiden sich für eine der beiden Varianten, selbst wenn sie gar keine oder eine andere Erinnerung haben. Nur wenige Zeugen haben die Souveränität zu antworten, dass die von ihnen beobachtete Person rote Haare oder gar eine Glatze hatte. Wird der fragende Richter von dem Zeugen mit einer hohen Autorität versehen, sodass er unterstellt, nur die beiden gefragten Alternativen kämen in Betracht, wird eine mögliche andere Alternative von vornherein ausgeklammert. Mit einer **Präzisierungsfrage** kann nachgehakt werden, um eine genauere Erläuterung zu bekommen („Wie hat sich der Angeklagte bei der dritten Tat verhalten?"). Die engste aller geschlossenen Fragen ist diejenige, die nur noch mit Ja oder Nein beantwortet werden kann. Auf eine Antwort zu einer Ja-Nein-Frage können mit einer offenen Frage weitere sichere Erkenntnisse gewonnen werden („Haben Sie die Pistole in der Hand des Angeklagten gesehen?" – „Ja." – „Wie sah sie aus?").

(d) Bestehen Zweifel an der Aussage, kann durch **Unmöglichkeitsfragen** die Zweifelhaftigkeit überprüft werden. Dadurch wird die Gelegenheit eröffnet, Umstände zu schildern, die das Geschilderte doch möglich erscheinen lassen („War es nicht unmöglich, über die hohe Mauer zu klettern?" – Antwort: „Aber da lag doch dieser große Müllberg, über den ich bis an die Mauerkrone kam").

(e) Mit einer gezielten Frage kann auf das gewünschte Thema hingesteuert werden. Zwei Varianten von **Lenkungsfragen** stehen dafür zur Verfügung. Bei allzu großer Weitschweifigkeit des Befragten ist mit **Rangierfragen** das relevante Thema anzusprechen. Stationen, die der Befragte offensichtlich noch erzählen will, werden so übersprungen und er wird auf das Thema zurückgeführt („An dieser Stelle stellt sich die Frage, ob Sie nicht zu dem Vorfall vom …"). Erfolgt die Unterbrechung zu früh, werden eventuelle Erkenntnisquellen verschüttet. In heiklen Situationen, wenn z. B. eine Zeugin in Tränen ausbricht, kann mit **Ablenkungsfragen** auf ein neutrales Thema ausgewichen und sie langsam wieder an das Thema herangeführt werden. Einem Zeugen, der sich von einem allzu direkt angesprochenen Thema brüskiert fühlt, wird der Umweg über ein unverfängliches Thema angeboten.

(f) Mithilfe von **Kontrollfragen** kann der Fragende die Qualität der Aussage überprüfen und sich vergewissern, dass alles richtig verstanden wurde („Habe ich das richtig verstanden, dass …?"). Kontrollfragen eignen sich z. B. bei Schätzungen von Mengen, Entfernungen oder Geschwindigkeiten. Sagt eine Zeugin aus, den Unfall-Pkw innerorts etwa 100 m von der Kreuzung entfernt zum ersten Mal „ganz plötzlich" gesehen zu haben, kann errechnet werden, dass sie den Pkw ca. 7 Sekunden lang gesehen haben muss, wenn dieser mit 50 km/h gefahren ist (= ca. 14 m/sec.); die Schätzung kann also nicht stimmen. Mit **Situations- oder Umgebungsfragen** kann die Glaubhaftigkeit einer Aussage überprüft werden. Dabei wird nach Nebensächlichkeiten oder Randgeschehen gefragt, die im Kontext zum Kerngeschehen stehen, z. B. Tageszeit, Witterung, Kleidung, Geräusche, Details zum Tatort. Wenn der Zeuge die geschilderte Situation wirklich erlebt hat, sollte er solche Fragen beantworten können. Flüchtet er in unbestimmte, detailarme Schilderungen, lässt dies auf die Unwahrheit schließen.

(g) Die **Suggestivfrage** ist manipulativ und nur in Ausnahmefällen anzuwenden („Sie wollen doch nicht etwa behaupten, dass …"). Sie muss dem erfahrenen Vernehmer vorbehalten bleiben, weil sich die Suggestion nicht auf das Beweisthema beziehen darf, sondern nur der Prüfung einer Beeinflussbarkeit, der Verbesserung der Erinnerung oder der Auflösung von Widersprüchen dient. Die Antwort auf eine Suggestivfrage hat grundsätzlich keinen Beweiswert.

BEISPIEL

Vor dem LG Mainz kam es 1994 bis 1997 zu drei großen Strafprozessen wegen schwersten Kindesmissbrauchs. Die sog. Wormser Prozesse endeten mit den Freisprüchen aller 24 Angeklagten; eine weitere Angeklagte war in der U-Haft gestorben. Alle drei Gerichte stellten übereinstimmend fest, dass zahlreiche Kinder, die belastende Angaben gemacht hatten, im Vorfeld durch „aufdeckende" Erwachsene inquisitorisch befragt, unter Druck gesetzt, manipuliert und beeinflusst worden waren. Bis zu 30-mal wurden die kindlichen Zeugen vernommen und in ihren Aussagen herumgebohrt, angeblich um ihnen zu helfen, endlich über ihr Trauma zu sprechen.[6]

(h) Zur Beurteilung der Glaubhaftigkeit der Aussage kann mit **Thema-Wechsel-Fragen** abrupt das Thema der Befragung gewechselt werden (vom Kernthema zu einem neutralen Thema, dann zurück zum Kernthema). In der Aussagepsychologie sind bestimmte Reaktionen ermittelt worden, wie lügende Personen auf solche Situationen reagieren. Jede **Lüge** ist mit einer inneren Anspannung verbunden, weil sich der Lügner zu höchster Konzentration zwingen muss; daher kommt es zu bestimmten Unsicherheitszeichen wie abgehacktes Sprechen, Lippenbefeuchten mit der Zunge wegen trockenen Mundes, ausführlichen und weitschweifigen Erklärungen, komplizierten Sätzen, Änderung des Verhaltens.

6 *Sabine Rückert*, Inquisitoren des guten Willens, Zeit online vom 11.01.2007, www.zeit.de/2007/03/Rueckert-Buch-03.

KAPITEL 4

Beendigung des Verfahrens vor dem Urteil durch Einstellung

Im Laufe der Beweisaufnahme kann sich ein Grund für die Einstellung des Verfahrens ergeben.

(a) Nach §§ 153 ff. StPO kann das Gericht in jeder Lage das Verfahren einstellen, soweit es sich um ein Vergehen handelt. Dies kann noch in der Berufungsverhandlung erfolgen. In aller Regel erfolgt eine solche Einstellung schon aus Gründen der Prozessökonomie im Laufe der Verhandlung. Diese Vorschriften sollen der Straffung und Beschleunigung des Verfahrens sowie der Erledigung von kleinen und mittleren Delikten dienen, die nicht unbedingt einen Strafausspruch verlangen. Die StPO kennt folgende Gruppen, in denen das Strafverfahren eingestellt werden kann:

- Der Tatvorwurf ist geringfügig und es besteht kein Strafverfolgungsinteresse (§§ 153, 153b StPO), z. B. bei Mitverschulden des Opfers, erheblichen Belastungen durch die Tat für den Täter, erfolgter Wiedergutmachung des Schadens.
- Das Strafverfolgungsinteresse kann durch Erfüllung von Weisungen und Auflagen befriedigt werden (§ 153a StPO), z. B. durch Wiedergutmachung des verursachten Schadens, Zahlung eines Geldbetrages zugunsten einer gemeinnützigen Einrichtung oder der Staatskasse, sonstige gemeinnützige Leistungen, Täter-Opfer-Ausgleich.
- Andere Straftaten des Angeklagten haben ein größeres Gewicht und geringere Taten werden ausgeklammert (§§ 154, 154a StPO), etwa um das Verfahren zu beschleunigen.
- Dem Strafverfahren stehen vorrangige staatliche Interessen entgegen, insbesondere die Verfolgung schwerwiegenderer Straftaten (Kronzeugenregelung, § 31 BtMG).
- Der Angeklagte hat bei Staatsschutzdelikten im Ausland durch tätige Reue dazu beigetragen, eine Gefahr für den Bestand oder die Sicherheit der Bundesrepublik Deutschland oder der verfassungsmäßigen Ordnung abzuwenden bzw. es ist beabsichtigt, ihn auszuliefern (§§ 153c, 153d, 153e, 154b StPO).

(b) Voraussetzung für die Einstellung des Verfahrens nach §§ 153, 153a StPO ist, dass alle Beteiligten – Angeklagter/Verteidiger, Staatsanwalt, Gericht – der

Einstellung zustimmen. Die Einstellung nach § 154 StPO hat einen Antrag der Staatsanwaltschaft zur Voraussetzung, über den das Gericht zu entscheiden hat; die Zustimmung des Angeklagten ist nicht erforderlich. Ist ein Verfahren nach § 154 StPO vorläufig eingestellt worden, kann es nur innerhalb von 3 Monaten nach Rechtskraft des Urteils, dessentwegen es eingestellt wurde, wieder aufgenommen werden.

(c) Umstritten ist, welche **Mehrheit bei der Abstimmung** des Gerichts über die Zustimmung zu einer Einstellung erforderlich ist. Die Auffassung, die die vorläufige Einstellung als vereinfachte Erledigung des *Verfahrens* (Verfahrensfrage) ansieht, hält die einfache Mehrheit für ausreichend. Wird die Einstellung – richtigerweise – als *Rechtsfolge* der Tat angesehen, ist eine Zwei-Drittel-Mehrheit erforderlich. Zwar ist nach der Rechtsprechung mit einer Einstellung nach §§ 153 ff. StPO kein Schuldvorwurf verbunden;[7] es soll weiter die Unschuldsvermutung gelten. Die Einstellung ist aber nur dann möglich, wenn ein Freispruch für das Gericht *nicht* in Frage kommt.[8]

Folgender Weg bietet sich in der **Beratung** an: Der Entscheidung der Frage, ob das Gericht der Einstellung zustimmt, ist eine Abstimmung darüber voranzustellen, ob hinreichende Zweifel an der Schuld des Angeklagten bestehen. Bestehen bei mehr als einem Mitglied des Gerichts bereits Zweifel an der Schuld des Angeklagten, muss freigesprochen werden. Dies ist kein Widerspruch zur freien Beweiswürdigung, die nicht vor Abschluss der Beweisaufnahme erfolgen soll. Die Entscheidung nach § 153a StPO stellt aber ggf. das Ende der Beweisaufnahme dar; deshalb ist eine Einschätzung über die Schuld zulässig oder sogar notwendig. Die Einstellung ist weder ein taktisches Mittel zur Vermeidung von Freisprüchen, noch darf sie zu einem „billigen" Hinterausgang für Intelligenztäter werden, indem sich der Angeklagte mit einem namhaften Betrag an die Staatskasse oder eine gemeinnützige Organisation „freikauft", z. B. in Wirtschaftsstrafsachen.

BEISPIEL

Fragwürdig war die Einstellung eines Strafverfahrens gegen den früheren Formel I-Veranstalter *Bernie Ecclestone* gegen die Zahlung einer Geldbuße von 100 Mio. US-Dollar (ca. 75 Mio. €). Da die höchste denkbare Geldstrafe aber nur 21,6 Mio. € beträgt, stellt sich die Frage, wie „geringfügig" eine Straftat sein muss, um den Höchstbetrag einer Geldstrafe um ein Mehrfaches zu überschreiten.

7 BVerfG, Beschluss vom 06.12.1995, Az.: 2 BvR 1732/95, NStZ-RR 1996, S. 168.

8 *Rainer Hamm*, Wie man in richterlicher Unabhängigkeit vor unklaren Gesetzeslagen kapituliert, NJW 2001, S. 1694; *Frank Saliger*, Grenzen der Opportunität – § 153a und der Fall Kohl, GA 2005, S. 155; a.A. LG Bonn, Beschluss vom 28.02.2001, Az.: 27 AR 2/01, NJW 2001, S. 1736.

(d) Eine besondere **Einstellung gegen Betäubungsmittelabhängige** kennt das BtMG. Bis zum Ende der Hauptverhandlung kann das Gericht mit Zustimmung der Staatsanwaltschaft das Verfahren einstellen, wenn der drogenabhängige Angeklagte nachweist, dass er sich in einer der Rehabilitation dienenden Behandlung befindet oder zusagt, sich einer solchen zu unterziehen, und der Beginn der Behandlung gewährleistet ist (§ 37 Abs. 2 BtMG). Der Angeklagte hat zu bestimmten Zeitpunkten nachzuweisen, dass er sich noch in der Behandlung befindet. Das Verfahren wird fortgesetzt, wenn die Behandlung nicht bis zum Abschluss durchgeführt wird oder der Angeklagte erneut eine einschlägige Straftat begeht. Wird das Verfahren innerhalb von 2 Jahren nicht wieder aufgenommen, wird es endgültig eingestellt; der Angeklagte kann dann wegen dieser Tat nicht mehr verfolgt werden. Mit der Einstellung soll Druck auf den Angeklagten ausgeübt werden, damit dieser sich angesichts der drohenden Verurteilung einer Behandlung unterzieht. Die Einstellung ist ausgeschlossen, wenn eine Freiheitsstrafe von mehr als 2 Jahren zu erwarten ist.

KAPITEL 5

Schlussvorträge und letztes Wort

Werden keine weiteren Beweisanträge gestellt, wird die Beweisaufnahme geschlossen. Danach folgen die Schlussvorträge – im erstinstanzlichen Verfahren zuerst der Staatsanwalt (ggf. noch der Nebenklägervertreter), dann der Verteidiger (§ 258 Abs. 1 StPO). Der Angeklagte hat das letzte Wort. Falls das Gericht nach den Schlussvorträgen erneut in die Beweisaufnahme eintreten sollte, muss nach der Fortsetzung noch einmal die Gelegenheit zum Plädoyer und zum letzten Wort gegeben werden.

(a) Der klassische **Schlussvortrag des Staatsanwaltes** hat einen logischen Aufbau:

- Zunächst schildert er in straffer Form den Sachverhalt, der nach seiner Auffassung aufgrund des Ergebnisses der Beweisaufnahme erwiesen ist.
- Er würdigt danach anhand der Beweise, warum der Sachverhalt für ihn erwiesen ist, und geht dabei auf die Glaubhaftigkeit der Einlassung des Angeklagten und der Zeugenaussagen ein sowie die Beweiskraft der übrigen Beweismittel im Hinblick auf die angeklagte Tat. Dabei werden be- und entlastende Umstände zusammengefasst und miteinander verglichen.
- Der Sachverhalt wird dann unter die verwirklichten Straftatbestände subsumiert (Welches Strafgesetz ist verletzt?).
- Abschließend wird die Schuld des Angeklagten gewürdigt und die für und gegen den Angeklagten sprechenden Umstände gegeneinander abgewogen (Welche Strafe ist angemessen?).

Das Plädoyer endet mit einem genauen Antrag („Ich beantrage, den Angeklagten wegen Diebstahls in 12 Fällen zu einer Gesamtfreiheitsstrafe von 2 Jahren zu verurteilen, die Vollstreckung der Strafe zur Bewährung auszusetzen, die Fahrerlaubnis zu entziehen, den Führerschein einzuziehen und der Verwaltungsbehörde zu untersagen, vor Ablauf von 9 Monaten eine neue Fahrerlaubnis zu erteilen“). Gegenstand des Antrags ist nur die in der Anklage bezeichnete Tat, wie sie sich nach der Hauptverhandlung darstellt (§ 264 StPO). Befindet sich der Angeklagte in U-Haft, findet mit der Urteilsverkündung von Amts wegen eine Haftprüfung statt (§ 268b StPO). Der Staatsanwalt bezieht in seinen Antrag deshalb auch die Fortdauer der Haft oder die Aufhebung bzw. Außervollzugsetzung des Haftbefehls ein. Der Schlussvortrag kann Anträge zu Nebenentscheidungen wie die Einziehung der Tatwaffe enthalten.

Plädiert der Staatsanwalt auf Freispruch, legt er nur dar, ob dies aus Rechtsgründen (weil das durch die Beweisaufnahme erwiesene Verhalten nicht strafbar ist, Verjährung eingetreten ist usw.) oder aus tatsächlichen Gründen (das angeklagte Verhalten konnte nicht nachgewiesen oder sogar widerlegt werden) erfolgen soll. Dem Angeklagten stehen im Fall des Freispruchs eventuell Leistungen nach dem Gesetz über die Entschädigung für Strafverfolgungsmaßnahmen zu.

(b) Nach dem Staatsanwalt erhält der **Vertreter der Nebenklage** das Wort, für den – da er eine Stellung wie der Staatsanwalt hat – das zuvor Gesagte gilt.

(c) Der **Schlussvortrag des Verteidigers** folgt grundsätzlich demselben Schema wie der des Staatsanwaltes. Sein Plädoyer unterscheidet sich aber in der Funktion. Anders als der Staatsanwalt ist der Verteidiger nicht zur Objektivität verpflichtet, sondern er vertritt als Fürsprecher die Interessen seines Mandanten und trägt daher vor allem die für ihn günstigen Umstände vor. Der Verteidiger wird besonderes Gewicht auf die Strafzumessungsgründe legen, wenn eine Verurteilung zu erwarten ist, um eine möglichst geringe Strafe zu erreichen.

(d) Vor der Beratung des Gerichts hat in jedem Fall der Angeklagte das **letzte Wort** (§ 258 Abs. 2 Halbsatz 2 StPO). Er unterliegt dabei keinen besonderen Beschränkungen. In seiner Redezeit darf er ebenso wenig wie sein Verteidiger beschränkt werden. Einen Missbrauch des letzten Wortes (z. B. durch ständige Wiederholungen) kann der Vorsitzende unterbinden, indem er dem Angeklagten das Wort entzieht. Etwas süffisant fragt *Strate*[9], ob denn je das vorletzte Wort (des Angeklagten) das letzte Wort (des Richters), sein Urteil, beeinflusst habe? Die Fälle, in denen das zu bejahen sei, hält er in einem Richterleben für sehr selten. Für die Schöffen kann das definitiv nicht gelten. Sie haben dem letzten Wort des Angeklagten volle Aufmerksamkeit zu widmen, mit dem er nicht nur das formale Recht zur Stellungnahme wahrnimmt, sondern auch seine Einstellung zum Verfahren und ggf. zu seiner Tat (oder Nichttat) zu erkennen gibt.

9 *Gerhard Strate*, Freie Beweiswürdigung und gebundene Beweiserhebung, HRRS 2003, S. 47, 49, www.hrr-strafrecht.de/hrr/archiv/03–03/index.php3?sz=6.

TEIL F

Beratung und Urteilsfindung

Die Beratung des Gerichts dient der Abwägung und sorgfältigen Prüfung aller für das Urteil wichtigen Umstände, die Gegenstand der Hauptverhandlung waren. In Teil F werden Struktur der Beratung und die Modalitäten der Abstimmung ausführlich dargestellt. Die Beweiswürdigung umfasst insbesondere die Beurteilung der Glaubwürdigkeit von Zeugen und der Glaubhaftigkeit von Zeugenaussagen. Im Beratungszimmer spielt sich – abseits der öffentlichen Wahrnehmung – die eigentliche Mitwirkung der Schöffen ab.

KAPITEL 1

Ablauf der Beratung

In der Regel erfolgt die Beratung unverzüglich im Anschluss an die Plädoyers der Staatsanwaltschaft und der Verteidigung sowie das letzte Wort des Angeklagten, kann aber auch auf einen späteren Tag verschoben werden. Allerdings darf diese Verschiebung (vom Fall der Erkrankung abgesehen, §§ 268 Abs. 3, 229 Abs. 3, 4 StPO) 11 Tage nicht überschreiten. Ist innerhalb dieser Zeit kein Urteil verkündet worden, muss die Hauptverhandlung erneut beginnen (§ 268 Abs. 2 StPO). Diese Regelung ist Ausdruck des Beschleunigungsgrundsatzes im Strafverfahren.

Lässt sich die Schuld des Angeklagten nicht zweifelsfrei nachweisen, ist auf Freispruch zu entscheiden. Eine Unterscheidung zwischen einem Freispruch „mangels Beweisen" und wegen „erwiesener Unschuld" gibt es nicht (mehr). Im Hinblick auf die Rechtsfolgen eines Urteils ist lediglich die Urteilsformel entscheidend. Als *Jörg Kachelmann* vom Vorwurf der Vergewaltigung freigesprochen wurde, war in den Medien (bedauerlicherweise auch von dem Vorsitzenden der Strafkammer) vom „Freispruch 2. Klasse" die Rede (*Alice Schwarzer* sprach sogar vom „Freispruch 3. Klasse").[1] Solche Äußerungen stellen (auch wenn sie nicht in einem formalen rechtlichen Sinne gemeint sind) eine grobe Missachtung rechtsstaatlicher Grundsätze dar. Die große Mehrheit aller Freisprüche erfolgt, weil dem Täter die Tat nicht mit der erforderlichen Sicherheit nachzuweisen ist.

Die Beratung ist ein Kommunikationsprozess, in dem sich das Gericht unter Ausschluss der Öffentlichkeit zu den wesentlichen Punkten von Verfahren und Urteil eine Meinung bildet. Nach außen tritt das Gericht als Einheit auf, auch wenn Beratung und Abstimmung kontrovers verlaufen sind. Die Beratung hat – von wenigen Ausnahmen abgesehen, in denen eine Verständigung bei offenkundiger Übereinstimmung durch kurzen Blickkontakt zu erzielen ist – im Beratungszimmer stattzufinden. Urteilsberatung und Abstimmung unterliegen dem Beratungsgeheimnis (§§ 43, 45 Abs. 1 DRiG). Rechtspolitisch kann darüber diskutiert werden, ob eine Beratung nicht transparenter gegenüber den Verfahrensbeteiligten und der Öffentlichkeit verlaufen sollte. Die Rechtslage ist jedenfalls derzeit noch anders. Bei der Durchsicht der strafprozessualen Literatur sind nur wenige Beiträge zur Praxis der Beratung zu finden, was dem Beratungsgeheimnis geschul-

1 *Alice Schwarzer,* „Das Urteil hinterlässt einen bitteren Beigeschmack", Bild vom 31.05. 2011; *David Klaubert,* In dubio pro Kachelmann, Frankfurter Allgemeine Zeitung vom 31.05.2011.

det ist. Über besondere Situationen im Ablauf der Beratung wird wenig berichtet, insbesondere zur Auseinandersetzung mit den Schöffen.

STRUKTUR DER BERATUNG

1. Stehen dem Verfahren im Ganzen Prozesshindernisse entgegen?
2. Kann dem Angeklagten die Tat nachgewiesen werden?
3. Welches Gesetz ist dadurch verletzt worden?
4. Welche Strafe ist schuldangemessen?
5. Sind Maßregeln der Besserung und Sicherung zu verhängen?
6. Bei Freiheitsstrafe: Kann diese zur Bewährung ausgesetzt werden?
7. Wenn ja, welche Auflagen werden verhängt?
8. Kommen Nebenstrafen und Nebenfolgen in Betracht?
9. Weitere Entscheidungen (Kosten, U-Haft, Entschädigung)?

Bevor sich das Gericht mit der Tat befasst, können prozessuale Vorfragen zu klären sein. Das Verfahren wird durch (Prozess-)Urteil eingestellt, wenn ein Prozesshindernis vorliegt (§ 260 Abs. 3 StPO), z. B. die Verjährung für die Verfolgung des angeklagten Deliktes eingetreten ist. Manchmal kann die Verfahrensfrage erst dann geklärt werden, wenn zwar festgestellt wurde, welches Delikt der Angeklagte begangen hat, etwa wenn vorher unterschieden werden muss, ob es sich um Mord (verjährt nicht) oder Totschlag handelt (verjährt in 20 Jahren, bzw. Totschlag in besonders schwerem Fall in 30 Jahren).

KAPITEL 2

Tatsachenfeststellung zur Schuld

In der Beratung erfolgt nunmehr die Beweiswürdigung. Das Gericht muss darüber befinden, welche Tatsachen als bewiesen anzusehen sind. Berufsrichter wie Schöffen müssen dabei auf juristisches wie Alltagswissen, Lebens- und Berufserfahrung, Menschenkenntnis und Intuition zurückgreifen. Ein Beweis ist erbracht, wenn der Richter von der Wahrheit – nicht nur der bloßen Wahrscheinlichkeit – einer behaupteten Tatsache überzeugt ist. Das Gericht muss die Beweismittel daraufhin würdigen, ob sie auf eine Täterschaft des Angeklagten schließen lassen. Es muss die Geeignetheit des Beweismittels prüfen (Sagt der Zeuge die Wahrheit? Ist die Urkunde echt? Hat der Sachverständige den notwendigen fachlichen Sachverstand?) und beurteilen, welche Schlüsse aus dem Inhalt des jeweiligen Beweismittels zu ziehen sind (Lässt die Beobachtung des Zeugen, der den Angeklagten am Tatort gesehen hat, einen Rückschluss auf dessen Täterschaft zu?). Aufzuklären sind sämtliche tatsächlichen Umstände, die für eine Entscheidung unmittelbar oder mittelbar von Bedeutung sind:

- Umstände, die die Merkmale des Straftatbestandes einer angeklagten Tat begründen (z. B. „Wegnahme“ beim Diebstahl, „Täuschung“ beim Betrug), ggf. im Zusammenhang mit Merkmalen des Allgemeinen Teils des StGB (z. B. Versuch der Straftat);
- Umstände, welche die Strafbarkeit ausschließen (z. B. Rechtfertigungsgründe wie die Körperverletzung als Notwehr gegen einen Angriff), vermindern (z. B. minder schwerer Fall, verminderte Schuldfähigkeit) oder erhöhen (z. B. besonders schwerer Fall einer Straftat);
- Umstände, die im Tatbestand einer Strafvorschrift nicht ausdrücklich benannt sind, aber für Strafmilderung (unbenannte Strafmilderungsgründe), Strafschärfung (unbenannte Strafschärfungsgründe) oder bei einer Abweichung von gesetzlichen Regelbeispielen zu berücksichtigen sind;
- sonstige Umstände, die sich auf Strafzumessung oder Strafaussetzung zur Bewährung auswirken können.

1 Glaubwürdigkeit und Glaubhaftigkeit

Während die Aussage einer Person auf ihre Glaub*haftig*keit überprüft wird, können Personen auf ihre Glaub*würdig*keit überprüft werden. Eine Aussage muss daher in zwei Schritten gewürdigt werden: Zum einen muss die Qualität einer

Aussage analysiert werden; zum anderen muss die Aussagekompetenz des Zeugen berücksichtigt werden, ob er überhaupt fähig ist, eine zuverlässige Aussage zu machen (Aussagetüchtigkeit).

(a) Aussagen von Zeugen sind das häufigste, oft aber auch unzuverlässigste Beweismittel. Sie können einer Reihe von Fehlerquellen unterliegen:

- bei der Aufnahme der Information (Beobachtungsfehler, Disposition der Wahrnehmung durch körperliche Faktoren, wie z. B. Kurzsichtigkeit, selektive Wahrnehmung);
- bei der Erinnerung an das Wahrgenommene (Zeitablauf, Verdrängung);
- bei der Wiedergabe vor Gericht (Ausdrucksfähigkeit).

Das *Innocence Project* hat in den USA festgestellt, dass von mehr als 300 Schuldsprüchen, die durch DNA-Analysen im Nachhinein als Fehlurteile entlarvt wurden, 69 % u. a. auf falsche Identifizierungen durch Augenzeugen zurückgingen. Davon waren 42 % falsch, obwohl die identifizierte Person eine andere Hautfarbe als die gesuchte hatte; in 37 % wurden mehrere Merkmale falsch angegeben; in 27 % der Fälle beruhte die falsche Identifizierung auf einem Phantombild.[2]

(b) Der Angeklagte selbst ist kein Beweismittel; seine **Einlassung** vermittelt dem Gericht aber Erkenntnisse, die es in seinem Urteil verwerten kann. Anhaltspunkte für die Unrichtigkeit leugnender Angaben des Angeklagten können sich ergeben aus

- nicht nachvollziehbaren Lücken in der Schilderung der Vorgänge,
- einem Wechsel der Darstellung im Ermittlungsverfahren und der Hauptverhandlung,
- dem Aussageverhalten,
- unvereinbaren Widersprüchen zu anderen zweifelsfrei festgestellten Tatumständen oder der Lebenserfahrung.

(c) Bei den Kriterien für die Beurteilung eines Zeugen und seiner Aussage handelt es sich nicht um ein schematisch zu benutzendes Kochrezept. Die einzelnen Merkmale, die darauf hinweisen, ob das vom Zeugen oder Angeklagten Geschilderte auf eigenem Erleben beruht (sog. Realkennzeichen oder **Realitätskriterien**), können auf unterschiedliche Weise interpretiert werden.

2 DNA Exonerations in the United States, www.innocenceproject.org/dna-exonerations-in-the-united-states/.

IN EINER GRUNDSATZENTSCHEIDUNG HAT DER BGH AUSGEFÜHRT:
„... dürfen die Realkennzeichen jedenfalls nicht schematisch angewandt werden. Ein zwingender Schluss von einem festgestellten Merkmal auf die Glaubhaftigkeit von Angaben [...] ist keinesfalls möglich. Methodisch unzulässig ist es auch, aus dem Vorliegen einer bestimmten Anzahl von Merkmalen im Sinne eines Schwellenwertes auf die Qualität einer Aussage zu schließen. Nur im Einzelfall können auch einzelne Realkennzeichen ausreichen, um den Erlebnisbezug einer Aussage anzunehmen. Fehlen derartige Merkmale, kann umgekehrt nicht unbedingt eine bewusst unwahre Aussage angenommen werden, da dies durch verschiedene Faktoren (z. B. Angst, Erinnerungslücken) verursacht worden sein kann."[3]

2 Kriterien der Glaubwürdigkeit

Die traditionellen Kriterien zur Prüfung der Glaubwürdigkeit sind die Persönlichkeit, die Motivation und die Aussagesituation.

(a) Dass ein Mensch persönlichkeitsbedingt ständig zur **Lüge** neigt, ist relativ selten. Es wäre ein Fehler, Personen nur deshalb nicht zu glauben, weil sie schon einmal gelogen haben. „Wer einmal lügt, dem glaubt man nicht, und wenn er auch die Wahrheit spricht", ist in seinem ersten Teil ein ungeeigneter Grundsatz. Vielmehr sagt der zweite Teil zu Recht: Auch wer einmal gelogen hat, kann an anderer Stelle die Wahrheit sagen. Die gesellschaftliche Stellung eines Menschen sagt ebenfalls zur Wahrheit seiner Aussage wenig aus; auch in höchsten gesellschaftlichen Kreisen wird gelogen – insbesondere wenn es um die Verteidigung dieser Stellung geht. In der Literatur findet sich bei *Rückert* der Aphorismus: *„Man glaubt die Wahrheit nicht, wenn sie ein Armer spricht, und selbst die Lüge glaubt man einem reichen Wicht"*[4] – ein Hinweis darauf, sich von der gesellschaftlichen Stellung eines Zeugen bei der Beurteilung des Wahrheitsgehaltes seiner Aussage zu lösen.

(b) Die **Motivlage** kann die Aussage beeinflussen, z. B. eigenes Interesse am Ausgang des Verfahrens, Erlangung eines Vorteils (z. B. als Kronzeuge Strafmilderung im eigenen Verfahren), Freundschaft oder Berufsehre (z. B. bei Polizeibeamten).

(c) Das **Aussageverhalten** wird von den Gerichten gern als Argument dafür herangezogen, einer Person zu glauben oder nicht. Ein hochroter Kopf kann aber

3 BGH, Urteil vom 30.07.1999, Az.: 1 StR 618/98, BGHSt 45, S. 164, 171.
4 *Friedrich Rückert*, Die Weisheit des Brahmanen, Bd. 6, Leipzig 1839, S. 47.

z. B. erst dann auf die Vernehmung bezogen werden, wenn andere Ursachen (z. B. hoher Blutdruck) ausgeschlossen sind. Auf das Verhalten der Angeklagten stützten sich z. B. in dem bereits erwähnten Fall *Maria Rohrbach* Ermittler wie Gericht.[5] An der zerstückelten Leiche ihres Mannes zeigte die (seit vier Tagen verhörte) Frau keinerlei Regungen, was die Strafverfolger als Indiz für die Täterschaft werteten.

3 Kriterien der Glaubhaftigkeit – Aussageanalyse

Die **Glaubhaftigkeitsprüfung** geht von der Annahme aus, dass Aussagen erst dann auf realen Erlebnissen basieren, wenn sie bestimmte individuelle Merkmale aufweisen. Deshalb sei zur Beurteilung der Glaubhaftigkeit eine genaue Analyse der Aussage unerlässlich. Aussagen über selbst erlebte Vorgänge unterscheiden sich von Äußerungen über *nicht* selbst erlebte Vorgänge durch Unmittelbarkeit, Farbigkeit, Lebendigkeit, sachliche Richtigkeit und psychologische Stimmigkeit, Folgerichtigkeit des Geschehens, Wirklichkeitsnähe, Konkretheit, Detailreichtum, Originalität und individuelle Prägung der Darstellung. Bei der Aussageanalyse wird der Inhalt der Aussage anhand bestimmter Kriterien (Realitätskriterien und Phantasiesignale) auf ihren Wahrheitsgehalt analysiert. Jemand, der einen von ihm wirklich erlebten Sachverhalt schildert, tut dies anders als jemand, der eine (teilweise) Phantasiegeschichte erzählt. Wer ein wirkliches Erlebnis schildert, kann es – vor seinem geistigen Auge – wie einen „Farbfilm" ablaufen lassen. Er kann es daher anschaulich, detailreich und flüssig erzählen. Der Lügner muss sein Phantasiegebilde erst entwerfen. Es wird eher karg, blass und unvollständig sein. Ihm fehlt die Kompetenz zu einem überzeugenden Bericht. Über einen längeren Zeitraum in einer Vernehmung zu lügen oder zu phantasieren, ist eine hohe intellektuelle Leistung, zu der nur wenige Zeugen oder Angeklagte in der Lage sind. Deshalb muss die konkrete Persönlichkeit in die Analyse einbezogen werden, z. B. sprachliche Ausdrucksmöglichkeiten, Bildungsniveau, Kreativität. Folgende Kriterien spielen bei der Analyse der Glaubhaftigkeit eine Rolle:

3.1 Aussageanalyse

(a) Inhaltliche Kriterien

(aa) Der wahre Bericht ist nicht bloß darauf gerichtet, bei der Vernehmungsperson einen bestimmten Eindruck zu erwecken, sondern zeichnet sich durch **Detailreichtum** aus. Gerade scheinbar nebensächliche Details zum Kerngeschehen sind ein Wahrheitskriterium. Beschreibungen von Komplikationen im Ge-

5 *Hans-Dieter Otto*, Das Lexikon der Justizirrtümer, Sonderausg., Vierkirchen-Pasenbach 2007, S. 154.

schehensablauf und wie diese überwunden wurden, sprechen für reales Erleben. Von Gesprächen wird in erfundenen Schilderungen nur selten berichtet, da der Gesprächspartner als Zeuge zur Richtigkeit des Gesprächs gehört werden könnte. Originelle Redewendungen und beiläufige Gesprächsfetzen deuten auf wirkliches Erleben hin. Bestimmte Vorgänge kann ein Zeuge vor allem dann glaubhaft berichten, wenn ein geschildertes Erlebnis für ihn nicht alltäglich ist.

(bb) Einzelheiten, die durch ihren Inhalt oder ihre Sprachverwendung gerade durch die Persönlichkeit des Zeugen, des Täters oder die Tatsituation geprägt sind **(Originalität),** spontane gefühlsmäßige Reaktionen oder zwiespältige Gefühlsregungen sprechen für ein reales Erlebnis **(Individualität).** Berichten Zeugen, dass sie bei dem Geschehen an ein anderes Erlebnis erinnert wurden, hat eine solche Assoziation einen hohen Beweiswert. Hat ein Zeuge den Hergang eines Vorgangs nicht verstanden, spricht das für die subjektive Wahrheit. Der Lügner will gerade überzeugen und nicht Zweifel an sich säen.

(cc) Ein Lügner wird keine Geschichte erzählen, die von A bis Z erfunden ist. Diese wäre leicht zu widerlegen, weil sie mit dem Geschehen außerhalb seiner Geschichte in Einklang gebracht werden müsste (**Verflechtung**). Er wird dem Bericht so lange wie möglich und erforderlich eine wahrheitsgemäße Geschichte zu Grunde legen. Erst bei den für den Tatvorwurf entscheidenden Merkmalen wird er von der Wahrheit abweichen. Besonders schwierig ist dies zu durchschauen, wenn der Zeuge von einem anderen (ähnlichen, aber wahren) Ereignis erzählt und lediglich Ort, Zeit, handelnde Personen usw. austauscht. Die Vernehmung ist dann darauf zu richten, ob die geschilderte Handlung mit außerhalb des Tatgeschehens vorhandenen Umständen, die zur Tatzeit vorlagen (Wetter, bestimmte Ereignisse, Gespräche usw.), verflochten ist. In diesem Fall muss bei der Befragung in Randgeschehen, das mit der Tat nur mittelbar etwas zu tun hat, ausgewichen werden, um Unstimmigkeiten aufzudecken.

(b) Strukturelle Kriterien

(aa) Bei einer wahrheitsgemäßen Schilderung bleibt die Struktur während der ganzen Aussage gleich, und zwar sowohl inhaltlich im Hinblick auf Detailreichtum, Individualität und Verflechtung wie sprachlich hinsichtlich Sprachfluss, Satzbau, und Ausdrucksweise **(Strukturgleichheit).** Dabei kommen Tempo und Spontaneität, in der die (stimmigen) Antworten gegeben werden, eine hohe Bedeutung zu. Auf Strukturbrüche im Aussageverhalten ist zu achten, wenn etwa die Person zunächst sicher und detailreich über ein Geschehen berichtet, dann verkrampft, ungenauer und unsicherer wird, um später wieder sicherer auszusagen. Solche Strukturbrüche können auf eine unwahre Aussage hinweisen; allerdings können sie auch zufällig bei einer wahren Aussage auftreten.

(bb) Der Lügner muss seine Aussage kontrollieren. Er wird das Erlebnis deshalb nicht in chronologisch umgekehrter Reihenfolge berichten können; das lässt sich intellektuell kaum durchhalten. Für eine wahrheitsgemäße Schilderung spricht, wenn ein zunächst nicht verstehbares Geschehen später durch andere Informationen seine Erklärung findet. Das gleiche gilt, wenn sich verschiedene Teile der Aussage gegenseitig stützen **(Homogenität).**

(c) Wiederholungskriterien

(aa) In mehrfachen Vernehmungen gibt es zwischen den verschiedenen Aussagen zwangsläufig Widersprüche und gravierende Abweichungen. Dies ist nicht notwendigerweise ein Argument für eine unwahre Aussage. Vielmehr kommt es darauf an, welche Teile der Aussage widersprüchlich sein dürfen und welche konstant bleiben sollten. Das **Kerngeschehen** (Ort, Zeit, handelnde Personen) sollte – sinngemäß – gleich bleiben (**Konstanz**). Nebenumstände können gegenüber der früheren Aussage gewisse Veränderungen erfahren; dies folgt aus unserem Erinnerungsvermögen. Wörtliche Übereinstimmungen deuten darauf hin, dass die Aussage auswendig gelernt wurde. Dies ist auch ein Kriterium für die Beurteilung der Aussagen mehrerer Personen zu einem Tatgeschehen. Je wortgleicher die Schilderungen sind, umso unwahrscheinlicher ist es, dass sie auf eigenem Erleben beruhen; wahrscheinlich sind sie abgesprochen.

(bb) Manchmal erzählen Zeugen in späteren Vernehmungen zusätzliche Details, obwohl eher zu erwarten ist, dass die Erinnerung nachlässt. **Erweiterungen** der Darstellung in späteren Vernehmungen sind jedoch normal. Bei der Beurteilung des Wahrheitsgehaltes ist entscheidend, ob die ergänzenden Schilderungen das homogene Gesamtbild abrunden und Ergänzungen die Aussagen anderer Zeugen unterstützen oder ihnen widersprechen.

(d) Phantasiesignale

Hinweise auf eine unwahre Aussage ergeben sich zum einen aus dem Fehlen von Realitätskriterien, die die Person bekunden müsste, wenn sie an dem Geschehen tatsächlich beteiligt gewesen wäre, zum anderen aus Phantasiesignalen. Verhalten und Aussageinhalt lügender Personen sind unangemessen zu ihrer Situation. Vier Gruppen dieser Signale werden unterschieden:

(aa) Auffälligkeiten können zum einen darin bestehen, dass die Person zu zentralen Begebenheiten keine Wahrnehmungen gemacht hat oder sich nicht daran erinnern will, in uninteressanten Nebenpunkten aber über Erinnerungen verfügt **(Zurückhaltungssignal).** Sie weicht auf Nebensächlichkeiten, vage oder zweideutige Formulierungen aus oder „antwortet“ mit Gegenfragen.

(bb) Die vernommene Person kehrt (angebliche) Unwissenheit oder Hilfsbedürftigkeit hervor, damit die Vernehmungsperson glauben soll, eine sympathische Person werde nicht so „frech“ sein zu lügen **(Unterwürfigkeitssignal).**

(cc) Manche Lügner versuchen, durch übertriebene Forschheit und Bestimmtheit zu überzeugen. Damit sollen Verlegenheit und mangelnde Kompetenz kompensiert werden (Übertreibungssignale). Die demonstrative Beteuerung, man sage nur die reine Wahrheit und erinnere sich mit Sicherheit, sind eher Lügensignale als ein Indiz für Selbstsicherheit. Von übertriebener Genauigkeit in Nebensächlichkeiten sollte sich der Vernehmende nicht täuschen lassen. Eine stete Wiederholung des Kerns der Aussage ohne Erweiterungen und Widersprüche im Randgeschehen spricht eher gegen ihre Glaubhaftigkeit. Eine besondere Dreistigkeit der Aussage ist ebenso ein Lügensignal wie die Unterwürfigkeit. Lügensignale sind: dummdreiste Frechheit, Gegenangriffe oder Vorwegverteidigung, noch bevor überhaupt ein Vorwurf erhoben wurde. Auffällig ist auch, wenn statt erwarteter Tatsachen Begründungen geliefert werden („Wo waren Sie zur Tatzeit?“ – „Ich hatte damals so viel zu tun; ich war ständig unterwegs.“).

(dd) Widersprüche in Wortwahl und Inhalt der Aussage signalisieren ein abweichendes Unterbewusstsein **(Freud‘sches Signal).** Dazu gehören Versprecher, verräterische Redeweisen oder Gegenfragen. Wenn die Aussage relativiert wird durch Formulierungen wie „sicherlich“, „genau genommen“, „allerdings“ oder „eigentlich“, fällt die direkte Lüge offensichtlich schwer.

BEISPIEL: FREUD’SCHES SIGNAL

Ehefrau und Schwiegermutter zeigten das Verschwinden eines Mannes an. Obwohl sein Schicksal noch unklar war, insbesondere sein Tod nicht feststand, wurden die Polizeibeamten stutzig, weil beide Frauen über ihn immer in der Vergangenheitsform redeten („Er war eigentlich immer pünktlich“ usw.). Bei einer Hausdurchsuchung wurde die im Garten vergrabene Leiche des Mannes gefunden.

(e) Signale mangelnder Kompetenz

Auffällig ist, wenn einer Aussage jedes Realitätskriterium fehlt. Ihr fehlt jede Farbe in der Erzählung und sie enthält wenig Handlung. Ähnlich ist eine Aussage zu werten, die so abstrakt ist, dass sie von jedem erzählt werden könnte und keinen persönlichen Bezug zu einem eigenen Erleben hat. Lügensignale sind auch, wenn die Geschichte ohne Komplikationen zu glatt geschildert wird und konsequent auf das Beweisthema ausgerichtet ist, ohne auf Randgeschehen einzugehen. Besonders auffällig sind „Stimmungsmacher", die das Gericht ohne konkrete Tatsachenschilderung mit Wertungen und Emotionen gegen etwas oder jemanden einnehmen wollen.

3.2 Körpersprache

Viele Informationen werden über die Körpersprache vermittelt. Mimik und Gestik, Haltung und Dynamik, Nähe und Distanz sowie die Kleidung vermitteln Botschaften („Ich sehe, was Du sagst"). Die Körpersprache wird u. a. durch das Verhalten der Füße, der Hände, der Finger, des Halses, des Mundes und der Augen bestimmt. Auch die Art und Weise, wie sich eine Person auf jemand anderen zu bewegt oder Distanz nimmt, wie jemand sitzt oder geht, lässt Rückschlüsse zu. Die Beobachtung durch den Richter beginnt bereits, wenn der Zeuge den Saal betritt: Geht er sicher oder unsicher, wie bewegt er sich im Saal, ist er betont forsch usw.? Die Hände sind dabei einer der wichtigsten und ausdrucksstärksten Körperteile.

Signale des Körpers, die auf eine unwahre Aussage hinweisen, sind Schwitzen, Farbwechsel im Gesicht, trockener Mund, erhöhter Puls, Atemnot, Vermeidung des Blickkontakts, Veränderung der Stimmlage, nervöses oder verschmitztes Lächeln, Starrheit, Gesten wie Selbstkontakte mit der Hand im Gesicht, Körperbewegungen auf dem Stuhl oder gesenkter Kopf. Für eine wahre Aussage sprechen dagegen eine natürliche Körpersprache, unwillkürliche Kopfbewegungen und vorauseilende Körpersprache. Unsicherheit signalisieren verschränkte Arme, Zupfen an der Kleidung, Finger am Mund, unsteter Blick, verschlossener Mund mit herabgezogenen Mundwinkeln oder monotones halblautes Sprechen.

In der Psychologie gibt es Erkenntnisse darüber, dass im Wesentlichen sechs Basisemotionen in allen Kulturen gleich sind: Angst, Freude, Trauer, Ärger, Ekel und Überraschung. Gesten sind hingegen unterschiedlich ausgeprägt, z. B. bedeutet das zustimmende Kopfnicken in Europa in den arabischen Ländern Ablehnung.

3.3 Geständnis

Das Geständnis eines Angeklagten wird vielfach für die Krone der Beweisführung gehalten. Ein Geständnis des Angeklagten darf das Gericht nur verwerten, wenn es vollständig und glaubhaft ist. Es kann aber aus vielerlei Gründen falsch sein: Der Angeklagte will den wahren Täter decken, sich selbst interessant machen oder eine schwerere Tat verbergen usw. Der Amtsermittlungsgrundsatz zwingt das Gericht daher, trotz eines Geständnisses weiter zu ermitteln, wenn es Anhaltspunkte für ein falsches Geständnis hat. „Ein Geständnis allein beweist nicht die Schuld des Betroffenen", heißt es in einer grundlegenden Entscheidung des BGH.[6] Das Gericht hat notfalls auch gegen ein Geständnis des Angeklagten freizusprechen.

6 BGH, Urteil vom 17.12.1998, Az.: 1 StR 156/98, BGHSt 44, S. 308, 325 (Lügendetektor-Entscheidung).

Um herauszufinden, ob ein Geständnis falsch ist, muss das Gericht das Motiv ermitteln, warum das Geständnis abgelegt wurde. Ein Anhaltspunkt für die Richtigkeit des Geständnisses ist z. B., ob der Täter mehr Umstände geschildert hat, als dem Gericht bisher bekannt waren (Täterwissen). Räumt der Täter (bzw. sein Verteidiger) nur die Tatsachen ein, die dem Gericht ohnehin bekannt sind (schlankes Geständnis), handelt es sich kaum um ein echtes Geständnis. Das *wahre* Geständnis zeichnet sich durch eine vollständige, detaillierte und anschauliche Schilderung aller für die Entscheidung (insbesondere auch für die Strafzumessung) relevanten Tatsachen aus.

Die US-Organisation *Innocence Project* hat seit 1989 in 365 Fällen aufgrund von DNA-Analysen Fehlurteile festgestellt. 20 dieser Verurteilten befanden sich in der Todeszelle. In 41 Fällen hatten sich die Verurteilten „Schuldig" bekannt für Taten, die sie nie begangen hatten. In 28 % der Fälle spielten falsche Geständnisse eine Rolle. Dabei waren 49 % der Verurteilten zum Zeitpunkt der Festnahme 21 Jahre oder jünger, 33 % 18 Jahre oder jünger und 10 % der Verurteilten hatten Probleme mit der geistigen Gesundheit oder der geistigen Leistungsfähigkeit.[7]

4 Richterliche Überzeugung

Am Schluss der Beratung wird abgestimmt, ob die angeklagten Taten „zur Überzeugung des Gerichts" nachgewiesen sind. Es genügt nicht, den Beweisstoff – Zeugenaussagen, Gutachten, Urkunden usw. – Punkt für Punkt abzuarbeiten und auf die Geeignetheit für den Nachweis der Täterschaft zu prüfen. Notwendig ist eine Gesamtwürdigung aller Ergebnisse der Ermittlungen. Obwohl es sich hierbei um einen Kernbereich richterlicher Tätigkeit handelt, sind die Berufsrichter nach Universität und Referendariat in den Fragen der Beweiswürdigung kaum besser ausgebildet als Schöffen.

Bewiesen werden müssen alle Elemente der Straftat. Das Gericht schöpft dabei seine Überzeugung aus dem „Inbegriff der Hauptverhandlung", d. h. nur solche Tatsachen dürfen verwertet werden, die in der Hauptverhandlung erörtert worden sind (Grundsatz der Mündlichkeit und Unmittelbarkeit). Alle Beweismittel sind gleichermaßen zu würdigen. Es besteht kein Vorrang eines Beweismittels gegenüber einem anderen. Tatsachen, die einem Beweisverwertungsverbot unterliegen, dürfen bei der Urteilsfindung nicht berücksichtigt werden. Hat das Gericht solche Tatsachen bereits zur Kenntnis genommen, muss es diese bei der Urteilsfindung ausblenden.

Die Überzeugung des Richters, d. h. seine subjektive, persönliche Gewissheit von der Schuld des Angeklagten, muss auf einer objektiven Tatsachengrundlage beruhen. Eine bloße Wahrscheinlichkeit der Täterschaft reicht nicht aus. Die Gewissheit schließt die theoretische Möglichkeit eines anderen, auch gegenteiligen Sachverhaltes nicht aus. Es gehört nach der Auffassung des BGH gerade zum Wesen der Überzeugung,

7 DNA Exonerations in the United States, www.innocenceproject.org/dna-exonerations-in-the-united-states/.

dass sie häufig einem objektiven Zweifel ausgesetzt ist. Der Richter muss sich in zweifelhaften Fällen mit einem „für das praktische Leben brauchbaren Grad an Gewißheit begnügen, der den Zweifeln Schweigen gebietet, ohne sie völlig auszuschließen".[8]

4.1 Gesamtschau der Aussagemerkmale

Ein einzelnes Kriterium ist nie ein zuverlässiger Hinweis auf die Wahrheit oder Unwahrheit der Aussage. Das Gericht muss darauf achten, ob Defizite der Aussage auf einer mangelnden Ausdrucksfähigkeit, der intellektuellen und emotionalen Leistungsfähigkeit des Zeugen oder auf etwaigen körperlichen oder sozialen Dispositionen beruhen. Die Aussagemerkmale können auch andere (natürliche oder psychologische) Ursachen haben. Sie müssen daher mit Umständen außerhalb der Aussage abgeglichen werden.

BEISPIEL

Eine fehlerhafte Bewertung erfuhr ein Zeuge, als er nach einem Verkehrsunfall als Verletzter vernommen wurde. Er erschien auf Krücken im Gerichtssaal. Nach der (stehend gemachten) Aussage über den Unfallhergang erklärte der Richter, dass er der Schilderung nicht glaube, weil er beobachtet habe, dass der Zeuge während der Aussage die Belastung der Beine mehrfach gewechselt hätte. Die Krücken sollten wohl nur Eindruck auf ihn machen und seien nicht erforderlich. Der Zeuge nutzte die Krücken aber nicht zur Entlastung des Beins, sondern weil er den versteiften Fuß nicht mehr abrollen konnte. Der Richter hatte versäumt, seine Annahme durch Nachfragen zu überprüfen.

4.2 Gesamtschau der Haupttatsachen

Haupttatsachen sind solche Fakten, die unmittelbar Elemente des Tatbestandes einer Norm beweisen können. Das Gericht muss alle zur Verfügung stehenden Tatsachen im Zusammenhang würdigen und widerspruchsfrei argumentieren, aus welchen Umständen es auf die Täterschaft schließt und andere Erklärungen ausschließt. Der BGH hat die Lückenhaftigkeit von Urteilen gerügt, wenn einzelne Beweismittel nicht zur Urteilsbildung herangezogen wurden. Kann das Gericht eine Einlassung des Angeklagten nicht widerlegen, muss es zu seinen Gunsten von der Richtigkeit ausgehen. Auch widerlegte Einlassungen des Angeklagten dürfen nicht einfach zu seinen Lasten gewertet werden. Stellt sich heraus, dass sein Alibi falsch war oder hat er zu bestimmten Tatsachen gelogen, kann daraus nicht unmittelbar auf seine Schuld geschlossen werden; auch Unschuldige versuchen nicht selten, eine Beweis-

8 BGH, Urteil vom 17.02.1970, Az.: III ZR 139/67, BGHZ 53, S. 245, 256 (Fall Anastasia).

lage durch falsche Angaben zu ihren Gunsten zu beeinflussen. Abweichende Schilderungen des Angeklagten von früheren Vernehmungen lassen nicht unbedingt darauf schließen, dass der Angeklagte in der Hauptverhandlung die Unwahrheit sagt. Abweichungen in gewissem Umfang können auf natürlichem Erinnerungsverlust oder einer Rückkehr der Erinnerung wegen eines besonderen Stichwortes in der Vernehmung beruhen, also eher auf den Realitätsgehalt einer Schilderung hindeuten. Einen Erfahrungssatz, dass Abweichungen stets auf Unwahrheit hindeuten, gibt es nicht. Auch aus der „besonderen Verstocktheit und Uneinsichtigkeit" des Angeklagten (also einem Merkmal, das erst zur Strafzumessung herangezogen wird) kann nicht auf eine Täterschaft geschlossen werden.

4.3 Bewertung von Indizien

Der Indizienbeweis, bei dem nur im Zusammenwirken mit anderen Tatsachen auf die Verwirklichung eines strafrechtlichen Tatbestandes geschlossen werden kann, ist in der gerichtlichen Praxis der Regelbeweis. Auch die Aussage des Augenzeugen oder das Geständnis des Angeklagten sind streng genommen nur Indizien. Beide können falsch sein. Das Gericht muss entscheiden, welche Aussagekraft ein Indiz im Hinblick auf ein bestimmtes Merkmal des Straftatbestandes hat.

Das Gericht hat aufgrund von Erfahrungssätzen festzustellen, welches Indiz hinsichtlich des jeweiligen Tatbestandsmerkmals belastend oder entlastend wirkt. Jedes *be*lastende Indiz erhöht die Wahrscheinlichkeit für das Vorliegen dieses Merkmals. Auch wenn einzelne Indizien für sich genommen das Tatbestandsmerkmal nicht begründen können, kann die Gesamtschau mehrerer Indizien die Wahrscheinlichkeit des Tatbestandsmerkmals erhöhen. Mehrere mittelbare Tatsachen, die jeweils allein keine oder nur geringe Aussagekraft haben, können zusammen betrachtet einen Schluss auf die Täterschaft des Angeklagten zulassen. Auch auf innere Tatsachen (Vorsatz, Absicht) kann aus der Gesamtschau der Indizien geschlossen werden, z. B. kann aus der besonderen Brutalität des Prügelns geschlossen werden, dass der Angeklagte den Tod des Opfers billigend in Kauf genommen hat, also mit bedingtem Tötungsvorsatz handelte.

BEISPIEL

Findet sich an der Tür des Hauses, in dem ein Mord geschah, ein Fingerabdruck des Angeklagten, beweist dieses Merkmal (nur), dass der Angeklagte irgendwann einmal an dem Haus gewesen sein muss. Steht fest, dass die Tür am Tag vor der Tat gereinigt wurde, lässt sich der Zeitraum eingrenzen. Leugnet der Angeklagte, jemals an dem Haus gewesen zu sein, kann daraus eine Schlussfolgerung gezogen werden. Wenn ein Motiv hinzukommt (z. B. Eifersucht), kann die Beweisführung weiter verdichtet werden.

4.4 Rechtliche Würdigung der Tat

Steht der Sachverhalt fest, muss das Gericht beurteilen, welche Strafnorm dadurch verletzt wird (sog. **Subsumtion,** von lat. Sub = unter und sumere = nehmen). Die Subsumtion ist die Methode des Juristen, mit der er beurteilt, ob ein Sachverhalt mit den abstrakten gesetzlich geregelten Merkmalen übereinstimmt. Daraus wiederum schließt er, ob etwas verboten oder erlaubt ist, jemand einen Anspruch hat oder etwas zahlen muss. Gedanklich handelt es sich um einen Wenn-Dann-Vorgang: *Wenn* der Vergleich der gesetzlichen Merkmale mit den tatsächlichen Gegebenheiten übereinstimmt, *dann* hat das bestimmte Folgen. Oder auf einen Straftatbestand bezogen: *Wenn* jemand (Täter) einem anderen (Geschädigter) eine fremde bewegliche Sache (Tatobjekt) in der Absicht wegnimmt (Tathandlung), sich diese rechtswidrig zuzueignen (Vorsatz), *dann* hat er einen Diebstahl nach § 242 StGB begangen. *Wenn* er einen Diebstahl begangen hat (Tatbestand), *dann* wird er mit Freiheitsstrafe bis zu 5 Jahren oder Geldstrafe bestraft (Rechtsfolge).

Die Subsumtion ist die Verbindung der Lebenswirklichkeit mit der Welt der Rechtsregeln. Jeder Einzelfall weist viele Merkmale auf, die alle für die Entscheidung relevant sein können. Die Strafnorm hingegen reduziert das verbotene Verhalten auf einzelne Merkmale. Nur deswegen können Regeln auf viele Einzelfälle angewandt werden und durch die gleiche Anwendung Gerechtigkeit schaffen. Juristen beherrschen die Methode dieser Anwendung. Sie wissen, wann Gesetzgeber oder Rechtsprechung Ausnahmen von der Regel und Ausnahmen von der Ausnahme zulassen. Diese Übereinstimmung der Lebenswirklichkeit mit Regeln und Ausnahme kann der Nichtjurist häufig ebenso beurteilen, wenn er von dem Juristen durch die Systematik des Gesetzes geleitet wird.

BEISPIEL

Der Ehemann E beauftragt einen Mittelsmann, jemanden zu finden, der bereit ist, seine scheidungswillige Frau zu töten. Über die mögliche Person des Täters und die Art und Weise der Tatausführung macht sich E keine Gedanken. Der Dritte tötet die Ehefrau heimtückisch und wird wegen Mordes verurteilt. Im Prozess gegen E ist die Frage zu beantworten: Hat der anstiftende Ehemann auch mit Vorsatz hinsichtlich des Mordmerkmals „Heimtücke" gehandelt (Anstiftung zum Mord) oder – weil er sich keinerlei Gedanken über die Art der Ausführung gemacht hat – nur mit Vorsatz zum Totschlag? Letzteres war die Auffassung des LG („Wer sich keine Gedanken macht, hat keinerlei Vorstellung über die Tatausführung, folglich mangels Willen und Wollen keinen Vorsatz hinsichtlich des Mordmerkmals der heimtückischen Begehung"). Gegen das Urteil zu 12 Jahren Freiheitsstrafe legte die Staatsanwaltschaft Revision ein. In einem Schöffenseminar, in dem diese Frage zur Diskussion gestellt wurde, intervenierte ein Teilnehmer mit der Bemerkung: „Wenn jemand sich bei der Anstiftung keine Gedanken macht, ist er doch mit jeder Form der Tatausführung einverstanden." Mit eben dieser Begründung hat der BGH das Urteil aufgehoben („Wer sich keine konkreten Vorstellungen zur späteren Tatausführung macht, nimmt alle möglichen Ausführungsarten billigend in Kauf, handelt also bedingt vorsätzlich") und eine Anstiftung zum Mord angenommen (mit der Konsequenz der lebenslangen Freiheitsstrafe).[9]

Der Beispielsfall macht deutlich, dass auch der Nichtjurist die Frage entscheiden kann: „Welche Merkmale des Gesetzes waren bei der gegebenen Sachlage vom Willen des Anstifters umfasst, wenn er sich hinsichtlich der Art der Umsetzung seines Begehrens (Tötung der Frau) keine konkreten Gedanken gemacht hat?" Es wird von objektiv festgestellten Tatsachen auf innere Vorgänge beim Anstifter (Vorsatz) geschlossen. Der Schöffe muss hinsichtlich des methodischen Vorgehens von dem Berufsrichter „an die Hand genommen" werden, um sich bei der Schlussfolgerung eine eigene Meinung bilden zu können.

4.5 Fehlurteile

Das Thema Fehlurteile ist in der deutschen Rechtswissenschaft nicht sehr beliebt; die Frage, wie viele Fehlurteile sich ein Rechtsstaat leisten kann, wird selten gestellt.[10] Der Richter auf Lebenszeit, der relativ jung ins Amt kommt, kennt nur die Sicht vom Richtertisch. Welche Folgen dieser Mangel an Berufserfahrung für die Sicht auf die eigene Tätigkeit hat, beschreibt *Schmidt-Hieber*: *Der amerikanische Richter hat nicht von Anbeginn seiner juristischen Laufbahn bestimmt, was richtig ist und was nicht, sondern regelmäßig eine lange und erfolgreiche Zeit Erfahrungen als Rechtsanwalt gesammelt. Vielleicht fällt einem solchen Richter die Erkenntnis in die eigene Irrtumsfähigkeit leichter.*[11] Untersuchungen von Verfahren, in denen das Revisionsgericht das Urteil aufgehoben hat und die neu verhandelt wurden, geben Anhaltspunkte für die Quote von Fehlurteilen. *Haddenhorst* hat ermittelt, dass die ursprünglichen Schuldsprüche in 13 % der Wiederholungsverfahren mit Freisprüchen endeten und in 7,2 % der Fälle eingestellt wurden, also eine Korrektur von über 20 % erfuhren.[12] Gründe

9 Fall nach BGH, Urteil vom 12.01.2005, Az.: 2 StR 229/04, BGHSt 50, S. 1.

10 Vgl. *Ralf Eschelbach,* Anm. zu EGMR, Urteil vom 17.12.2009, Az.: 19359/04, NJW 2010, S. 2499.

11 *Werner Schmidt-Hieber,* Der strafprozessuale Vergleich – eine illegale Kungelei?, StV 1986, S. 355, 357.

12 *Wilhelm Haddenhorst,* Die Einwirkung der Verfahrensrüge auf die tatsächlichen Feststellungen im Strafverfahren, Karlsruhe 1971, S. 114.

waren vor allem eine andere Würdigung desselben Beweismittels, neue Zeugenbeweise aufgrund einer genaueren Beweisaufnahme und entlastende Aussagen von Tatbeteiligten, die jetzt (erst) als Zeugen gehört wurden, sowie Gutachten zur Schuldfähigkeit. Zu ähnlichen Ergebnissen kommt *Vogelsang*. In 10 der von ihm untersuchten 87 Verfahren (= 11,49%) ist es in den zurückverwiesenen Verfahren zu einem Freispruch, in 6 Verfahren (= 6,89%) zu einer Einstellung, also in über 18% zu einer gravierenden Änderung im Schuldspruch gekommen.[13] Insbesondere im Bereich des Sexualstrafrechts ist die potenzielle Fehlerquote hoch. Eine Untersuchung von *Burgheim/Friese* stellte für den Zeitraum 1999 bis 2003 einen Anteil der vorgetäuschten Delikte durch die „Geschädigte" von 19,6% (55 von 280) fest.[14]

13 *Stefan Vogelsang*, Die Bedeutung erfolgreicher Verfahrensrügen für das nachfolgende tatrichterliche Urteil, Frankfurt am Main 2001, S. 104.

14 *Joachim Burgheim/Hermann Friese*, Sexualdelinquenz und Falschbezichtigung, Frankfurt am Main 2006, S. 23.

KAPITEL 3

Abstimmung und Urteil

Am Ende der Beratung wird über die Schuld des Angeklagten, die Rechtsfolgen und ggf. die Nebenentscheidungen abgestimmt. Entscheidungen zum Nachteil des Angeklagten über seine Schuld und die zu verhängende Strafe bedürfen einer **Zwei-Drittel-Mehrheit**. Die Schöffen müssen an jeder Abstimmung teilnehmen; Stimmenthaltungen sind unzulässig. Wird der Angeklagte zu einer Freiheitsstrafe verurteilt, deren Vollstreckung zur Bewährung ausgesetzt wird, muss zusammen mit dem Urteil durch Beschluss über die Dauer der Bewährungszeit sowie Auflagen und Weisungen entschieden werden (§ 268a StPO). Befindet sich der Angeklagte zum Zeitpunkt der Urteilsverkündung in U-Haft, ist mit dem Urteil zu entscheiden, ob diese fortdauern soll.

Das Urteil wird nach der Beratung in öffentlicher Sitzung (Ausnahme: Verfahren gegen Jugendliche) durch Verlesung des Urteilstenors und (meist mündliche) Begründung verkündet (§ 275 Abs. 1 StPO).

1 Abstimmung über Verfahrensfragen

Wenn es Veranlassung dazu gibt, wird zunächst mit einfacher Mehrheit über die Verfahrensfragen abgestimmt, insbesondere über das Vorliegen oder Fehlen von Verfahrensvoraussetzungen entschieden. Dazu zählt z. B. die Frage, ob hinsichtlich der angeklagten Tat die Verjährung eingetreten ist (§ 263 Abs. 3 StPO). In diesen Punkten sind die Schöffen weitgehend auf die Beratung durch die Berufsrichter angewiesen.

2 Abstimmung über die Schuld (Tatnachweis)

Die Abstimmung über die Schuld umfasst die Frage, ob der Angeklagte eine bestimmte (angeklagte) Tat begangen hat. Wird er mehrerer selbstständiger Delikte beschuldigt, ist über jede Tat gesondert abzustimmen. Innerhalb einer Straftat ist die Abstimmung unteilbar. Einzelabstimmungen zu einzelnen Tat- und Rechtsfragen sind unzulässig.[15] Das schließt zwar eine Einigung im Gericht darüber

15 *Guido Britz*, in: Henning Radtke/Olaf Hohmann (Hrsg.), Strafprozessordnung, München 2011, § 263 Rn. 4.

nicht aus, ob einem Be- oder Entlastungszeugen geglaubt wird, auch nicht im Wege einer Probe(Abstimmung). Diese Abstimmungen sind aber nicht bindend für die Schlussabstimmung.[16] Die Abstimmung findet stets über eine bestimmte Straftat des Angeklagten statt, nicht allgemein über seine „Schuld". Über diese konkrete Straftat kann auch alternativ unter verschiedenen rechtlichen Aspekten abgestimmt werden.

BEISPIEL 1

Die Strafkammer hält für bewiesen, dass sich die Angeklagten mit völlig überhöhter Geschwindigkeit innerorts ein Autorennen geliefert, dabei einen Unfall verursacht und einen Menschen (bedingt) vorsätzlich getötet haben. Uneinigkeit herrscht über das Vorliegen eines Mordmerkmals (gemeingefährliches Mittel, Heimtücke). 2 Mitglieder der Kammer äußern insoweit begründete Zweifel. Das bedeutet, dass 3 Richter bei der Tötung von Mord und 2 Richter von Totschlag ausgehen. In diesem Fall kann zunächst über den „Mord" abgestimmt werden, bei dem mit 3:2 nicht die erforderliche Mehrheit zustande käme. Danach wird über die Frage abgestimmt, ob „Totschlag" in Betracht kommt, wofür sich die erforderliche Zwei-Drittel-Mehrheit ergibt. Es kann auch alternativ über „Mord oder Totschlag" abgestimmt werden. Ergibt die Abstimmung ein Stimmenverhältnis von 3:2 für Mord, ist mangels einer Zwei-Drittel-Mehrheit für das schwerere Delikt das mildere – der Totschlag – das mit Mehrheit festgestellte Delikt.

BEISPIEL 2

Die Richter sind uneins, ob der Angeklagte dem Geschädigten eine Sache aus dessen Gewahrsam weggenommen (Diebstahl) oder der Geschädigte dem Angeklagten zunächst die Sache überlassen hat, der sich dann weigerte, diese zurückzugeben (Unterschlagung). Die Abstimmung fällt 3:2 bzw. 2:3 aus (also ohne erforderliche Mehrheit für eine Seite). Von einigen Juristen wird die Meinung vertreten, dass mangels einer Zwei-Drittel-Mehrheit für eine strafbare Handlung freizusprechen sei. Dass diese Auffassung nicht richtig sein kann, wenn feststeht, dass der Angeklagte *auf jeden Fall* rechtswidrig eine dem Geschädigten gehörende Sache behalten will, ist auch dem Nichtjuristen klar.

16 *Lutz Meyer-Goßner/Bertram Schmitt*, Strafprozessordnung, 60. Aufl., München 2017, § 263 Rn. 2.

Schöffen können in Fällen wie Beispiel 2 Zweifel anmelden, die von den Mitgliedern des Gerichts zu beraten sind. Hierfür hat die Rechtsprechung die sog. **Wahlfeststellung** entwickelt. Wenn feststeht, dass der Angeklagte auf jeden Fall eine strafbare Handlung aus dem einen oder anderen Rechtsgrund begangen hat, aber nicht festgestellt werden kann, welche von zwei Strafvorschriften verwirklicht wurde, kann „wahlweise" – in unserem Fall wegen Diebstahls oder Unterschlagung – verurteilt werden. Klassischer Fall der Wahlfeststellung ist, wenn jemand beim Verkauf von Diebesgut erwischt wird und nicht sicher festgestellt werden kann, ob er die Sache selbst gestohlen hat (Diebstahl) oder die ihm von dem Dieb überlassene „Sore"[17] an den Mann bringen will (Hehlerei). Die wahlweise Verurteilung setzt voraus, dass die beiden in Betracht kommenden Normen, nach denen er sich strafbar gemacht haben kann, (rechtsethisch) gleichwertig sind. Deshalb kann zwischen Mord oder Totschlag keine Wahlfeststellung getroffen werden, da der Mord verwerflicher ist als der Totschlag.

Die Schuldfrage umfasst auch die besonderen Umstände, „welche die Strafbarkeit ausschließen, vermindern oder erhöhen" (§ 263 Abs. 2 StPO), z. B. den Rücktritt von einem Versuch. Ob ein Rücktritt hinsichtlich seiner strafbefreienden Wirkung unwirksam erfolgte (weil er z. B. nicht freiwillig war), ist vom Gericht ebenfalls mit Zwei-Drittel-Mehrheit zu entscheiden.

3 Abstimmung über die Rechtsfolgen

(a) Die Abstimmung über die Rechtsfolgen umfasst die Entscheidung über alle Sanktionen mit und ohne Strafcharakter, Art und Höhe der Strafe sowie eine eventuelle Aussetzung der Vollstreckung der Freiheitsstrafe zur Bewährung, Nebenstrafen und Nebenfolgen, Verhängung einer Maßregel der Besserung und Sicherung sowie die Kosten des Verfahrens. Abgestimmt wird nur über die Fragen, deren Entscheidung erforderlich ist. Es muss also nicht der gesamte Katalog durchgestimmt werden. Wenn es für eine Maßregel der Besserung und Sicherung oder eine Einziehung des Vermögens als Nebenfolge keine Veranlassung gibt, wird darüber nicht abgestimmt. Für alle zur Entscheidung stehenden Fragen zum Nachteil des Angeklagten ist eine Zwei-Drittel-Mehrheit erforderlich. Dieses Mehrheitserfordernis macht deutlich, dass es bei der Abstimmung auf alle Mitglieder des Gerichts – auch die Schöffen – ankommt, und alle Mitglieder in gleicher Weise die Verantwortung für das Urteil trifft.

(b) Gibt es bei der Abstimmung über die **Art der Strafe** für keine der beiden Alternativen eine Zwei-Drittel-Mehrheit, greift die allgemeine Regel, dass die mildere Sanktion beschlossen ist. Die Geldstrafe ist gegenüber der Freiheitsstrafe immer die mildere Sanktion, selbst wenn eine Freiheitsstrafe zeitlich gesehen

17 Aus dem Rotwelsch; Gaunersprache für Hehlerware, Beute, Diebesgut.

kürzer wäre als die Anzahl der Tagessätze einer Geldstrafe. Auch eine Geldstrafe von 180 Tagessätzen (= 6 Monatseinkommen) ist die mildere Strafe gegenüber einer viermonatigen Freiheitsstrafe. Eine Abstimmung in einem erweiterten Schöffengericht mit einem Ergebnis von 2:2 würde bedeuten, dass sich das Gericht für die Verhängung einer Geldstrafe entschieden hätte.

(c) Auch für die **Höhe der Strafe** gilt die Zwei-Drittel-Mehrheit. Bestehen hinsichtlich der Höhe der Strafe mehr als zwei unterschiedliche Auffassungen, werden – ausgehend von dem Votum für die höchste Strafe – die Stimmen so lange der nächst höheren Strafe zugeschlagen, bis die notwendige Zwei-Drittel-Mehrheit erzielt ist (§ 196 Abs. 2, 3 Satz 1 GVG).

TEIL G

Strafzumessung

Bei der Strafzumessung als Teil der Beratung werden die Rechtsfolgen der festgestellten Straftat festgesetzt. Teil G erläutert den Katalog der möglichen Sanktionen von Strafen, Maßregeln der Besserung und Sicherung sowie weiteren Entscheidungen. Wie innerhalb des gesetzlichen Strafrahmens die schuldangemessene Strafe zu finden ist, welche Faktoren dabei strafmildernd oder -schärfend zu gewichten sind, wie Strafart und Strafmaß bestimmt und die Wirkung der Strafe auf den Täter prognostiziert werden können, wird anschaulich vermittelt.

KAPITEL 1

Sanktionensystem

Für den Fall der Verurteilung hält das StGB eine Bandbreite von Sanktionen bereit. Das deutsche Strafrecht ist „zweispurig" und enthält Strafen und Maßregeln der Besserung und Sicherung. Während die Strafe an die Schuld des Täters knüpft, stellt die Maßregel auf seine Sozialgefährlichkeit ab.

1 Sanktionen ohne Strafcharakter

1.1 Einstellung des Verfahrens

Auch die Einstellung des Verfahrens hat sanktionierenden Charakter (§§ 153 ff. StPO), vor allem die Einstellung nach § 153a StPO gegen **Auflagen und Weisungen.** Sie setzt das Bestehen eines „hinreichenden" Tatverdachts (wie bei der Erhebung der Anklage) voraus und beinhaltet weder eine Feststellung der Schuld noch der Begehung der Tat.[1] Die (notwendige) Zustimmung des Angeklagten bedeutet kein Eingeständnis einer Schuld. Ihre Erforderlichkeit ist darin begründet, dass der Angeklagte in der öffentlichen Wahrnehmung weniger rehabilitiert wird als durch einen Freispruch.[2]

1.2 Verwarnung mit Strafvorbehalt

Die Verwarnung mit Strafvorbehalt (§ 59 StGB) ist keine Strafe; diese bleibt lediglich einer eventuellen späteren Entscheidung vorbehalten. Das Gericht stellt fest, dass der Angeklagte eine Straftat begangen hat, verwarnt ihn und behält eine der Höhe nach bestimmte Geldstrafe bis zu 180 Tagessätzen vor. Die Geldstrafe wird endgültig festgesetzt, wenn der Angeklagte gegen die Auflagen verstößt, die ihm mit der Verwarnung erteilt werden, insbesondere wenn er erneut straffällig wird. Nach Ablauf der Frist von mindestens 1 Jahr, höchstens 2 Jahren, in der sich der Angeklagte straffrei zu führen und ggf. weitere Auflagen zu erfüllen hat, stellt das Gericht fest, dass es mit der Verwarnung sein Bewenden hat. Die Geldstrafe muss dann nicht bezahlt werden. Untechnisch ausgedrückt (umgangssprachlich wird das oft getan) könnte die Verwarnung als „Geldstrafe zur Bewährung" bezeichnet wer-

1 BVerfG, Beschluss vom 16.01.1991, Az.: 1 BvR 1326/90, NJW 1991, S. 1530.
2 So BVerfG, Beschluss vom 29.05.1990, Az.: 2 BvR 254/88, 1343/88, BVerfGE 82, S. 106, 118.

den, kommt sie doch in ihren Auswirkungen einer Bewährungssanktion nahe, weil der Verurteilte durch Wohlverhalten die Befreiung von der Sanktion erlangen kann.

Voraussetzungen für die Verwarnung sind:

- Es muss sich um eine Straftat handeln, für die eine Geldstrafe von nicht mehr als 180 Tagessätzen schuldangemessen wäre.
- Das Gericht muss die Prognose stellen, dass der Täter auch ohne eine Verurteilung keine Straftat mehr begehen wird.
- Es müssen besondere Umstände in der Tat *und* der Person des Täters festgestellt werden, die den Verzicht auf die Bestrafung nahelegen. Die Praxis dehnt diese Merkmale aus und lässt besondere Umstände in der Tat *oder* der Person ausreichen.

Eine Verwarnung ist ausgeschlossen, wenn eine Bestrafung zur Verteidigung der Rechtsordnung geboten ist.

§ 59 StGB wird (zu) selten angewandt, obwohl er kriminalpolitisch eine große Bedeutung hat. Besonders bei Bagatelltaten oder wenn eine Geldstrafe unangebracht ist (z. B. bei einer Unterhaltspflichtverletzung) sollte die „Verwarnung" häufiger eingesetzt werden. Sie kann mit Auflagen und Weisungen verbunden werden (Wiedergutmachung eines Schadens, Einhalten der Unterhaltsverpflichtung, ambulante Heilbehandlung oder Entziehungskur, sozialer Trainingskurs, Verkehrsunterricht, Geldbuße an eine gemeinnützige Organisation, vgl. § 59a StGB) und bietet sich – taktisch – auch dann an, wenn eine vorläufige Einstellung nach § 153a StPO an der mangelnden Zustimmung der Staatsanwaltschaft scheitert.

Die Verwarnung ist auf keine bestimmten Taten begrenzt; es sind keine Deliktgruppen ausgeschlossen. Theoretisch kommt ihre Anwendung sogar bei Verbrechen in Betracht, wenn aufgrund von mehreren Verschiebungen des Strafrahmens (minder schwerer Fall, Versuch usw.) eine Freiheitsstrafe unter 6 Monaten verhängt werden kann, die in eine Geldstrafe umgewandelt werden soll (§ 47 Abs. 2 StGB).[3] Die Verwarnung wird nicht in ein polizeiliches Führungszeugnis eingetragen (§ 32 Abs. 2 Nr. 1 BZRG).

BEISPIEL

Die bekannteste Entscheidung nach § 59 StGB ist die gegen den ehemaligen Frankfurter Vize-Polizeipräsidenten *Daschner*, der einem Entführer zur Auffindung des Verstecks des entführten Kindes die Zufügung von Schmerzen angedroht hatte. Das LG hat eine strafbare Handlung angenommen, die Motive aber für nachvollziehbar erachtet und lediglich eine Verwarnung erteilt.

3 *Gerhard Schäfer/Günther M. Sander/Gerhard van Gemmeren,* Praxis der Strafzumessung, München, 5. Aufl., München 2012, Rn. 92.

1.3 Absehen von Strafe

In den Fällen, in denen der Täter von den Folgen seiner Tat selbst so schwer getroffen ist, dass eine Bestrafung offensichtlich ihren Zweck verfehlen würde, hat das Gericht die Möglichkeit, von Strafe abzusehen (§ 60 StGB; Beispiel: Bei dem vom Angeklagten verschuldeten Unfall kommt dessen eigenes Kind ums Leben). Es bleibt dann im Urteil bei der bloßen Feststellung, dass der Angeklagte sich einer bestimmten Straftat schuldig gemacht hat, von der Festsetzung einer Strafe aber abgesehen wird. Voraussetzung ist, dass keine Freiheitsstrafe von mehr als 1 Jahr für diese Straftat zu verhängen wäre. Nicht nur die unmittelbaren Folgen (der Brandstifter erleidet selbst schwere Brandverletzungen), auch mittelbare Folgen der Tat können zu einem Absehen von Strafe führen (Kündigung des Arbeitsplatzes wegen der Straftat). Von Strafe abgesehen werden kann auch bei tätiger Reue (§ 153e StPO), Provokation des Täters durch den Geschädigten oder Aufklärungshilfe durch den Angeklagten. Wird eine Beleidigung auf der Stelle mit einer Beleidigung erwidert, kann für beide Täter oder einen von ihnen von Strafe abgesehen werden (§ 199 StGB).

2 Geldstrafe, Ersatzfreiheitsstrafe

Die Geldstrafe (§ 40 ff. StGB) ist die mit Abstand am häufigsten verhängte Strafe. Von den 712.656 Strafverfahren an den Amts- und Landgerichten im Jahr 2017 endeten 77,1 % mit einer Geldstrafe.[4] Sie soll den Wohlhabenden in gleicher Weise treffen wie den Einkommensschwachen. Deshalb wird sie nach dem sog. **Tagessatzsystem** bemessen. Die *Anzahl* der Tagessätze richtet sich nach der Schuld des Täters und beträgt für 1 Straftat mindestens 5, höchstens 360 Tagessätze (§ 40 Abs. 1 Satz 2 StGB). Für mehrere Taten kann eine Gesamtgeldstrafe bis zu 720 Tagessätzen verhängt werden (§ 54 Abs. 2 StGB). Die *Höhe* eines Tagessatzes beträgt mindestens 1,– €, höchstens 30.000,– € und richtet sich nach den persönlichen und wirtschaftlichen Verhältnissen des Angeklagten (§ 40 Abs. 2 StGB). Das bedeutet in absoluten Zahlen, dass die Mindeststrafe 5,– € (5 × 1,– €) beträgt, die höchste Geldstrafe 10,8 Mio. € für 1 Tat (360 × 30.000 €) bzw. 21,6 Mio. € bei einer Gesamtgeldstrafe (720 × 30.000,– €).

Grundlage zur Berechnung der Höhe eines Tagessatzes ist das „bereinigte Nettoeinkommen". Die Faustformel lautet: *Nettoeinkommen minus Unterhaltspflichten minus besondere Belastungen dividiert durch 30 = Höhe des Tagessatzes.* Diese Formel lässt dem Gericht bei der Berechnung des Nettoeinkommens

4 2017: 3 % weniger Verurteilte als im Vorjahr, Pressemitteilung des Statistischen Bundesamtes Nr. 463 vom 28.11.2018, www.destatis.de/DE/Presse/Pressemitteilungen/2018/11/PD18_463_243.html;jsessionid=F8AB45CB0F32723FE0348D2BABE53A17.internet722.

oder der besonderen Belastungen Ermessensspielräume. Den Umständen des Einzelfalles entsprechend bestimmt das Gericht, welche Faktoren es in welcher Höhe als einkommenserhöhend oder einkommensmindernd beurteilt. Auch hier hat die Rechtsprechung Anhaltspunkte entwickelt. Der Unterhaltsanspruch der nicht verdienenden Ehefrau wird mit etwa 20 %, der unterhaltsberechtigten Kinder mit je 10 % des Nettoeinkommens in Abzug gebracht. Aufwendungen für Krankheiten oder besondere Lebenshaltungskosten (diätetische Ernährung eines Diabetikers) können berücksichtigt werden.

Bei der Bereinigung des Nettoeinkommens können auch ständig wiederkehrende Leistungen in Ansatz gebracht werden, allem voran die Aufwendungen für **Wohnungsmiete**. Das Gericht kann generell den Aufwand für die Miete einkommensmindernd bewerten. Dann bleibt auch ein eigenes selbstgenutztes Haus unberechnet. Sieht das Gericht davon ab, die Miete zu berücksichtigen, muss aus Gründen der Gleichbehandlung einem Hauseigentümer der Mietwert des selbstgenutzten Hauses dem Einkommen erhöhend zugerechnet werden; im Gegenzug müssen allerdings Erhaltungsaufwand, Schuldzinsen usw. in Abzug gebracht werden.

Regelmäßiges Einkommen aus Vermögen (Zinsen, Erträge aus Vermietung und Verpachtung, Dividenden usw.) erhöht das Nettoeinkommen. Auch potenzielles Einkommen, das der Verurteilte beziehen könnte, aber bewusst nicht einnimmt, um sich „arm" zu rechnen, kann als Einkommen gewertet werden. Schulden können vom Einkommen abgezogen werden, soweit nicht den Verbindlichkeiten ein Zuwachs an konkretem Vermögen gegenübersteht (z. B. die Hypothekentilgungen decken den Erwerb der Immobilie ab, die Zinsen sind ggf. abzugsfähiger Aufwand).

Das Gericht hat bei der Wahl des Strafmaßes darauf zu achten, welche Folgen durch die Geldstrafe eintreten können. Bereits im Urteil kann anstelle einer nicht vollstreckbaren Geldstrafe eine **Ersatzfreiheitsstrafe** (§ 43 StGB) festgesetzt werden. 1 Tagessatz entspricht 1 Tag Freiheitsstrafe. Dabei reicht nicht aus, dass der Verurteilte nicht zahlen *will*, sondern nicht zahlen *kann*. Wer finanzielle Mittel hat und nicht zahlen will, wird gepfändet. Nur der Mittellose muss an Stelle der Geldstrafe, die er nicht zahlen kann, ersatzweise eine Freiheitsstrafe verbüßen. Dies führt dazu, dass ein (nur) zu Geldstrafe verurteilter Angeklagter eher im Strafvollzug landen kann als derjenige, der zu einer Freiheitsstrafe auf Bewährung verurteilt wurde. Aus diesem Grund haben alle Länder von ihrer Kompetenz Gebrauch gemacht, uneinbringliche Geldstrafen durch **Ableistung gemeinnütziger Arbeit** zu vollstrecken (Art. 293 EGStGB). Die Art der Arbeit hat sich nach Fähigkeiten, Können und Leistungsvermögen des Verurteilten zu richten. Weder darf sie ihn überfordern, sodass ein Scheitern vorprogrammiert ist, noch darf sie ihn „demütigen". Nach Ableistung gilt die Ersatzfreiheitsstrafe (und damit die ursprünglich verhängte Geldstrafe) als verbüßt.

Der Umfang der Arbeit, die einem Tagessatz bzw. einem Tag Ersatzfreiheitsstrafe entspricht, wird durch Landesrecht geregelt. Die Regelungen sind in den Ländern unterschiedlich. In Bremen und Baden-Württemberg entsprechen 4, in Hamburg und Sachsen 5 Stunden freie (gemeinnützige) Arbeit 1 Tagessatz Geldstrafe, in den übrigen Ländern 6 Stunden.[5] Nahezu 7 % der Geldstrafen in Deutschland werden in Freiheitsstrafen umgewandelt. Deutschland liegt damit in Europa ziemlich weit „vorn“ (Spanien 0,2 %, Frankreich 0,01 %; Dänemark und Schweden verzichten auf die Ersatzfreiheitsstrafe).

3 Freiheitsstrafe

Die Freiheitsstrafe (§§ 38 f. StGB) ist das letzte Mittel des Strafrechts. Die frühere Unterscheidung zwischen Zuchthaus, Gefängnis und Haft (bis in die Zeit der Weimarer Republik hinein auch Festungshaft) ist der einheitlichen Freiheitsstrafe gewichen. Die Freiheitsstrafe ist entweder zeitlich begrenzt oder – für besonders schwere Straftaten wie Mord, schwerer Totschlag oder Raub mit Todesfolge – lebenslang.

(a) Kurze Freiheitsstrafen unter 6 Monaten sollen in der Regel in eine Geldstrafe umgewandelt werden, auch wenn ein Gesetz eine Mindeststrafe von 3 Monaten Freiheitsstrafe androht und keine Geldstrafe (§ 47 Abs. 2 StGB). Die Umwandlung kommt nicht in Betracht, wenn besondere Umstände die Freiheitsstrafe zur Einwirkung auf den Täter oder zur Verteidigung der Rechtsordnung unerlässlich machen. Solche Umstände können in der Schwere einer Verletzung, den psychischen Auswirkungen der Tat, der kriminellen Intensität der Tatbegehung, einer hartnäckigen Missachtung der Rechtsordnung (rasche Wiederholungstaten) oder im Vorleben des Täters gesehen werden. Auch Fahrlässigkeitstaten können bei der „Verteidigung der Rechtsordnung“ in Betracht kommen, etwa bei wiederholten fahrlässigen Trunkenheitstaten im Straßenverkehr.

Kommen mehrere kurze Freiheitsstrafen in Betracht, ist die Abwägung, ob eine Umwandlung in eine Geldstrafe erfolgt oder die Freiheitsstrafe zur Verteidigung der Rechtsordnung geboten ist, für jede Einzelstrafe gesondert und nicht erst bei der Bildung der Gesamtstrafe zu treffen.

(b) Die **zeitige Freiheitsstrafe** beträgt mindestens 1 Monat oder das in der bestimmten Strafnorm festgelegte erhöhte Mindestmaß. Das Höchstmaß beträgt 15 Jahre oder das in der Norm festgelegte niedrigere Höchstmaß. Die gesamte Bandbreite der Freiheitsstrafe liegt also bei 1 Monat bis zu 15 Jahren.

5 Z. B. § 5 Abs. 1 der Berliner „Verordnung über die Abwendung der Vollstreckung von Ersatzfreiheitsstrafen durch freie Arbeit“ vom 30.04.2004: *Durch sechs Stunden freier Arbeit wird die Vollstreckung eines Tages der Ersatzfreiheitsstrafe abgewendet. Bei einem Einsatz am Samstag oder Sonntag, an einem gesetzlichen Feiertag oder in der Nachtzeit (22.00 bis 6.00 Uhr) wird die Vollstreckung eines Tages der Ersatzfreiheitsstrafe durch drei Stunden freier Arbeit abgewendet.*

(c) Die Vollstreckung einer Freiheitsstrafe bis zu 2 Jahren kann zur **Bewährung** (§§ 56ff. StGB) ausgesetzt werden. Das Gericht setzt eine Frist von mindestens 2, höchstens 5 Jahren für die Dauer der Bewährung fest. Während dieser Zeit hat sich der Verurteilte straffrei zu führen und die ihm erteilten Auflagen zu erfüllen und Weisungen zu befolgen. Verstößt er gegen die Auflagen oder Weisungen oder wird er erneut straffällig, kann die Bewährung widerrufen werden; befolgt er sie, wird die Strafe nach Ablauf der Frist erlassen.

Die **Voraussetzungen** für die Strafaussetzung sind je nach Höhe der Strafe unterschiedlich. Freiheitsstrafen *unter sechs Monaten* werden zwingend zur Bewährung ausgesetzt, soweit dem Verurteilten keine ungünstige Kriminalprognose ausgestellt wird. Freiheitsstrafen *von 6 Monaten bis zu 1 Jahr* sind zwingend zur Bewährung auszusetzen, wenn erwartet werden kann, dass sich der Täter schon die Verurteilung zur Warnung dienen lässt und künftig keine Straftaten mehr begehen wird (günstige Kriminalprognose, § 56 Abs. 1 StGB) und nicht die Verteidigung der Rechtsordnung eine Vollstreckung gebietet (§ 56 Abs. 3 StGB). Strafen *von mehr als 1 Jahr bis zu 2 Jahren* „können" ausgesetzt werden, wenn nach der Gesamtwürdigung von Tat und Persönlichkeit (günstige Sozialprognose) besondere Umstände vorliegen, die die Aussetzung der Strafe rechtfertigen. In der Praxis werden „besondere" Umstände häufig schon dann angenommen, wenn „mehrere" Gründe für eine Aussetzung vorliegen (Einsicht, Erstverurteilung, stabiles Umfeld usw.).

Für die vom Gericht zu erstellende Prognose gibt es keine verlässlichen wissenschaftlichen (psychologischen, psychiatrischen, soziologischen) Methoden. Die Beurteilung im Zeitpunkt der Hauptverhandlung, ob eine erneute Straffälligkeit wahrscheinlich ist, sich die Verhältnisse des Angeklagten stabilisiert haben oder seit der Tat eine Änderung in der Persönlichkeit eingetreten ist usw., ist zwar auf Tatsachen zu gründen, lässt den Mitgliedern des Gerichts einen großen Spielraum, aufgrund von Lebenserfahrung und Menschenkenntnis das künftige Verhalten des Verurteilten einzuschätzen.

Dem Verurteilten können **Auflagen** erteilt werden (§ 56b Abs. 1 StGB),

- den durch die Tat verursachten Schaden wiedergutzumachen. Die Wiedergutmachung hat Priorität; andere Auflagen soll das Gericht nur insoweit erteilen, wie sie einer Wiedergutmachung des Schadens nicht entgegenstehen;
- einen Geldbetrag zugunsten einer gemeinnützigen Einrichtung zu zahlen, wenn dies im Hinblick auf die Tat und die Persönlichkeit des Täters angebracht ist. Vorzugsweise soll eine Einrichtung bedacht werden, die mit der Straftat (Kinderschutzbund bei Taten gegenüber Kindern, Verkehrswacht bei Verkehrsdelikten usw.) oder generell mit Straftaten in Verbindung stehen (z.B. Deutsche Bewährungshilfe, Weißer Ring, Deutsche Vereinigung für Jugendgerichte und Jugendgerichtshilfen, Deutsche Stiftung für Verbrechensverhütung und Straffälligenhilfe usw.);

- gemeinnützige Leistungen zu erbringen (vor allem Arbeit in sozialen Einrichtungen wie Jugendzentren, Altenpflegeheimen oder in öffentlichen Anlagen);
- einen Geldbetrag zugunsten der Staatskasse zu zahlen.

Die Länder Hamburg und Berlin haben für Geldauflagen, die gemeinnützigen Projekten zugutekommen sollen, einen Pool eingerichtet, an den die Träger von Projekten Anträge auf Finanzierung stellen können. Diese Anträge sind zu begründen, insbesondere inwieweit das Projekt mit der Vermeidung von Kriminalität (Prävention) oder der Resozialisierung von Verurteilten in Zusammenhang steht. Ein solcher Pool hat den Vorteil, dass Mittel konzentriert werden können und sowohl bei der Bewilligung der Finanzierung als auch bei der Evaluierung des Projekts eine Erfolgskontrolle besteht, insbesondere inwieweit die Mittel in die bloßen Verwaltungskosten einer Organisation eingehen. Über die Bewilligung entscheidet ein Justiz-Gremium aus Richtern, Staatsanwälten und der Senatsverwaltung.

Folgende **Weisungen** sollen dem Verurteilten helfen, keine weiteren Straftaten zu begehen:

- Anordnungen bezüglich Aufenthalt (keine Wohnung in einem bestimmten Stadtteil zu nehmen), Ausbildung oder Arbeit, Freizeit (Verbot, bestimmte Vergnügungsstätten zu besuchen) oder Ordnung der wirtschaftlichen Verhältnisse (Einhaltung eines Schuldentilgungsplans);
- Meldung zu bestimmten Zeiten bei Gericht oder einer anderen Stelle (Drogenberatung, Jugendamt);
- Verbot, mit Personen zu verkehren, sie zu beschäftigen, auszubilden oder zu beherbergen, die Gelegenheit oder Anreiz bieten können, Straftaten zu begehen;
- Verbot, Gegenstände zu besitzen, die zu Straftaten benutzt werden können (z. B. Waffen);
- Einhaltung der Unterhaltspflichten.

Nur mit **Einverständnis** des Verurteilten darf ihm die Weisung erteilt werden, sich einer Heilbehandlung oder Entziehungskur zu unterziehen oder hierzu in einem geeigneten Heim oder einer Anstalt Aufenthalt zu nehmen (§ 56c Abs. 3 StGB).

Die Listen können durch weitere Maßnahmen ergänzt werden; sie sind im Gesetz nicht abschließend aufgezählt. Auflagen und Weisungen dürfen den Verurteilten nicht übermäßig belasten (Übermaßverbot). Der Verurteilte kann der Aufsicht eines **Bewährungshelfers** unterstellt werden. Dies soll in der Regel geschehen, wenn eine Freiheitsstrafe von mehr als 9 Monaten zur Bewährung ausgesetzt wird und der Verurteilte noch nicht 27 Jahre alt ist (§ 56d Abs. 2 StGB).

(d) Die **lebenslange Freiheitsstrafe** ist die härteste Strafe, die das deutsche Strafrecht kennt. Bei Mord ist sie obligatorisch; sie kann auch bei anderen Straftaten verhängt werden, z. B. bei Totschlag im besonders schweren Fall (§ 212 Abs. 2 StGB) oder Landesverrat im besonders schweren Fall (§ 94 Abs. 2 StGB). Aufgrund einer

Entscheidung des BVerfG[6] zur Verfassungskonformität der lebenslangen Freiheitsstrafe hat der Gesetzgeber eine Regelung (§ 57a StGB) eingeführt, wonach der Verurteilte nach einer Verbüßung von 15 Jahren erstmalig einen Antrag stellen kann, dass der Rest der Strafe zur Bewährung ausgesetzt wird. In einem Rechtsstaat müsse – so das BVerfG – die Hoffnung auf ein Leben in Freiheit erhalten bleiben. Es tritt aber keine „Entlassungsautomatik" ein, auch nicht bei einer guten Sozialprognose. Das zuständige Gericht (Große Strafvollstreckungskammer des LG) trifft eine Entscheidung im Einzelfall. Wird ein Antrag abgelehnt, setzt das Gericht eine Frist (max. 2 Jahre), binnen derer ein neuer Antrag nicht gestellt werden darf. Eine Bewährung nach 15 Jahren Freiheitsstrafe ist ausgeschlossen, wenn das Gericht im Urteil die **besondere Schwere der Schuld** (§ 57a Abs. 1 Nr. 2 StGB) des Verurteilten feststellt. Das Tatgericht soll „in einer zusammenfassenden Würdigung von Tat und Täterpersönlichkeit die Schuld daraufhin bewerten, ob sie [...] besonders schwer ist".[7] Schuldsteigernde Umstände können in der Tatausführung, den Motiven oder dem Verhalten nach der Tat zu sehen sein. Die Entscheidung, welche Umstände dies sind, trifft das Gericht nach seinem Ermessen, bei der die allgemeinen Grundsätze des Verfahrens wie Verhältnismäßigkeit oder Schuldangemessenheit zu beachten sind.

4 Nebenstrafen, Nebenfolge, Einziehung

(a) Nebenstrafen können zusätzlich zur Strafe festgesetzt werden. Im StGB ist als einzige Nebenstrafe das **Fahrverbot** vorgesehen, mit dem für die Dauer von 1 Monat bis zu 6 Monaten das Führen eines Kraftfahrzeugs untersagt werden kann (§ 44 StGB). Bei einer Verurteilung wegen einer Straftat, die nicht im Zusammenhang mit dem Führen eines Kraftfahrzeugs oder unter Verletzung der Pflichten eines Kraftfahrers begangen wurde, kommt die Anordnung insbesondere dann in Betracht, wenn dies zur Einwirkung auf den Täter oder zur Verteidigung der Rechtsordnung erforderlich scheint bzw. der Vermeidung einer Freiheitsstrafe dienen soll. Der Unterschied zwischen einem Fahrverbot und der Entziehung der Fahrerlaubnis besteht darin, dass beim Fahrverbot die tatsächliche Benutzung eines Kraftfahrzeugs auf Zeit untersagt ist, während der Verurteilte bei der Entziehung der Fahrerlaubnis die öffentlich-rechtliche Erlaubnis zum Führen eines Kraftfahrzeugs verliert. Die Fahrerlaubnis muss er – ggf. durch eine Fahrprüfung oder nach einer medizinisch-psychologischen Untersuchung – erneut erwerben. Außerhalb des StGB sieht § 41a Bundesjagdgesetz das **Verbot der Jagdausübung** als Nebenstrafe vor.

(b) Wer wegen eines Verbrechens zu mindestens 1 Jahr Freiheitsstrafe verurteilt wurde, verliert als **Nebenfolge** gemäß § 45 Abs. 1 StGB automatisch für 5 Jahre die Fähigkeit, öffentliche Ämter zu bekleiden (z. B. als Abgeordneter, Schiedsperson,

6 BVerfG, Urteil vom 21.06.1977, Az.: 1 BvL 14/76, BVerfGE 45, S. 187.
7 BGH, Beschluss vom 22.11.1994, Az.: GSSt 2/94, BGHSt 40, S. 360, 370.

Betreuer, Stadtverordneter) oder Rechte aus öffentlichen Wahlen zu erlangen. In anderen Fällen kann das Gericht sowohl das passive als auch das aktive Wahlrecht für die Dauer von 2 bis 5 Jahren aberkennen, wenn das entsprechende Strafgesetz dies vorsieht, z. B. bei Friedens- und Hochverrat, Landesverrat, Wahlbehinderung, Sabotage (§ 45 Abs. 2, 5 StGB).

(c) Nebenfolge einer vorsätzlich begangenen Straftat kann vor allem die **Einziehung** (§§ 73 ff. StGB) von Gegenständen oder Rechten sein, die der Täter im Zusammenhang mit der Straftat benutzt, hergestellt oder erworben hat. Weder die bei der Tat benutzten Werkzeuge noch die Beute, andere Erträge oder durch die Straftat hergestellte Sachen bzw. deren Wert sollen dem Täter verbleiben. Allgemeingefährliche Gegenstände (z. B. Sprengstoff), Gegenstände, bei denen die Gefahr erneuten Gebrauchs zu strafbaren Handlungen besteht (z. B. Diebesmantel), Gegenstände, auf die sich die Tat bezieht (wie z. B. bei der Urkundenfälschung oder falschen technischen Aufzeichnung, vgl. § 282 StGB oder gefährlichen Umweltdelikten, vgl. §§ 332, 330c StGB) können eingezogen werden.

Eine wesentliche Neuerung ist die **Vermögensabschöpfung,** die seit 2017 ermöglicht, Vermögensgegenstände unabhängig vom Nachweis einer rechtswidrigen Tat (selbstständig) einzuziehen, wenn das Gericht von ihrer illegalen Herkunft überzeugt ist (§ 76a Abs. 4 StGB). Der ebenfalls neu eingefügte § 437 StPO legt zudem fest, dass das Gericht seine Überzeugung von der illegalen Herkunft des Gegenstandes „insbesondere auf ein grobes Missverhältnis zwischen dem Wert des Gegenstandes und den rechtmäßigen Einkünften des Betroffenen stützen" kann. Das Gericht kann auch die Einziehung von **Wertersatz** anordnen, also einen Geldbetrag, der dem Wert des ursprünglich erlangten und bereits verwerteten Tatertrages entspricht. Hat der Geschädigte einen zivilrechtlichen Anspruch gegen den Täter, wird der Erlös an ihn ausgezahlt (§ 459h StPO).

Der Gesetzgeber wollte zudem erreichen, dass sich Straftäter selbst dann ihrer Beute nicht sicher sein können, wenn die Tat strafrechtlich bereits verjährt ist; dies soll sogar in den Fällen gelten, in denen die Tat bereits vor Inkrafttreten dieser neuen Vorschriften verjährt war. Die Vorschriften hat der BGH dem BVerfG zur Prüfung vorgelegt, ob die Rückwirkung nicht gegen die Prinzipien der Rechtssicherheit und des Vertrauensschutzes verstoßen.

BEISPIEL

Im konkreten Fall ging es um die illegale Beschäftigung Hunderter bulgarischer Arbeiter in einem niedersächsischen Geflügelbetrieb. Das LG Oldenburg sprach die verantwortlichen Angeklagten 2017 wegen Verjährung frei. Bei dem Unternehmen sollen aber **über** 10 Mio. € (Gewinn aus illegaler Beschäftigung) eingezogen werden.

Hat ein **Dritter** leichtfertig dazu beigetragen, dass eine Sache zur Begehung einer Straftat benutzt wurde oder den Gegenstand in Kenntnis der Tatumstände in verwerflicher Weise erworben (z. B. Geld aus einem verbotenen Glücksspiel, §§ 295, 286 StGB), kann dieser bei ihm eingezogen werden. Gesonderte Möglichkeiten zur Einziehung gibt es bei Straftaten mit Betäubungsmitteln (§ 33 BtMG) und mit Waffen (§ 54 Waffengesetz). Bei Steuerstraftaten können Erzeugnisse, Waren und andere Sachen, auf die sich die Tat bezieht, sowie Beförderungsmittel, die zur Tat benutzt worden sind, eingezogen werden (§ 375 Abgabenordnung). Werden Schriften mit strafbarem Inhalt eingezogen, wird zugleich angeordnet, dass die zur Herstellung der Schriften bestimmten Vorrichtungen unbrauchbar gemacht werden.

5 Maßregeln der Besserung und Sicherung

Maßregeln (§§ 61 ff. StGB) dienen der Besserung des Verurteilten und der Sicherung der Allgemeinheit vor künftigen Straftaten des Täters. Deshalb können Maßregeln neben der Strafe verhängt werden. Soweit sie der Besserung des Verurteilten dienen sollen, sind die Auswirkungen auf seine Lebensführung in die Bemessung der Strafe einzubeziehen. Wird z. B. die Fahrerlaubnis entzogen, muss eine eventuelle Minderung des Einkommens bei der Berechnung der Geldstrafe einkalkuliert werden. Wird eine freiheitsentziehende Maßregel neben einer Freiheitsstrafe angeordnet, wird in der Regel die Maßregel zuerst vollstreckt (z. B. Unterbringung in einer Entziehungsanstalt) und die Zeit auf die Vollstreckung der Freiheitsstrafe angerechnet.

Gegen einen Angeklagten, der mangels Schuldfähigkeit nicht bestraft werden kann, können die Unterbringung in einem psychiatrischen Krankenhaus oder einer Entziehungsanstalt, die Entziehung der Fahrerlaubnis und das Berufsverbot selbstständig angeordnet werden (§ 71 StGB).

5.1 Unterbringung in einem psychiatrischen Krankenhaus

Die Unterbringung in einem psychiatrischen Krankenhaus (§ 63 StGB) wird angeordnet, wenn

- der Täter eine rechtswidrige Tat begangen, d. h. den Tatbestand einer Straftat objektiv und subjektiv verwirklicht hat, ohne dass dafür ein Rechtfertigungsgrund besteht;
- er schuldunfähig (§ 20 StGB) oder vermindert schuldfähig (§ 21 StGB) ist;
- das Gericht die Prognose stellt, dass von dem Angeklagten weiterhin erhebliche Straftaten zu erwarten sind und er für die Allgemeinheit gefährlich ist. Die Prognose ist auf den Zeitpunkt der Hauptverhandlung abzustellen und aufgrund einer eingehenden Gesamtwürdigung des Täters und der Tat zu treffen.

Die Unterbringung wird regelmäßig vom Gericht überprüft und dauert so lange, wie die Gefährlichkeit des Untergebrachten fortbesteht.

5.2 Unterbringung in einer Entziehungsanstalt

Die Unterbringung in einer Entziehungsanstalt (§ 64 StGB) wird angeordnet, wenn

- der Täter alkohol-, drogen-, medikamenten- oder von anderen berauschenden Mitteln abhängig ist,
- er im Rausch oder aus Anlass des Rausches eine rechtswidrige Tat begangen hat und
- das Gericht zu der Überzeugung gelangt, dass infolge seines Hanges die Gefahr erheblicher weiterer Taten besteht.

Ein „Hang" besteht, wenn der Grad des Konsums berauschender Mittel zumindest den Grad der psychischen Abhängigkeit erreicht hat. Eine körperliche Abhängigkeit ist nicht unbedingt Voraussetzung. Die Höchstdauer der Unterbringung beträgt 2 Jahre. Eine Unterbringung unterbleibt, wenn eine Entziehungskur, z. B. wegen Therapieunwilligkeit, von vornherein aussichtslos erscheint (§ 64 Satz 2 StGB).

5.3 Unterbringung in der Sicherungsverwahrung

Die Sicherungsverwahrung (§ 66 StGB) ist die geschlossene Verwahrung des Verurteilten nach Verbüßung der Strafe, solange er als gefährlich eingestuft wird. Die Anordnung hat zur **Voraussetzung**:

- Verurteilung zu Freiheitsstrafe von mindestens 2 Jahren wegen einer in § 66 Abs. 1 Nr. 1 StGB aufgezählten vorsätzlichen Straftat;
- zwei frühere Verurteilungen wegen solcher Straftaten zu Freiheitsstrafe von mindestens je 1 Jahr;
- Verbüßung vor der neuen Tat von mindestens 2 Jahren Freiheitsstrafe oder einer freiheitsentziehenden Maßregel wegen einer oder mehrerer solcher Taten und
- Hang zu erheblichen Straftaten, durch welche die Opfer seelisch oder körperlich schwer geschädigt werden,
- der Angeklagte muss aufgrund seiner Persönlichkeit zum Zeitpunkt der Verurteilung für die Allgemeinheit als gefährlich einzustufen sein.

Für Angeklagte, die drei der in § 66 Abs. 1 Nr. 1 StGB genannten Straftaten *oder* bestimmte Gewalt- bzw. Rauschtaten begangen haben *oder* wegen solcher Taten früher zu Freiheitsstrafe von mindestens 3 Jahren verurteilt worden sind *oder* aktuell zu Freiheitsstrafe von mindestens 3 Jahren verurteilt werden, besteht ebenso die Möglichkeit der Sicherungsverwahrung (§ 66 Abs. 2, 3 StGB). Zwischen den

Taten dürfen nicht mehr als 5, bei Sexualstraftaten nicht mehr als 15 Jahre liegen. Die Anordnung ist auch bei Vorliegen der Straftaten nicht zwingend; das Gericht hat einen Ermessensspielraum.

Das Gericht muss bei der Anordnung der Sicherungsverwahrung eine **Prognose** stellen, ob der Angeklagte in Zukunft aufgrund seines Hanges zu erheblichen Straftaten gefährlich für die Allgemeinheit sein wird. Dass er viele kleinere Straftaten begangen hat, reicht zur Begründung der Erheblichkeit nicht aus; „erheblich" wird eine Tat durch das verletzte Rechtsgut (Leben, körperliche Unversehrtheit, persönliche Freiheit, sexuelle Selbstbestimmung) und die Schwere der Verletzung dieses Rechtsgutes. Die Sicherungsverwahrung wird ohne eine bestimmte Frist angeordnet.

Das Gericht kann in dem Urteil die spätere Anordnung der Sicherungsverwahrung **vorbehalten,** u. a. wenn es aufgrund der Beweisaufnahme nicht mit Sicherheit beurteilen kann, ob der Angeklagte gefährlich für die Allgemeinheit ist (§ 66a StGB), aber nicht auszuschließen ist, dass sich die Gefährlichkeit im Laufe des Strafvollzuges herausstellt. Werden nach der Verurteilung wegen bestimmter schwerer Verbrechen oder Vergehen im Strafvollzug Tatsachen bekannt, die auf eine erhebliche Gefährlichkeit des Täters für die Allgemeinheit hinweisen, kann das Gericht aufgrund einer eigenständigen Hauptverhandlung, in der zwei Sachverständige zu hören sind, die Anordnung der Sicherungsverwahrung auch **nachträglich beschließen** (§ 66b StGB), selbst wenn die Sicherungsverwahrung nicht im Urteil vorbehalten war. Die Anordnung erfolgt, wenn neben den Voraussetzungen nach § 66 StGB aufgrund der Gesamtwürdigung von Täter, Tat und Entwicklung im Strafvollzug die hohe Wahrscheinlichkeit besteht, dass der Verurteilte erhebliche Straftaten mit schweren seelischen oder körperlichen Schäden für das (künftige) Opfer begehen wird. Das Verfahren über die Anordnung der vorbehaltenen bzw. der nachträglichen Sicherungsverwahrung findet unter Beteiligung von Schöffen statt (§ 275a StPO).

Jeweils nach Ablauf eines Jahres (oder in einer vom Gericht bestimmten kürzeren Frist) prüft die Große Strafvollstreckungskammer, ob die Sicherungsverwahrung zur Bewährung ausgesetzt wird.

5.4 Führungsaufsicht

Die Führungsaufsicht (§§ 68 ff. StGB) soll Tätern mit schlechter Sozialprognose Hilfe während einer Bewährungsstrafe von mindestens 6 Monaten oder bei der Entlassung aus dem Strafvollzug geben. Das Gericht kann Weisungen erteilen, z. B. den Wohnort nicht ohne Erlaubnis zu verlassen, bestimmte Personen nicht zu beherbergen, bestimmte Gegenstände nicht zu besitzen. Dem Verurteilten wird ein Bewährungshelfer der Führungsaufsichtsstelle beigeordnet, der das Verhalten des Verurteilten überwacht.

Führungsaufsicht tritt **automatisch** ein bei

- der Aussetzung einer Maßregel zur Bewährung (§§ 67b Abs. 2, 67c Abs. 1, 67d Abs. 2 bis 5 StGB),
- einer vollständig vollstreckten Freiheitsstrafe von mindestens 2 Jahren (§ 68f. StGB).

Das Gericht kann im Urteil Führungsaufsicht **anordnen**, wenn dies in dem Gesetz, nach dem der Angeklagte verurteilt wird, vorgesehen ist (z. B. terroristische Vereinigung, sexueller Missbrauch, Vergewaltigung, Zuhälterei, Menschenhandel, Geiselnahme, Diebstahl, Raub, Erpressung, Hehlerei, Betrug, Brandstiftung), das Urteil auf mindestens 6 Monate Freiheitsstrafe lautet und die Gefahr besteht, dass der Verurteilte weitere Straftaten begehen wird. Die Dauer der Führungsaufsicht beträgt zwischen 2 und 5 Jahren; das Gericht kann die Höchstdauer verkürzen oder verlängern (§ 68c Abs. 1 StGB).

5.5 Berufsverbot

Ein Berufsverbot (§ 70 StGB) kann angeordnet werden, wenn der Täter

- seine Tat unter Missbrauch seines Berufs (Gewerbes) begangen hat und die Gefahr weiterer gleicher Taten besteht oder Pflichten, die mit dem Beruf (Gewerbe) verbunden sind, grob verletzt hat und
- das Gericht zu der Überzeugung gelangt, dass die Gefahr besteht, dass der Angeklagte bei weiterer Ausübung des Berufs, Berufszweiges, Gewerbes oder Gewerbezweiges erhebliche weitere rechtswidrige gleichartige Taten begehen wird.

Die Dauer des Berufsverbotes beträgt mindestens 1 Jahr, höchstens 5 Jahre, kann aber auch „für immer" verhängt werden. Solange das Berufsverbot wirksam ist, darf der Verurteilte in diesem Beruf weder selbst tätig sein, noch ihn für andere ausüben oder von einem Dritten für sich ausüben lassen.

BEISPIELE: STRAFTATEN, DIE EIN BERUFSVERBOT RECHTFERTIGEN
Waffenschmuggel durch Verteidiger, Beihilfe eines Steuerberaters bei der Steuerhinterziehung, sexuelle Handlung des Lehrers an einer Schülerin, Insolvenzbetrug eines Kaufmanns, Entwenden von Morphium durch einen Arzt.

5.6 Entziehung der Fahrerlaubnis

Die Entziehung der Fahrerlaubnis (§ 69 StGB) wird nach bestimmten Straftaten im oder im Zusammenhang mit dem Straßenverkehr angeordnet, wenn sich der Täter zum Führen eines Kraftfahrzeugs als ungeeignet erwiesen hat (z. B. Trunkenheit im Verkehr, Gefährdung des Straßenverkehrs, aber auch bei Benutzung des Kraftfahrzeugs zum Abtransport der Beute nach Einbrüchen). Für die Wiedererlangung der Fahrerlaubnis wird eine Sperrfrist gesetzt. Die Mindestdauer der Entziehung beträgt 6 Monate bzw. 1 Jahr, wenn innerhalb der letzten 3 Jahre schon einmal eine Sperre angeordnet wurde. War die Fahrerlaubnis bereits vorläufig entzogen (§ 111a StPO) und ist der Angeklagte weiterhin ungeeignet zum Führen eines Kraftfahrzeugs, müssen in dem Urteil noch mindestens 3 Monate Sperrfrist angeordnet werden. Kommt das Gericht zu der Überzeugung, dass eine Frist von 3 Monaten nicht mehr angemessen ist, muss es von der Entziehung absehen und den Führerschein aushändigen, wenn dieser eingezogen war. Die zeitige Höchstdauer der Entziehung beträgt 5 Jahre. Darüber hinaus kann die Fahrerlaubnis auch „für immer" entzogen oder auf bestimmte Kfz-Klassen oder Fahrzeuge beschränkt werden.

KAPITEL 2

Aufgaben und Methode der Strafzumessung

Eine auf den Punkt genaue „gerechte“ Strafe gibt es nicht. Jede Bemühung, eine Mathematisierung der Straffindung zu entwickeln, war bislang zum Scheitern verurteilt. In der Praxis haben sich zwar für Massendelikte – insbesondere im Bereich der Verkehrsstraftaten – de facto „Einheitskataloge“ gebildet, die jedoch regional von Gericht zu Gericht unterschiedlich sind. Die Strafe muss immer der individuellen Schuld des Täters Rechnung tragen. Zwei Täter, die dem äußeren Erscheinungsbild der Tat nach dasselbe getan haben, können gleichwohl unterschiedlich bestraft werden.

Die Strafzumessung vollzieht sich systematisch in mehreren Schritten:

- Festlegung der Strafart, wenn Geld- oder Freiheitsstrafe möglich sind;
- Ermittlung des anwendbaren Strafrahmens aus dem verletzten Strafgesetz und dessen Verschiebung durch benannte oder unbenannte Strafschärfungs- bzw. -milderungsgründe;
- Ausfüllung des Strafrahmens durch Merkmale der persönlichen Schuld aus dem Katalog des § 46 Abs. 2 StGB;
- Prognose der Wirkung der Strafe, die für das künftige Leben des Täters in der Gesellschaft zu erwarten ist;
- weitere Entscheidungen (Bewährung, Nebenstrafen und -folgen, U-Haft, Kosten).

1 Festlegung der Strafart

Im Bereich der mittleren Kriminalität ist zunächst zu entscheiden, ob gegen den Angeklagten eine **Geld- oder Freiheitsstrafe** zu verhängen ist. Freiheitsstrafen unter 1 Monat sind unzulässig; für Taten mit einem Schuldgehalt in einem so niedrigen Bereich kommt nur eine Geldstrafe in Betracht. Im Bereich von 1 Monat bis unter 6 Monaten gilt der Vorrang der Geldstrafe. Bei einer Geldstrafe bis zu 180 Tagessätzen (6 Monate zu 30 Tagen = 180 Tagessätze) kommt auch eine Verwarnung mit Strafvorbehalt in Betracht. In der Praxis werden Geldstrafen über 90 Tagessätze nur zurückhaltend verhängt, da insbesondere bei „Normal“-Verdienern kaum zu rechtfertigen ist, ihnen ein Einkommen von mehreren Monaten zu entziehen.

Bei einer in Frage kommenden Freiheitsstrafe von 6 bis 12 Monaten (bzw. Geldstrafe zwischen 180 und 360 Tagessätzen) stehen beide Strafarten gleichberechtigt nebeneinander, soweit das jeweilige Strafgesetz Geld- und Freiheitsstrafe zulässt. Die Wertung, dass eine Geldstrafe immer die mildere Strafart gegenüber der Freiheitsstrafe ist, ist rein dogmatisch. In der Praxis kann die Geldstrafe als sehr viel härter empfunden werden (und tatsächlich auch die gravierenderen Auswirkungen haben) als eine Bewährungsstrafe. Oberhalb einer in Betracht kommenden Strafe von 1 Jahr (d. h. von mehr als einem Jahreseinkommen) ist eine Geldstrafe nur noch zulässig, wenn wegen mehrerer Taten eine Gesamtgeldstrafe (bis zu 720 Tagessätzen) gebildet werden muss.

2 Festlegung des Strafrahmens

2.1 Gesetzlicher Strafrahmen der Freiheitsstrafe

Jedes Strafgesetz enthält eine Ober- und Untergrenze für die Strafe (sog. Strafrahmen). Ist keine bestimmte Untergrenze genannt, beträgt sie 1 Monat; fehlt die Angabe einer Obergrenze, beträgt die Höchststrafe 15 Jahre. Durch zusätzliche Tatbestandsmerkmale kann ein **„schwerer Fall"** vom Gesetz beschrieben werden, etwa anhand von Verhaltensweisen (gewerbsmäßiges Handeln), Begehungsarten (Ausführung der Tat mit Waffen) oder durch den Umfang der Tatbegehung (Handeln mit einer nicht geringen Menge Betäubungsmittel) oder als „besonders schwerer Fall" ohne nähere Beschreibung der Beurteilung des Gerichts überlassen sein.

BEISPIEL

Der „Normalfall" eines Raubes sieht Freiheitsstrafe von 1 Jahr bis zu 15 Jahren vor (§ 249 StGB). Der schwere Raub ist mit mindestens 3 Jahren (bei Führen einer Waffe, bandenmäßiger Begehung usw., § 250 Abs. 1 StGB) bzw. mindestens 5 Jahren (Benutzen einer Waffe, Todesgefahr usw., § 250 Abs. 2 StGB) bedroht. Liegt ein solches erschwerendes Tatbestandsmerkmal vor, ist die Strafe zwingend dem jeweils erhöhten Strafrahmen des schweren Falles zu entnehmen.

2.2 Verschiebungen des gesetzlichen Strafrahmens

Der „Normalstrafrahmen" kann durch Strafmilderungen oder Strafschärfungen ausgeweitet oder eingeengt werden. Das geschieht entweder durch besonders definierte benannte oder unbenannte Strafschärfungs- oder -milderungsgründe.

(a) Strafmilderungsgründe

(aa) Der Allgemeine Teil des StGB sieht eine Reihe von Gründen vor, die eine Milderung des Strafrahmens vorschreiben oder zulassen **(benannte Strafmilderungs-**

gründe). Ist die Milderung vorgeschrieben, *muss* das Gericht den Strafrahmen verringern. Ist sie zugelassen, *kann* das Gericht von der Milderung Gebrauch machen.

Vorgeschrieben ist eine Milderung bei

- der Strafe für einen Gehilfen (§ 27 Abs. 2 StGB);
- einem Teilnehmer (Anstifter oder Gehilfe), bei dessen Tatbeitrag bestimmte persönliche Merkmale fehlen, die Voraussetzung für eine Strafbarkeit des Täters sind (§ 28 Abs. 1 StGB); wer z. B. einen Amtsträger zur Bestechlichkeit verleitet, ohne selbst Amtsträger zu sein, würde milder bestraft als der bestechliche Amtsträger;
- versuchter Anstiftung zu einem Verbrechen, wenn der Angeklagte als Mittäter oder Gehilfe einen anderen dazu bestimmen wollte, ein Verbrechen zu begehen (§ 30 Abs. 1 StGB);
- einem Irrtum über einen entschuldigenden Notstand (§ 35 Abs. 2 StGB), d. h. wenn der Angeklagte irrtümlich angenommen hat, in einer gegenwärtigen, nicht anders abwendbaren Gefahr für Leben, Leib oder Freiheit eine rechtswidrige Tat begehen zu dürfen, um die Gefahr von sich, einem Angehörigen oder einer anderen ihm nahestehenden Person abzuwenden;
- einer erfolglosen öffentlichen Aufforderung zu Straftaten (§ 111 Abs. 2 StGB).

Zugelassen ist die Milderung bei

- einer durch Unterlassen begangenen Tat (§ 13 StGB);
- Handeln im vermeidbaren Verbotsirrtum (§ 17 StGB);
- einem strafbaren Versuch (§ 23 StGB). Obwohl der Unrechtsgehalt eines Versuchs regelmäßig unter dem eines vollendeten Delikts liegt, ist die Strafe für das nur versuchte Delikt nicht zwingend zu mildern. Faustformel: Je weiter sich der Versuch dem vollendeten Delikt nähert, umso eher ist von Milderung abzusehen;
- verminderter Schuldfähigkeit (§ 21 StGB);
- durchgeführtem Täter-Opfer-Ausgleich, wenn der Täter Wiedergutmachung geleistet (§ 46a Nr. 1 StGB) oder das Opfer entschädigt hat (§ 46a Nr. 2 StGB);
- Aufklärungshilfe (Kronzeugenregelung). Das Gericht kann bei Straftaten eines Aufklärungsgehilfen nach dem BtMG von Strafe absehen (§ 31 BtMG) oder die Strafe nach § 49 Abs. 2 StGB mildern, soweit es sich bei der Tat nicht um einen besonders schweren Fall handelt. Voraussetzung ist, dass der Aufklärungsgehilfe
    - durch freiwillige Offenbarung seines Wissens wesentlich dazu beiträgt, dass eine Tat über seinen eigenen Beitrag hinaus aufgedeckt wird, oder
    - sein Wissen so rechtzeitig offenbart, dass besonders schwere Straftaten (§§ 29 Abs. 3, 29a Abs. 1, 30 Abs. 1, 30a Abs. 1 BtMG) verhindert werden können.

Eine Strafmilderung kommt weiter in Betracht, wenn der Aufklärungsgehilfe eine in § 100a Abs. 2 StPO aufgezählte schwere Straftat aufdeckt oder verhindert (§ 46b StGB). Hat er selbst eine Strafe von nicht mehr als 3 Jahren verwirkt, kann auch von Strafe abgesehen werden.
Bei dem Mitglied einer kriminellen Vereinigung (§ 129 StGB) kann das Gericht die Strafe nach § 49 Abs. 2 StGB mildern oder von einer Bestrafung absehen, wenn der Aufklärungsgehilfe sich freiwillig und ernsthaft bemüht, das Fortbestehen der Vereinigung oder die Begehung einer ihren Zielen entsprechenden Straftat zu verhindern, oder freiwillig sein Wissen so rechtzeitig offenbart, dass Straftaten, deren Planung er kennt, noch verhindert werden können.

Das Gericht kann in den im Gesetz vorgesehenen Fällen **tätiger Reue** unter den dort genannten Voraussetzungen nach seinem Ermessen von Strafe absehen oder die Strafe mildern, wenn der Täter nach Beginn der Tathandlung durch freiwillige Handlungen die Vollendung der Tat verhindert, z. B. bei Aussagedelikten (§ 158 StGB), wenn der Täter seine Falschaussage rechtzeitig berichtigt. Bei einigen Delikten ist eine tätige Reue trotz Tatvollendung noch möglich, etwa beim erpresserischen Menschenraub (§ 239a StGB), wenn der Entführer sein Opfer laufen lässt. Sieht ein Strafgesetz diesen Milderungsgrund nicht vor, kann das Gericht eine tätige Reue als „Verhalten nach der Tat" (§ 46 StGB) ansehen und die Strafe entsprechend niedriger ansetzen.

In aller Regel geringer bestraft wird auch die **fahrlässige Begehung** einer Straftat. Dabei ist der Grad der Fahrlässigkeit entscheidend: ob der Täter durch mangelnde Sorgfalt unbewusst den Tatbestand eines Strafgesetzes verwirklicht oder bewusst fahrlässig handelt, wenn er die Gefährlichkeit seines Handelns zwar erkennt, aber darauf vertraut, dass „schon nichts passieren werde".

(bb) Einige Strafvorschriften lassen für einen nicht näher beschriebenen „minder schweren Fall" **(unbenannte Strafmilderungsgründe)** einen geringeren Strafrahmen zu. Das Gericht muss dann im Einzelfall prüfen, ob Anhaltspunkte für eine mildere Beurteilung der Tat vorliegen. In die Gesamtbetrachtung eines minder schweren Falles können Gründe einbezogen werden, die

- vor der Tat liegen (Vorleben, Entwicklung und Erziehung usw.),
- sich aus der Tat selbst ergeben (spontane Handlung statt Planung, geringer Schaden usw.),
- erst nach der Tat entstanden sind (Wiedergutmachung, Stabilisierung der Lebensverhältnisse usw.).

Liegt ein **minder schwerer Fall** vor, reduziert sich der Strafrahmen. Wenn der Strafrahmen für den minder schweren Fall in der betreffenden Vorschrift aufgeführt ist, wird dieser der weiteren Straffindung zu Grunde zu legen. Die Strafnorm kann auch auf den **Berechnungsmodus des § 49 Abs. 1 StGB** verweisen, wonach sich – teils zwingend, teils im Ermessen des Gerichts stehend – Höchst- und Mindestmaß des Strafrahmens wie folgt verschieben:

– Höchstmaß:
  - Ist für die Tat eine *lebenslange* Freiheitsstrafe vorgesehen, verringert sich der Strafrahmen auf eine Spanne von mindestens 3, höchstens 15 Jahren.
  - Das Höchstmaß einer *zeitigen* Freiheitsstrafe ermäßigt sich für jeden zulässigen Milderungsgrund auf drei Viertel des angedrohten Höchstmaßes.

– Mindestmaß:
  - Eine Mindeststrafe von 10 oder 5 Jahren verringert sich auf 2 Jahre,
  - eine Mindeststrafe von 3 oder 2 Jahren verringert sich auf 6 Monate,
  - eine Mindeststrafe von 1 Jahr verringert sich auf 3 Monate,
  - im Übrigen verringert sich die Mindeststrafe auf das gesetzliche Mindestmaß (1 Monat).

Verweist die Strafnorm auf § 49 Abs. 2 StGB, kann das Gericht die Strafe nach seinem Ermessen bis zum gesetzlichen Mindestmaß reduzieren und sogar auf eine Geldstrafe erkennen, wenn eine solche in der betreffenden Strafnorm nicht vorgesehen ist, z.B. bei einem untauglichen Versuch (§ 23 Abs. 3 StGB).
Ist die Minderung des Strafrahmens nach § 49 Abs. 1 und 2 StGB zugelassen, steht also im Ermessen des Gerichts, ist zunächst zu beraten und beschließen, *ob* die Strafe gemildert werden soll und wenn ja, in welchem Umfang gemildert werden soll. Liegen **mehrere Gründe** zur Strafrahmenverschiebung vor, kann das Gericht diese kumulativ bei der Festlegung des Strafrahmens heranziehen.

BEISPIEL

Hat der Täter einen Raub versucht und befand sich wegen einer alkoholischen Beeinflussung in einem Zustand verminderter Schuldfähigkeit, kann der Strafrahmen zweimal reduziert werden. Wegen des Versuchs *kann* (§ 23 Abs. 2 StGB) das Höchstmaß von 15 Jahren auf drei Viertel (= 11 Jahre und 3 Monate) und das Mindestmaß von 1 Jahr auf 3 Monate gesenkt werden. Aufgrund der verminderten Schuldfähigkeit *kann* (§ 21 StGB) das Höchstmaß der Strafe von 11 Jahren 3 Monaten erneut auf drei Viertel der bereits abgesenkten Höchststrafe gesenkt werden (= 101 ¼ Monate), also auf 8 Jahre und 5 Monate, da Strafen über 1 Jahr in vollen Jahren und Monaten festgesetzt werden (§ 39 StGB); das Mindestmaß sinkt auf 1 Monat.

Diese Strafrahmenverschiebung ist kein Ausdruck übergroßer Milde. Das macht die folgende Überlegung deutlich. Käme das Gericht zu der Überzeugung, dass der Versuch des Raubes besonders dilettantisch war und zusammen mit der alkoholischen Beeinflussung dazu führt, dass es sich insgesamt um den minder schweren Fall eines Raubes handelt (§ 249 Abs. 2 StGB), betrüge der Strafrahmen Freiheitsstrafe von 6 Monaten bis 5 Jahre. In dem oben geschilderten Beispiel muss das Gericht zunächst entscheiden, ob es sich bei dem Raub aufgrund der Umstände um den „Normal-“ oder minder schweren Fall eines Raubes handelt. Zieht es den Versuch und die verminderte Schuldfähigkeit zur Begründung des minder schweren Falles heran, dürfen diese Merkmale nicht noch einmal verwendet werden, um den Strafrahmen des minder schweren Raubes erneut zu senken. Insoweit besteht ein Doppelverwertungsverbot (§ 50 StGB). Auf jeden Fall sieht der minder schwere Fall nach § 249 Abs. 2 StGB eine niedrigere Höchst- und höhere Mindeststrafe gegenüber der doppelten Verschiebung nach § 49 Abs. 1 StGB vor. Solche Umstände können die Überlegungen des Gerichts beeinflussen.

(b) Strafschärfungsgründe

(aa) Der Strafrahmen kann durch besonders schwere Fälle auch erweitert und erhöht werden. Dabei werden benannte (im Gesetz genau beschriebene) und unbenannte (nicht näher definierte) Strafschärfungsgründe unterschieden.

Im Gesetz kann zu einem Delikt beispielhaft erläutert werden, wann „in der Regel“ ein schwerer Fall vorliegt (sog. **Regelbeispiele** als benannte Strafschärfungsgründe). Das Gericht muss dann einerseits prüfen, ob im Einzelfall das Vorliegen des Regelbeispiels den schweren Fall begründet oder ob die konkrete Begehung doch nicht als so schwer anzusehen ist, dass sie eher dem „Normalfall“ entspricht. Andererseits können auch Begehungsweisen, die nicht im Gesetz aufgeführt sind, den Regelbeispielen nahekommen und die Annahme eines besonders schweren Falles begründen. Regelbeispiele beschreiben eben nur die „Regel“ und nennen ein „Beispiel“ für den (besonders) schweren Fall.

BEISPIEL

Für den besonders schweren Fall des Diebstahls führt § 243 StGB folgende Regelbeispiele an: Einbruch, gewerbsmäßiges Stehlen, Diebstahl aus einer Kirche, Ausnutzen der Hilflosigkeit des Opfers usw. Die Rechtsprechung hat weitere Tatausführungen, die den Regelbeispielen in der Intensität der Begehung oder der Verletzung des Rechtsgutes gleichkommen, ebenfalls als besonders schwer angesehen, z. B. den Diebstahl von Sachen mit hohem Wert, den von einem Amtsträger begangenen Diebstahl oder den Diebstahl einer Sache, die dem öffentlichen Nutzen dient.

(bb) Das StGB nennt in einigen Strafvorschriften nicht näher beschriebene „besonders schwere Fälle“ (sog. **unbenannte Strafschärfungsgründe**; vgl. etwa § 212 StGB, Totschlag im besonders schweren Fall). „Erschwerend“ dürfen nur

Umstände herangezogen werden, die mit der Tat in Zusammenhang stehen. Als Merkmale für einen besonders schweren Fall kommen in Betracht: besonders hoher Schaden, lange Dauer der Tat, viele einzelne Taten, gewerbsmäßiges Handeln. In der Regel müssen mehrere Merkmale zusammenkommen. Wie sich der Täter *nach* der Tat verhalten hat, ist für die Annahme eines besonders schweren Falles nicht erheblich. Weder Vorstrafen, noch zeitlich nach der abzuurteilenden Tat begangene Straftaten können zur Begründung eines besonders schweren Falles herangezogen werden.

Der besonders schwere Fall kann verneint werden, wenn zu den erschwerenden Gründen mildernde Umstände hinzutreten, die den Fall insgesamt milder erscheinen lassen. Faustregel: Der besonders schwere Fall muss immer *aus den Umständen der Tat selbst* begründet werden; zur Annahme eines minder schweren Falles können auch *Umstände außerhalb der Tat* herangezogen werden.

Der besonders schwere Fall kann **in einer eigenen Strafnorm** geregelt sein. So eröffnen der Diebstahl mit Waffen, der Bandendiebstahl und inzwischen auch der Wohnungseinbruch eigene erhöhte Strafrahmen. Liegt ein besonders schwerer Fall einer Tat vor, ist der anzuwendende erhöhte Strafrahmen immer in der jeweiligen Strafnorm aufgeführt („nicht unter …“; „bis zu …“; „von … bis“). Von diesem erhöhten Strafrahmen muss das Gericht bei seiner weiteren Beratung ausgehen.

(cc) Der Unterschied zwischen dem schweren Fall aufgrund eines Tatbestandsmerkmals und den schweren Fällen aufgrund von Strafschärfungsgründen macht sich bei der **Verjährung** einer Straftat bemerkbar. Die Frist, nach der eine Tat verjährt und nicht mehr verfolgt werden kann (§ 78 Abs. 1 StGB), richtet sich nach der Höhe der Strafandrohung des Gesetzes, dessen *Tatbestand* verwirklicht ist. Gehört der „schwere Fall“ also zum Tatbestand, kann ein erhöhter Strafrahmen die Verjährungsfrist verlängern. Bloße Strafschärfungsregeln dagegen verlängern die Verjährungsfrist nicht (§ 78 Abs. 4 StGB), sondern richten sich nach der Verjährungsfrist des „einfachen“ Delikts.

BEISPIELE

a. Der Diebstahl hat im Normalfall des § 242 Abs. 1 StGB eine Verjährungsfrist von 5 Jahren, weil die höchste Strafe 5 Jahre beträgt (§ 78 Abs. 2 Nr. 4 StGB). Der Diebstahl mit Waffen (§ 244 StGB), der die Benutzung der Waffe als *Tatbestandsmerkmal* beschreibt, hat eine Verjährungsfrist von 10 Jahren, weil er im Höchstmaß mit 10 Jahren Freiheitsstrafe bedroht ist (§ 78 Abs. 2 Nr. 3 StGB).

b. Der besonders schwere Fall des Diebstahls nach § 243 StGB ist zwar ebenfalls mit Freiheitsstrafe bis zu 10 Jahren bedroht; die Verjährungsfrist beträgt aber (wie beim „einfachen“ Diebstahl) 5 Jahre, weil es sich bei den *Regelbeispielen* des § 243 StGB nur um Strafzumessungsregeln handelt (§ 78 Abs. 4 StGB).

(c) Doppelverwertungsverbot

Jeder Umstand für eine Strafzumessung darf nur einmal berücksichtigt werden (sog. Doppelverwertungsverbot). Kann *ein* Umstand rechtlich zu *zwei* Strafmilderungsgründen führen, ist nur eine Milderung zulässig. Kommt das Gericht z. B. bei Gesamtwürdigung aller Umstände zu einem minder schweren Fall erst dann, wenn es sowohl die Trunkenheit als auch den Versuch in die Begründung einbezogen hat, sind beide Gründe „verbraucht"; eine weitere Milderung nach § 49 Abs. 1 StGB kommt nicht mehr in Betracht. Ebenso wenig darf ein Strafschärfungsgrund doppelt verwertet werden. Auch ein Merkmal, das im gesetzlichen Tatbestand enthalten ist, darf nicht zusätzlich für die Strafzumessung benutzt werden, weil es ebenfalls zum zweiten Mal verwendet würde.

BEISPIEL
Dem wegen gefährlicher Körperverletzung Verurteilten darf nicht strafschärfend angerechnet werden, dass er für die Verletzung ein Messer benutzt hat. Die Benutzung einer Waffe oder eines gefährlichen Werkzeuges begründet bereits den Tatbestand der gefährlichen Körperverletzung (§ 224 StGB), der gegenüber der einfachen Körperverletzung einen erhöhten Strafrahmen hat.

2.3 Gesetzlicher Strafrahmen der Geldstrafe und Verschiebung

(a) Der gesetzliche Rahmen der Geldstrafe beträgt 5 bis 360 Tagessätze für die einzelne Tat (§ 40 Abs. 1 StGB), soweit das Gesetz nicht etwas anderes regelt; für mehrere Taten kann eine Gesamtstrafe bis zu 720 Tagessätzen (§ 54 Abs. 2 Satz 2 StGB) gebildet werden. Eine Eingrenzung des Strafrahmens ist lediglich bei Strafmilderung nach § 49 Abs. 1 StGB vorgesehen; dabei verringert sich die höchste zulässige Geldstrafe auf drei Viertel der angedrohten Höchststrafe. Sieht das Gesetz eine Strafmilderung nach § 49 Abs. 2 StGB vor, kann das Gericht anstelle einer Freiheitsstrafe auf Geldstrafe erkennen, selbst wenn diese in dem angewendeten Strafgesetz nicht vorgesehen ist. Bei der Festsetzung der Geldstrafe sind einige Grenzen von Bedeutung:

- Hält das Gericht eine Strafe für angemessen, die zeitlich gesehen unterhalb eines Monats liegt, ist nur die Verhängung einer Geldstrafe möglich.
- Bei einer Geldstrafe von nicht mehr als 15 Tagessätzen ist die Berufung gegen das Urteil nur zulässig, wenn sie vom Berufungsgericht angenommen wird.
- Ist der Angeklagte freigesprochen worden und hat der Staatsanwalt in der Hauptverhandlung eine Geldstrafe von nicht mehr als 30 Tagessätzen beantragt, ist eine Berufung der Staatsanwaltschaft nur zulässig, wenn das Berufungsgericht die Berufung annimmt.

- Eine Geldstrafe von nicht mehr als 90 Tagessätzen wird – als einzige Verurteilung – nicht in ein polizeiliches Führungszeugnis aufgenommen.
- Bis zu einer (möglichen) Geldstrafe von 180 Tagessätzen ist eine Verwarnung mit Strafvorbehalt möglich.

(b) Wichtig ist die richtige **Ermittlung der wirtschaftlichen Verhältnisse** des Angeklagten. Verweigert der Angeklagte Angaben zu seinem Einkommen oder gibt eine unglaubhafte Höhe an, kann das Gericht aufgrund sonstiger Umstände wie Beruf, Alter, Familienstand das Einkommen schätzen. Eine kritische Hinterfragung der Angaben des Angeklagten ist angebracht. Insbesondere Angeklagte mit eher geringem Einkommen und sozialem Status neigen dazu, ihre finanzielle Situation besser darzustellen, als sie tatsächlich ist. Der Ansatz eines zu hohen Einkommens hat fatale Folgen, wenn anschließend die Geldstrafe nicht bezahlt werden kann. In vielen Fällen beruht die Anordnung der **Ersatzfreiheitsstrafe** darauf, dass in der Hauptverhandlung die wirtschaftlichen Verhältnisse des Angeklagten nicht sorgfältig ermittelt wurden. Umgekehrt vermeiden wohlhabende Angeklagte gerne die Darstellung eines erheblich über dem Durchschnitt liegenden Einkommens, weil sie einerseits befürchten, dass ein gehobener sozialer und finanzieller Status strafschärfend berücksichtigt wird, andererseits die Höhe des Tagessatzes gedrückt werden soll. Bei der Einschätzung des Einkommens helfen Lebens- und Berufserfahrung.

3 Einordnung der Schuld in den Strafrahmen

Grundlage für die Strafzumessung ist die **Schuld** des Täters. Eine verbindliche Definition der „Schuld“ nimmt der Gesetzgeber nicht vor. Er zählt lediglich Strafzumessungskriterien in § 46 Abs. 2 StGB auf, die in den gesetzlichen Strafrahmen eingeordnet werden. Die schuldangemessene Strafe ergibt sich aus dem Abwägen der für und gegen den Angeklagten sprechenden Gesichtspunkte. Welches Gewicht das Gericht einzelnen mildernden und schärfenden Gesichtspunkten beimisst, kann unterschiedlich sein. Der BGH bemisst diese Kriterien nach dem verschuldeten Unrecht (Erfolgsunwert) und der Vorwerfbarkeit (Handlungsunwert). Innerhalb des gesetzlichen Strafrahmens wird die Strafe je nach der Schwere der einzelnen Merkmale näher zur Höchst- oder zur Mindeststrafe verschoben. Die bloße Zahl entlastender und belastender Umstände hat keine Aussagekraft. Die einzelnen strafschärfenden und strafmildernden Umstände müssen gewichtet werden und lassen erst in ihrer Gesamtwürdigung die Tat in einem eher schweren oder milden Licht erscheinen.

(a) Bei den **Beweggründen und Zielen des Täters** erforscht das Gericht, warum die Tat begangen wurde, also die Motive des Täters. Ist er an die Begehung von Straftaten gewöhnt (Gewohnheitstäter) oder geschah die Tat spontan, vielleicht aus einer momentanen Versuchung heraus? Handelte er aus eigennützigen oder vielleicht aus selbstlosen Gründen? Beweggründe für eine Tat können eine soziale Notlage oder die Sorge um den Bestand des Unternehmens sein, eine unverschuldete alkoholische Enthemmung, auch im Grunde edle Motive oder ein Mitverschulden des Verletzten usw. Diese würden sich strafmildernd auswirken (können). Handeln aus Gewinnsucht würde sich hingegen strafschärfend auswirken.

(b) Die **Gesinnung** bezieht sich auf die Tatausführung, nicht auf die allgemeine oder politische Gesinnung des Täters. Für die Straffindung ist bedeutsam, ob sie in Hinblick auf die abzuurteilende Tat (ver)achtenswerte Gründe enthält. Anhaltspunkte für die aus der Tat sprechende Gesinnung sind z. B. Roheit oder Rücksichtslosigkeit. Der bei der Tat aufgewendete Wille zielt auf die **kriminelle Energie** des Täters bei der Begehung der Tat ab. Das kann ein langer Tatzeitraum sein, eine besondere Hartnäckigkeit bei der Tatausführung oder ein mit viel Raffinesse ausgeklügelter Plan.

(c) Das **Maß der Pflichtwidrigkeit** ist insbesondere bei Fahrlässigkeitstaten von Bedeutung, betrifft aber auch die Verletzung besonderer Rechtspflichten, wie z. B. die Untreue des Geschäftsführers einer Gesellschaft. Gerade bei Fahrlässigkeitstaten darf das Maß der Pflichtverletzung nicht mit dem angerichteten Schaden gleichgesetzt werden. Vielmehr ist der Grad der Fahrlässigkeit maßgebend: Handelte es sich um eine leichte oder vielleicht sogar an der Grenze zum bedingten Vorsatz liegende bewusste Fahrlässigkeit?

BEISPIEL

Wer infolge leichter Fahrlässigkeit an einer unübersichtlichen Kreuzung einen Unfall verschuldet, bei dem ein junger Mensch zu Tode kommt, dem kann nicht strafschärfend vorgehalten werden, seine Pflichtverletzung sei deshalb besonders schwer, weil er ein blühendes Leben ausgelöscht habe.

(d) Bei der **Art der Ausführung** kommen einerseits besonders gefährliche Mittel oder eine sorgfältige Planung, andererseits aber auch das Verhalten des Opfers in Betracht (Provokation, besonderer Leichtsinn). Es können auch Umstände berücksichtigt werden, die zwar nicht eingetreten sind, vom Täter aber in Kauf genommen wurden.

BEISPIEL

Kommt bei einem Bombenanschlag in einer belebten Einkaufspassage zufällig niemand ums Leben, kann dem Täter gleichwohl strafschärfend zugerechnet werden, dass er das Leben vieler Menschen gefährdet hat.

(e) Auch wenn das deutsche Strafrecht Schuld- und nicht Erfolgsstrafrecht ist, lässt sich der mit der Straftat erreichte Erfolg bei der Strafbemessung nicht ausklammern. Hierauf ist das Merkmal der **verschuldeten Auswirkungen** der Tat ausgerichtet. Diese Auswirkungen können eine verursachte Notlage für einen Dritten, psychische Schäden beim Opfer, bleibende Körperschäden usw. sein. Dabei ist das Gericht nicht auf die durch die reine Tatbegehung verursachten Auswirkungen beschränkt. Auch ideelle oder mittelbare Auswirkungen, wie der Schock der Eltern über den Tod des Kindes, können bei der Strafzumessung berücksichtigt werden.

(f) Das **Vorleben** des Täters spielt eine wesentliche Rolle bei der Straffindung. Gerade hier ist besondere Vorsicht geboten. Nicht jede Vorstrafe wirkt strafschärfend, sondern nur eine solche, bei der der Täter die ihm mit der früheren Verurteilung zugedachte Warnung missachtet hat. Eine Verurteilung wegen fahrlässiger Körperverletzung im Straßenverkehr hat eine Warnfunktion für den Verurteilten im Hinblick auf sein künftiges Verhalten im Straßenverkehr, allenfalls noch im weiteren Sinn im Hinblick auf die Beachtung des Rechtsgutes „körperliche Unversehrtheit" Dritter. Sie kann aber nicht als Strafschärfungsgrund bei einer späteren Verurteilung wegen Unterhaltspflichtverletzung herangezogen werden.

Im Zentralregister getilgte oder tilgungsreife Vorstrafen dürfen bei der Strafzumessung nicht berücksichtigt werden. Schwierig ist die Frage, ob frühere, für die Allgemeinheit erbrachte Leistungen strafmildernd zu werten sind, z. B. wenn der Täter bei einer Unfallrettungsorganisation ehrenamtlich tätig war und schon mehrfach Menschenleben gerettet hat. Es muss bei dem Grundsatz bleiben, dass bei der Strafzumessung nur Berücksichtigung finden kann, was einen Bezug zur Tat hat. Das wird nur selten vorliegen, z. B. wenn der Rettungshelfer bei einem Einsatz fahrlässig eine Körperverletzung begeht. Umgekehrt darf ein liederlicher Lebenswandel dem Angeklagten nicht strafschärfend zugerechnet werden, wenn er nicht im Zusammenhang mit der Tat steht. Eine Lebensführungsschuld ist dem deutschen Strafrecht fremd; anstößige oder unmoralische – nicht strafbare – Verhaltensweisen dürfen sich nicht belastend auswirken.

(g) Zu den **persönlichen Verhältnissen** gehören Alter, Gesundheitszustand, Bildung, Erziehung, berufliche und soziale Stellung usw. Bei dem letzten Merkmal stellt sich die Frage, ob sich eine herausgehobene berufliche oder soziale Stellung strafschärfend auswirken kann. Soll ein Abgeordneter, der betrunken in seinem Wahlkreis fährt und dabei einen anderen Verkehrsteilnehmer anfährt, härter bestraft werden als ein Durchschnittsbürger? Wird ein Schöffe, der in einem eigenen Prozess falsch ausgesagt hat, härter bestraft wegen seiner Aufgabe, Recht zu sprechen und dort der Wahrheit verpflichtet zu sein?

(h) Selbstverständlich wirkt die **Ausländereigenschaft** generell weder strafmildernd noch -schärfend. Allerdings müssen die Eigenheiten des Kulturkreises berücksichtigt werden, wenn es z. B. darum geht zu beurteilen, ob ein Irrtum über die Strafbarkeit eines bestimmten Tuns vermeidbar war oder nicht.

(i) Die **Folgen der Tat** für den Täter können zu einer geringeren Straffestsetzung führen, weil er bereits in anderer Weise „bestraft“ wurde. Nicht nur die rechtlichen Konsequenzen der Tat (etwa der Verlust der Fahrerlaubnis), auch tatsächliche Auswirkungen können zu einer geringeren Strafe führen (z. B. weil er wegen des begangenen Diebstahls seinen Arbeitsplatz verloren hat).

(j) Problematisch kann sein, wenn sich der Täter **über Merkmale irrt**, die für die **Strafzumessung** von Bedeutung sind. Stiehlt er einen unscheinbaren Gegenstand, den er für wertlos hält, bei dem es sich aber um eine wertvolle Antiquität handelt, stellt sich die Frage, ob dem Täter der herausragende Wert der Beute, den er bei der Tat nicht erkannt hat (und nicht erkennen konnte), strafschärfend zuzurechnen ist. Wird auf den objektiven hohen Wert abgestellt, hat der Täter eine schwerwiegende Tat begangen; wird der subjektive Wille zu Grunde gelegt, ist die Tat weniger schwer. Die Rechtsprechung verlangt, dass der Täter die Umstände, die ihm erschwerend zur Last gelegt werden, kennen muss. Das gilt auch für den umgekehrten Fall. Bricht der Täter in ein Museum ein, um ein wertvolles Bild zu stehlen, das aber zuvor durch eine Kopie ersetzt wurde, hat er objektiv keinen großen Schaden angerichtet; sein Wille war aber auf einen großen Wert gerichtet. Hier kann dem Täter der geringere Wert der Beute nicht strafmildernd angerechnet werden.

(k) Auch die **Wirkungen des Verfahrens** selbst auf den Täter können bei der Bemessung der Strafe von Bedeutung sein, etwa wenn das Verfahren große Aufmerksamkeit erregte oder der Angeklagte durch Verbüßung von U-Haft bereits mit dem Strafvollzug in Berührung gekommen ist. Die Rechtsprechung hat inzwischen anerkannt, dass eine **lange Verfahrensdauer** (Abstand zwischen Tat und Urteil) zu einer Verringerung der Strafe führen kann, weil ein Verstoß gegen das Beschleunigungsgebot eine Verletzung von Art. 2 Abs. 1 GG und Art. 6 Abs. 1 Satz 1 EMRK darstellen kann. Das Gericht kann daher aussprechen, dass ein Teil der Strafe wegen der langen Dauer als vollstreckt gilt.

4 Präventionsentscheidung

Der letzte Schritt der Strafzumessung, die Präventionsentscheidung, beschäftigt sich vorrangig mit dem Täter und seinem (durch die Strafe zu beeinflussenden) künftigen Verhalten (Spezialprävention) sowie mit der Einwirkung des Urteils auf potenzielle andere Straftäter (Generalprävention). Darüber hinaus muss die Strafempfindlichkeit des Angeklagten berücksichtigt werden. Auf den Hartnäckigen muss stärker eingewirkt werden als auf den, der sich schon durch das bloße Strafverfahren beeindruckt zeigt. Bei der Prognose der Auswirkungen des Urteils hat das Gericht insbesondere folgende Faktoren in Betracht zu ziehen:

- das Vorleben des Täters (Ausbildung, Familie, Vorstrafen, unfallfreies Fahren usw.) sowie persönliche und wirtschaftliche Verhältnisse (Reife, Intelligenz, Schwangerschaft);
- sein Verhalten nach der Tat, besonders das Bemühen, den Schaden wiedergutzumachen, z. B. Hilfe für das Opfer nach der Tat, Verhalten im Prozess (hartnäckiges Leugnen kann nur ausnahmsweise zum Nachteil des Angeklagten berücksichtigt werden).

Im Rahmen dieser Erwägungen werden auch die weiteren Auswirkungen der Strafe, z. B. auf Beruf, Ausbildung oder Familie zu berücksichtigen sein:

- Geldstrafen von nicht mehr als 90 Tagessätzen oder Freiheitsstrafen von nicht mehr als 3 Monaten werden nicht in ein Führungszeugnis aufgenommen, wenn keine weiteren Strafen im Zentralregister eingetragen sind (§ 32 Abs. 2 Nr. 5 BZRG). Dies kann z. B. für einen arbeitslosen Angeklagten bei einer Bewerbung von Bedeutung sein.
- Ein Beamter, der wegen einer vorsätzlichen Straftat zu einer Freiheitsstrafe von mindestens 1 Jahr verurteilt wird, ist mit der Rechtskraft des Urteils automatisch aus dem Dienst entlassen (§ 24 Abs. 1 Nr. 1 Beamtenstatusgesetz).
- Bei einem ausländischen Angeklagten kann die Höhe der Strafe Bedeutung für eine Ausweisung haben.

Die Überlegungen zum Strafmaß und die Festsetzung einer „gerechten" Strafe müssen eng gekoppelt sein mit dem Zweck der Strafe („Wird die beabsichtigte Strafe ihren Zweck erfüllen?"). Vor einem „Automatismus der Strafen" muss gewarnt werden. Bei gleich gelagerter Tatbegehung und Motivation kann es gerechtfertigt sein, unterschiedlich zu reagieren. So kann bei einem Täter eine Geldstrafe für den ersten Diebstahl angemessen sein, während der andere durch eine kurze Freiheitsstrafe zur Bewährung „geschockt" werden muss.

5 Prognoseentscheidungen

Im Zusammenhang mit dem Urteil hat das Gericht häufig eine Prognose hinsichtlich des künftigen Verhaltens des Angeklagten, insbesondere über die Wahrscheinlichkeit weiterer Straftaten zu treffen (Kriminalprognose):

- Bei der Strafzumessung ist zu berücksichtigen, welche Auswirkungen die Strafe auf den Verurteilten haben wird.

- Strafaussetzung zur Bewährung und Verwarnung mit Strafvorbehalt hängen weitgehend davon ab, ob der Verurteilte künftig ein straffreies Leben führen wird.
- Die Sicherungsverwahrung kann angeordnet werden, wenn der Angeklagte in Zukunft aufgrund seines Hanges zu erheblichen Straftaten gefährlich für die Allgemeinheit sein wird.
- Die Unterbringung in einem psychiatrischen Krankenhaus setzt eine Prognose voraus, ob von dem Angeklagten erhebliche rechtswidrige Taten zu erwarten sind und er deswegen eine Gefahr für die Allgemeinheit darstellen wird.
- Bei der Unterbringung in der Entziehungsanstalt ist einzuschätzen, ob wegen eines Hanges zu berauschenden Mitteln die Gefahr künftiger rechtswidriger Taten besteht.
- Die Anordnung eines Berufsverbotes hat die Prognose zur Voraussetzung, dass der Angeklagte weitere gleich gelagerte Straftaten unter Missbrauch seines Berufs oder Gewerbes begehen wird.

Der Erfassung der für eine Prognose bedeutsamen Umstände widmen sich verschiedene Methoden. Die *statistische* Methode vergleicht, wie oft das Vorliegen bestimmter objektiver Merkmale (unvollständiges Elternhaus, Schulversagen, fehlende Berufsausbildung, Arbeitslosigkeit, Alkoholmissbrauch usw.) mit tatsächlicher Straffälligkeit zusammentrifft. Die *intuitive* Methode leitet die Voraussage von dem Eindruck ab, den der Angeklagte in der Hauptverhandlung hinterlassen hat. Allerdings widersprechen die Begriffe „Intuition" und „Methode" einander. Das heißt nicht, dass diese Vorgehensweise keinen Platz bei der Prognoseentscheidung hätte. Phantasie, Kreativität und Eingebung durch Erfahrung können durchaus zu Erkenntnissen über den Angeklagten und sein künftiges Verhalten führen. Die *klinische* Methode bedient sich der Mittel der persönlichen und sozialen Anamnese (Vorgeschichte), psychologischer, psychiatrischer und neurologischer Befunde und Untersuchungen. Die Methoden sind nicht trennscharf gegeneinander abgegrenzt, sondern beinhalten verschiedene Aspekte, die zusammenwirken können.

Der Satz „Im Zweifel für den Angeklagten" gilt bei der Prognose in der Weise, dass das Gericht von Tatsachen, die sich bei der Prognose ungünstig auswirken, *überzeugt* sein muss; Merkmale, die sich günstig auswirken, müssen nur *möglich* sein. Entscheidungen auf die Zukunft beruhen überwiegend auf reiner Lebens- und Berufserfahrung. Sie sind naturgemäß schwierig und mit einer gewissen Fehlerquote behaftet.

6 Strafzumessung bei mehreren Straftaten

6.1 Tateinheit, Tatmehrheit

Wenn jemand durch *eine* Handlung mehrere Strafgesetze verletzt (Tateinheit), wird nur *eine* Strafe verhängt. Werden Straftaten durch mehrere selbstständige Handlungen begangen (Tatmehrheit), wird für jede Tat eine eigene Strafe gebildet.

BEISPIEL
Wer durch einen Messerstich einen Menschen umbringen will, der aber überlebt, hat einen *versuchten* Totschlag in Tateinheit mit *vollendeter* Körperverletzung begangen. Die Körperverletzung wurde durch dieselbe Handlung (Messerstich) wie der versuchte Totschlag begangen.

6.2 Gesamtstrafe

Werden für mehrere Taten verschiedene Strafen festgesetzt, werden diese nicht einfach addiert. Aus den einzelnen Strafen wird eine sog. Gesamtstrafe gebildet. Dies geschieht, indem die höchste bzw. schwerste Einzelstrafe (sog. **Einsatzstrafe**) schuldangemessen erhöht, die Summe der Einzelstrafen dabei aber nicht erreicht wird. In der Praxis unterschreitet die Gesamtstrafe die Summe der einzelnen Strafen meistens sogar erheblich.

Die Gesamtstrafe darf die gesetzlich zulässige Höchststrafe für eine einzelne Tat überschreiten. Die Höchststrafe für einen *einzelnen* einfachen Diebstahl beträgt z. B. 5 Jahre; werden für 20 Diebstähle jeweils 6 Monate Freiheitsstrafe verhängt, liegt die höchste zulässige Gesamtstrafe bei 9 Jahren und 11 Monaten.

Die absolute zeitliche Höchststrafe beträgt 15 Jahre und darf auch durch eine Gesamtstrafe nicht überschritten werden, selbst wenn die Einsatzstrafe bereits 15 Jahre beträgt. Auch eine lebenslange Freiheitsstrafe kann nicht mehr erhöht werden (§ 54 Abs. 1 Satz 1 StGB). „Zweimal Lebenslang" oder „170 Jahre Freiheitsstrafe" sind in Deutschland nicht möglich. Die Gesamtstrafe bezweckt nicht, dass jemand für viele Taten „Rabatt" erhält. Grundlage der Strafzumessung ist weiterhin die Schuld des Täters. Bricht jemand drei Autos auf, ist seine Schuld zwar höher, als wenn er nur ein Auto aufgebrochen hätte, aber eben nicht dreimal so hoch. Die Strafzumessung widersetzt sich einer solchen Mathematisierung. Durch die Grenzen der höchsten Einzelstrafe und der Summe aller Strafen wird ein neuer gesetzlicher Strafrahmen gebildet, innerhalb dessen das Gericht erneut alle für und gegen den Angeklagten sprechenden Umstände bewerten und die Prognose über die Auswirkungen der Strafe auf den Verurteilten treffen muss.

BEISPIEL

Nach erheblichem Alkoholgenuss hat der (einschlägig vorbestrafte) Angeklagte eine Schlägerei angefangen, dabei mehrere Personen verletzt (Körperverletzung, § 223 StGB), sich danach an das Steuer seines Autos gesetzt, einen Unfall verursacht (Gefährdung des Straßenverkehrs, § 315c StGB) und sich dann vom Unfallort entfernt (unerlaubtes Entfernen vom Unfallort, § 142 StGB). Als Strafen setzt das Gericht Freiheitsstrafen von 6 Monaten für die Körperverletzung, 2 Monaten für die Straßenverkehrsgefährdung und 4 Monaten für die Verkehrsunfallflucht fest. Die Gesamtstrafe wird durch Erhöhung der Einsatzstrafe von 6 Monaten gebildet (also mindestens 6 Monate 1 Woche); die Gesamtstrafe darf aber die Summe aller Einzelstrafen (= 12 Monate) nicht erreichen (also höchstens 11 Monate 3 Wochen). In diesem Korridor der Untergrenze von 6 Monaten 1 Woche und der Obergrenze von 11 Monaten 3 Wochen muss die schuldangemessene Strafe durch erneute Abwägung der schulderhöhenden und -mindernden Umstände gefunden werden.

6.3 Geldstrafe neben Freiheitsstrafe

Werden für einzelne Taten mehrere Freiheitsstrafen und eine Geldstrafe festgesetzt, bestehen für das Gericht zwei Möglichkeiten. Es kann die Geldstrafe in Freiheitsstrafe umrechnen (1 Tagessatz Geldstrafe = 1 Tag Freiheitsstrafe) und daraus eine Gesamtfreiheitsstrafe bilden. Es kann auch die Geldstrafe neben der (Gesamt-)Freiheitsstrafe bestehen lassen, wenn der Angeklagte sich durch seine Tat bereichert hat und seine persönlichen und wirtschaftlichen Verhältnisse dies nahelegen (§ 41 StGB). Welche Variante das Gericht wählt, ist eine Frage der Gesamtwürdigung im Rahmen der Strafzumessung. Soll der Angeklagte eine Sanktion unmittelbar spüren, kann die gesonderte Geldstrafe ausgewiesen werden; soll die Vollstreckungsandrohung für den Fall des Bewährungsversagens besonders intensiv sein, kann die Gesamtfreiheitsstrafe gebildet werden.

7 Weitere Entscheidungen

7.1 Anrechnung vorläufiger Freiheitsentziehung und Maßregeln

U-Haft oder anderer Freiheitsentzug vor der Hauptverhandlung sind auf die erkannte Freiheits- oder Geldstrafe anzurechnen (§ 51 StGB). Allerdings kann das Gericht von der Anrechnung (ganz oder zum Teil) absehen, wenn diese im Hinblick auf das Verhalten des Angeklagten (nach der Tat) nicht gerechtfertigt ist, z.B. wenn der Angeklagte das Verfahren bewusst verschleppt hat, um sich so lange wie möglich in U-Haft zu halten und nicht in den Strafvollzug zu kommen.

Die Nichtanrechnung hat Ausnahmecharakter und muss vom Gericht sorgfältig begründet werden. Ebenso können (in EU-Staaten „müssen") ausländische vollstreckte Strafen angerechnet werden, wenn der Angeklagte wegen derselben Tat in Deutschland verurteilt wird. Auch vorläufige Maßregeln im Ermittlungsverfahren sind zu berücksichtigen. Die vorläufige Entziehung der Fahrerlaubnis wird im Urteil bei der Anordnung der Sperrfrist für den Wiedererwerb einer Fahrerlaubnis berücksichtigt. Die Dauer eines vorläufigen Berufsverbotes wird in gleicher Weise bei der Festsetzung der Verbotsfrist für die Ausübung des Berufs angerechnet.

7.2 Kosten und notwendige Auslagen

Das Urteil muss eine Entscheidung darüber treffen, wer die Kosten des Verfahrens (§ 464 Abs. 1 StPO) und die notwendigen Auslagen trägt. Verfahrenskosten sind die Gebühren und Auslagen der Staatskasse. Dazu gehören auch die Vergütungen für einen Pflichtverteidiger. Die Kosten des Verfahrens hat der Angeklagte im Umfang seiner Verurteilung zu tragen. Dazu können Gebühren gehören, die durch die Tätigkeit anderer Behörden entstanden sind (z. B. für ein Gutachten über den Blutalkoholgehalt). Dolmetscherkosten werden dem Angeklagten, der die deutsche Sprache nicht beherrscht, oder einem Taubstummen, der auf einen Gebärdendolmetscher angewiesen ist, nicht in Rechnung gestellt (§ 464c StPO). Keine erstattungsfähigen Kosten stellen die Aufwendungen für die Schöffen dar; diese gehören zur sog. Justizgewährungspflicht und sind aus den allgemeinen Haushaltsmitteln des Landes zu bestreiten.

Die notwendigen Auslagen (Kosten für den Wahlverteidiger, Verdienstausfall und Fahrtkosten) hat der Angeklagte im Falle seiner Verurteilung selbst zu tragen. Erfolgt ein Freispruch, fallen die Kosten und die notwendigen Auslagen der Staatskasse zur Last. Von der Erstattung der notwendigen Auslagen nach einem Freispruch wird abgesehen (§ 467 Abs. 2, 3 StPO), wenn

- dem Angeklagten durch schuldhafte Säumnis Auslagen entstanden sind;
- der Angeklagte die Anklage verursacht hat, indem er mit einer Selbstanzeige vortäuschte, die Tat begangen zu haben, oder durch wahrheitswidrige Erklärungen sich selbst belastet bzw. entlastende Umstände verschwiegen hat;
- der Angeklagte nur deswegen nicht verurteilt wird, weil ein Prozesshindernis besteht.

7.3 Entschädigung für Strafverfolgungsmaßnahmen

Hat der Angeklagte durch eine Strafverfolgungsmaßnahme einen Schaden erlitten, kann ihm das Gericht in dem Urteil eine Entschädigung zusprechen. Hauptanwendungsfall im Urteil ist, dass der Angeklagte freigesprochen wird und vor der Hauptverhandlung entweder durch vorläufige Freiheitsentziehung

(Festnahme, U-Haft, einstweilige Unterbringung usw.) oder andere strafprozessuale Maßnahmen (Sicherstellung, Beschlagnahme, Vermögensarrest usw.) bzw. vorläufige Maßregeln der Besserung und Sicherung (Entziehung der Fahrerlaubnis, Berufsverbot) einen Schaden erlitten hat. Ein schuldhaftes Verhalten der Strafverfolgungsbehörden ist nicht Voraussetzung für den Entschädigungsanspruch. Ersetzt wird der materielle Schaden, im Fall der Freiheitsentziehung auch der immaterielle Schaden für den Verlust der Freiheit in Höhe von 25,– €/ Tag. Bei einem Teilfreispruch kommt eine Entschädigung nur in Betracht, soweit die rechtswidrig vollzogene Maßnahme, z. B. U-Haft, nicht gegen die verhängte Strafe „aufgerechnet" werden kann.[8] Für den Fall, dass eine im Urteil verhängte Freiheitsstrafe kürzer ist als die erlittene vorläufige Freiheitsentziehung oder das Gericht von Strafe abgesehen hat, kann ein Entschädigungsanspruch entstehen, über den das Gericht nach Billigkeit zu entscheiden hat (§ 4 Abs. 1 StREG). Um Entschädigungsansprüche von vornherein zu vermeiden, werden Freiheitsstrafen im Bereich der mittleren Kriminalität (die selten die 6-Monats-Grenze erreichen) sofort in Höhe der erlittenen U-Haft ausgesprochen. Das verstößt zwar gegen das Schuldprinzip, ist für den Außenstehenden aber kaum zu beweisen. Die einzigen, die insoweit eine Kontrolle gegenüber Berufsrichtern ausüben können, die vorrangig die Interessen des Justizfiskus im Auge haben, sind die an der Beratung beteiligten Schöffen.

Das erkennende Gericht spricht in dem Urteil nur eine **Grundentscheidung** aus, *dass* dem Angeklagten eine Entschädigung zusteht. Über die Höhe der Entschädigung wird im Verwaltungsverfahren entschieden. Hierzu haben die Länder Verwaltungsvorschriften erlassen. So wird etwa dem Angeklagten von der Entschädigung für die Freiheitsentziehung der ersparte „Aufwand für Unterkunft und Verpflegung" abgezogen.[9]

8 OLG Hamm, Beschluss vom 03.11.2016, Az.: 5 Ws 318/16, https://openjur.de/u/2152755.html.

9 Z. B. für Brandenburg die „Ausführungsvorschriften zum Gesetz über die Entschädigung von Strafverfolgungsmaßnahmen" vom 11.07.2006, JMBl. 2006, Nr. 8, S. 101), geändert durch Allgemeine Verfügung vom 16.09.2015, JMBl. 2015, S. 106): *Sind der berechtigten Person Ausgaben für Verpflegung und Unterhalt erspart geblieben, so wird je Tag ein Betrag in Höhe von 3/4 aus der Summe des Haftkostensatzes für Einzelunterbringung und des Haftkostensatzes für Verpflegung (Frühstück, Mittagessen und Abendessen) angerechnet.*

KAPITEL 3

Praktischer Fall: Wie findet die Kammer die richtige Strafe?

Nach dem Ergebnis der Beweisaufnahme ergibt sich folgender ***Sachverhalt:*** *Die Angeklagte vermutet seit langer Zeit, dass sich ihr Mann einer anderen Frau zugewandt hat, da er häufiger spät nach Hause kommt. In zunehmendem Maße versucht sie, ihren Kummer zu „ertränken". Am Tattag hat sie in erheblichem Umfang Alkohol zu sich genommen. Nach etlichen Gläsern Wodka Feige und Eierlikör ergibt sich eine Blutalkoholkonzentration auf den späteren Tatzeitpunkt von 1,85‰. Als ihr Mann wieder spätabends heimkommt, hat sie sich in eine erhebliche Wut hineingesteigert, weil sie ihn bei der anderen Frau vermutet hat. Sie macht ihm erhebliche Vorwürfe. In dem anschließenden Streit, der immer heftiger wird, verliert sie endgültig die Nerven, greift zu einem zufällig auf dem Küchentisch liegenden Messer und sticht blindlings mehrfach auf ihren Ehemann ein. Dabei war es ihr völlig egal, wie sie in der Hauptverhandlung aussagte, ob ihr Mann dabei „draufging". Trotz erheblichen Blutverlustes gelang es dem Mann, über sein Mobiltelefon den Notarzt anzurufen. Durch eine schnell durchgeführte Operation konnte er gerettet werden.*

Der Beispielsfall soll deutlich machen, dass die Strafzumessung kein irrationaler Vorgang ist, sondern eine rationale Grundlage hat. Auf der **ersten Stufe** ist von der Schwurgerichtskammer zunächst zu entscheiden, welchen Straftatbestand die Frau verwirklicht hat, um den von der Strafnorm bestimmten **gesetzlichen Strafrahmen** zu ermitteln. In unserem Fall kommen Mord (§ 211 StGB) bzw. Totschlag (§ 212 StGB) in Betracht. Der Unterschied zwischen diesen beiden Tötungsdelikten besteht darin, dass der Totschlag allein die vorsätzliche Tötung eines Menschen voraussetzt, während beim Mord besondere Merkmale in Bezug auf Motiv oder Ausführung der Tötung vorliegen müssen. § 211 StGB zählt einige konkrete Beispiele auf (Habgier, Befriedigung des Geschlechtstriebes usw.) und ein allgemeines unbestimmtes Merkmal des „sonstigen niedrigen Beweggrundes". Damit hat der Gesetzgeber eine Auffangmöglichkeit geschaffen, weil er nicht alle denkbaren Motive oder Handlungen eines Täters vorhersehen kann. Dieser „sonstige" Grund, einen Menschen zu töten, muss aber in seiner Schwere und Zielrichtung den aufgezählten Beispielen entsprechen. Da keines der konkreten Beispiele auf die Handlung der Frau zutrifft, könnte als „sonstiger niedriger Beweggrund" eine Tötung aus „Eifersucht" in Frage kommen. Nach der höchstrichterlichen Rechtsprechung ist Eifersucht in aller Regel kein niedriger Beweggrund. Dies muss das Tatgericht aber anhand der Umstände des Einzelfalles entscheiden. Nimmt die Kammer einen Mord an, ist die Strafe (wenn nicht außergewöhnliche Umstände vorliegen) zwingend lebenslange Freiheitsstrafe; folgt sie der herrschenden Rechtsprechung, eröffnet der Tatbestand des Totschlages (§ 212 StGB) zunächst einen Strafrahmen von 5 bis 15 Jahren. Danach prüft das Gericht, ob es sich aufgrund der Feststellungen in der Beweisaufnahme um einen besonders schweren (§ 212 Abs. 2 StGB, lebenslange Freiheitsstrafe) oder um einen minder schweren Fall (§ 213 StGB, Freiheitsstrafe von 1 Jahr bis 10 Jahren) handelt. Die Gesamtschau aller Umstände der Tat – alkoholische Beeinflussung, der fehlende „Grund" zur Eifersucht, die Behandlung der Frau durch den Mann usw. – können vom Gericht zur Begründung eines besonders schweren oder eines minder schweren Falles herangezogen werden.

Entscheidet sich die Kammer für einen „Normalfall" des Totschlages, muss sie prüfen, ob sich der Strafrahmen aufgrund gesetzlicher Vorgaben verschiebt. Da der Mann überlebt hat, handelt es sich nur um den Versuch eines Totschlages. Ist es beim Versuch einer Straftat geblieben, *kann* das Gericht die Strafe mildern (§ 23 Abs. 2 StGB). *Ob* es das tut, muss das Gericht beraten und entscheiden. Die Berechnungsgrundlage für eine solche Milderung ist gesetzlich geregelt (§ 49 StGB). Wird die Milderung bejaht, reduziert sich das Mindestmaß des Strafrahmens von 5 auf 2 Jahre, das Höchstmaß reduziert sich auf drei Viertel des gesetzlichen Höchstmaßes von 15 Jahren, also auf 11 Jahre 3 Monate.

Gibt es mehrere gesetzliche Gründe für eine Strafrahmenverschiebung, wird für jeden Strafmilderungsgrund eine gesonderte Berechnung vorgenommen. Hier könnte alkoholische Beeinflussung im Zusammenhang mit der Erregung, in die sich die Angeklagte im Laufe der Auseinandersetzung hineingesteigert hat, zu einer Schuld*un*fähigkeit oder verminderten Schuldfähigkeit geführt haben. In Betracht käme hier eine Verminderung der Steuerungsfähigkeit ihres Handelns, d. h. eine Verminderung der Fähigkeit, im Zeitpunkt der Tat nach der Einsicht zu handeln, dass die Tötung ein verbotenes Tun darstellt. Nimmt die Kammer eine solche verminderte Schuldfähigkeit an (z. B. aufgrund eines Sachverständigengutachtens), *kann* sich der Schuldrahmen erneut nach den Regeln des § 49 StGB verschieben. Die Mindeststrafe beträgt dann statt 2 Jahre nur noch 6 Monate; die Höchststrafe reduziert sich erneut auf drei Viertel der in der ersten Stufe berechneten Höchststrafe, also auf 8 Jahre 4 ¾ Monate. Da Freiheitsstrafen von mehr als 1 Jahr in vollen Jahren und Monaten bemessen werden, beträgt die Höchststrafe somit 8 Jahre 4 Monate (§ 39 StGB). Der sich nach diesen Verschiebungen ergebende Strafrahmen ist der auf der ersten Stufe der Beratung festzulegende gesetzliche Strafrahmen von 6 Monaten bis zu 8 Jahren 4 Monaten Freiheitsstrafe.

Auf der **zweiten Stufe** wägt das Gericht die Umstände ab, die für die **Schuld** der Täterin wichtig sind (§ 46 Abs. 1 StGB). Die Kriterien, die das Maß der Schuld prägen, sind in dem Katalog des § 46 Abs. 2 StGB beispielhaft, aber nicht abschließend geregelt. Anhand dieser Merkmale wird die Strafe in den oberen, mittleren oder unteren Bereich des Strafrahmens verschoben. Dabei stellt die Höchststrafe die Reaktion auf den denkbar schwersten Fall nach dieser Strafnorm dar. Ob ein bestimmter Umstand sich straferschwerend oder strafmindernd auswirkt, kann unterschiedlich gewertet werden. Dass sich die Angeklagte ohne Grund in die Eifersucht gesteigert hat, kann sich strafschärfend auswirken; eine begründete Eifersucht könnte sich eventuell (muss aber nicht) strafmindernd auswirken. Für die Bemessung der persönlichen Schuld darf jetzt kein Umstand mehr benutzt werden, der bereits bei der Bestimmung des Tatbestandes der Strafnorm und der Berechnung des gesetzlichen Strafrahmens (Versuch, verminderte Schuldfähigkeit) herangezogen wurde. Das Gericht stellt alle Gründe, die für eine höhere Strafe sprechen (etwa der Verzicht auf eine klärende Aussprache), den strafmildernden Gründen gegenüber (demütigende Behandlung durch den Mann, psychische Labilität) und schiebt auf der Achse zwischen 6 Monaten im Minimum und höchstens 8 Jahren 5 Monaten die schuldangemessene Strafe mehr in den oberen, mittleren oder unteren Bereich des Rahmens.

Auf der **dritten Stufe** muss das Gericht eine **Prognose** stellen, welche Wirkungen von der Strafe auf das künftige Leben der Angeklagten in der Gesellschaft ausgehen. Hier muss darüber beraten werden, welchem Zweck die Strafe dienen soll und wie die Angeklagte dieses Ziel erreichen kann. Die Strafe soll der Resozialisierung dienen, Einfluss sowohl auf die Angeklagte als auch auf die Gesellschaft haben, d. h. es müssen sowohl spezial- wie generalpräventive Aspekte berücksichtigt werden. Das Gericht nimmt noch einmal eine Korrektur der auf der zweiten Stufe gefundenen Strafe vor allem im Hinblick darauf vor, ob die Angeklagte besonders strafempfindlich ist (und früher das Ziel erreicht, künftig ein straffreies Leben zu führen) oder sich eher hartleibig und uneinsichtig gibt.

TEIL H

Berufungs- und Jugendstrafverfahren

Das Berufungsverfahren in der Kleinen Strafkammer des LG folgt grundsätzlich denselben Prinzipien und dem gleichen Verfahren wie die erste Instanz. Teil H stellt die wenigen – aber bedeutsamen – Abweichungen dar. Das Jugendstrafverfahren weist grundsätzliche Unterschiede zum allgemeinen Strafverfahren auf. Der Erziehungsgedanke, die darauf ausgerichteten besonderen Sanktionen und die Besonderheiten im Verfahren werden erläutert.

KAPITEL 1

Besonderheiten des Berufungsverfahrens

1 Gegenstand der Berufungsverhandlung

Angeklagter, Staatsanwaltschaft und Nebenkläger können ein Urteil des AG insgesamt oder teilweise mit der Berufung anfechten. Das Berufungsverfahren (§§ 312 StPO ff.) ist eine Tatsacheninstanz, d. h. das Gericht stellt alle entscheidungserheblichen Tatsachen in einer Beweisaufnahme erneut fest. Die Berufung kann auf bestimmte Beschwerdepunkte beschränkt werden (gilt für den Nebenkläger nur eingeschränkt, § 400 StPO), z. B. auf einzelne Taten oder auf die Höhe der Strafe (§ 318 StPO). Die Beschränkung kann noch in der Berufungsverhandlung erklärt werden. Dann verhandelt das Gericht nur noch über die Teile des Urteils, die der Berufungsführer anficht. Die übrigen Teile werden bestandskräftig. Beschränkt der Angeklagte z. B. die Berufung auf den Strafausspruch, wird die Feststellung, *dass* er die Tat begangen hat, rechtskräftig. Das Berufungsgericht befasst sich dann nur mit den Tatsachen, die für die Höhe der Strafe von Bedeutung sind. Bei einer Freiheitsstrafe kann sich der Angeklagte auf den Strafausspruch insoweit beschränken, dass er eine Strafe anstrebt, die zur Bewährung ausgesetzt wird. Die Berufung gegen eine Geldstrafe kann er sowohl auf die Anzahl als auf die Höhe der Tagessätze beschränken.

2 Verlesung des Urteils erster Instanz

In der Berufungsverhandlung übernimmt das erstinstanzliche Urteil die Funktion der Anklage. Anstelle des Anklagesatzes wird das angefochtene Urteil – ganz oder teilweise – verlesen, weil dieses nunmehr Grundlage des Verfahrens ist. Die Verlesung wird vom Vorsitzenden vorgenommen. Er kann auch einen Schöffen bitten, das Urteil vorzulesen, z. B. bei sehr langen Urteilen oder wenn er stimmlich indisponiert ist.

3 Anwesenheit in der Berufungsverhandlung

Bleibt der nicht durch einen Anwalt vertretene berufungsführende Angeklagte der Berufungsverhandlung fern und hat keine zwingenden Gründe für sein Ausbleiben, wird seine Berufung verworfen. Hat die Staatsanwaltschaft zuungunsten des Angeklagten die Berufung eingelegt, kann ohne ihn verhandelt werden. Er kann aber – wie in einer Verhandlung erster Instanz – vorgeführt oder verhaftet werden. Voraussetzung für eine Verwerfung ist, dass der Angeklagte ordnungsgemäß geladen wurde, weder er noch ein Prozessvertreter erschienen sind und eine ordnungsgemäße Entschuldigung fehlt.

4 Vernehmung zur Sache

Äußert sich der Angeklagte im Gegensatz zur ersten Instanz nicht zu den Vorwürfen der Anklage, kann über seine damalige Einlassung Beweis erhoben werden, indem das erstinstanzliche Urteil hierzu verlesen wird.

Das Gebot der richterlichen Aufklärungspflicht (§ 244 Abs. 2 StPO) gilt auch im Berufungsverfahren uneingeschränkt. Da bereits eine richterliche Beweisaufnahme stattgefunden hat, sind einige Erleichterungen erlaubt. Protokolle über Aussagen oder Gutachten der erstinstanzlichen Hauptverhandlung können zu Beweiszwecken verlesen werden, wenn der Zeuge oder der Sachverständige nicht zur Berufungsverhandlung geladen wurden und der Angeklagte die Ladung nicht beantragt hat. Allerdings muss dabei berücksichtigt werden, dass es sich bei den amtsgerichtlichen Protokollen nicht um Wortprotokolle handelt, wenn nicht die wörtliche Protokollierung beantragt und/oder angeordnet wurde.

5 Reihenfolge der Schlussvorträge

In der Berufungsverhandlung kann die Reihenfolge der Schlussvorträge anders als im amtsgerichtlichen Verfahren sein. Zuerst plädiert der Berufungsführer, also der Verteidiger, wenn der Angeklagte das Rechtsmittel eingelegt hat. Ihm antwortet der Berufungsgegner, in diesem Fall der Staatsanwalt.

6 Strafzumessung: das Verschlechterungsverbot

Das Gericht kann bei der Festsetzung des Strafmaßes eingeschränkt sein. Hat nur der Angeklagte Berufung eingelegt, ist das Berufungsgericht gehindert, über das angefochtene Strafmaß des Amtsgerichts hinauszugehen (sog. Verschlechterungsverbot). Dieses Prinzip verhindert, dass das Berufungsgericht einen Angeklagten zur Rücknahme der Berufung veranlassen kann, indem es ihm androht, im Fall der Entscheidung über das Urteil des Amtsgerichts hinauszugehen. Diese Beschränkung gilt nicht, wenn die Staatsanwaltschaft allein oder neben dem Angeklagten zu dessen Lasten Berufung eingelegt hat. Hat sie das Rechtsmittel zugunsten des Angeklagten eingelegt (rechtlich möglich, in der Praxis eher selten), gilt das Verschlechterungsverbot.

Bei der **Geldstrafe** – bestehend aus Anzahl und Höhe der Tagessätze – muss differenziert werden. Die *Anzahl* der Tagessätze darf wegen des Verschlechterungsverbotes nicht erhöht werden; wird sie reduziert, kann die *Höhe* eines Tagessatzes heraufgesetzt werden, wenn im erstinstanzlichen Verfahren die wirtschaftlichen Verhältnisse falsch ermittelt wurden oder sich inzwischen verändert haben. Die Gesamtsumme der im erstinstanzlichen Verfahren verhängten Geldstrafe darf aufgrund des Verschlechterungsverbotes jedoch in keinem Fall überschritten werden.

Freiheitsstrafe stellt gegenüber der Geldstrafe immer die schwerere Strafe dar. Eine erstinstanzlich etwa verhängte Geldstrafe von 60 Tagessätzen darf vom Berufungsgericht nicht in eine Freiheitsstrafe von 2 Monaten (oder geringer) umgewandelt werden. Die Höhe der Freiheitsstrafe ist unabhängig von einer Strafaussetzung zur Bewährung zu betrachten. Eine vom Amtsgericht verhängte vollstreckbare Freiheitsstrafe darf vom Berufungsgericht nicht deshalb erhöht werden, weil es die Vollstreckung der nunmehr verhängten Freiheitsstrafe zur Bewährung aussetzt. Ein Urteil, dass der Angeklagte anstelle der amtsgerichtlichen Strafe von 6 Monaten (ohne Bewährung) in der Berufung zu einer Freiheitsstrafe von neun Monaten unter Strafaussetzung zur Bewährung verurteilt wird, ist unzulässig.

KAPITEL 2

Besonderheiten des Jugendstrafverfahrens

Das Verfahren gegen Jugendliche und Heranwachsende richtet sich nach der StPO, soweit das JGG nicht Besonderheiten vorschreibt. Das Jugendstrafrecht als eigenständiges Rechtsgebiet regelt, wie auf Straftaten Jugendlicher und ggf. Heranwachsender adäquat reagiert werden kann. Das Strafverfahren gegen Jugendliche (und Heranwachsende, soweit sie nach Jugendrecht abgeurteilt werden) wird vom Erziehungsgedanken beherrscht. Dem trägt das JGG durch besondere Spruchkörper (Jugendgerichte), ein jugendgemäßes Verfahren sowie einen eigenen Sanktionenkatalog Rechnung.

1 Voraussetzungen

Ein **Jugendlicher** (Person vom vollendeten 14. bis zum vollendeten 18. Lebensjahr) kann strafrechtlich nur zur Verantwortung gezogen werden, wenn er „zur Zeit der Tat nach seiner sittlichen und geistigen Entwicklung reif genug ist, das Unrecht der Tat einzusehen und nach dieser Einsicht zu handeln" (§ 3 JGG). Das Gericht muss also im Einzelfall feststellen, ob *dieser* Jugendliche hinsichtlich *dieser* Tat die hinreichende *Einsichtsfähigkeit* hatte. Darin besteht in der Praxis bei den meisten Taten kein Problem, solange keine geistige Behinderung oder eine auffällige Reifeverzögerung festgestellt wird. Bei Jugendlichen und Heranwachsenden ist die Abschreckung kein anerkannter Strafzweck. Das Jugendgericht soll die erzieherisch günstigste Reaktion finden, um den Straffälligen zu bessern.

Personen zwischen 18 und 21 Jahren sind **Heranwachsende**. Sie werden grundsätzlich nach dem Strafrecht für Erwachsene behandelt, soweit bei ihnen keine Reifeverzögerungen festgestellt werden oder es sich bei der Straftat um eine sog. jugendtümliche Verfehlung handelt. Das wird im Einzelfall festgestellt; über die Behandlung nach Jugendstrafrecht darf keine Verständigung getroffen werden.

2 Öffentlichkeit

Im Unterschied zum allgemeinen Strafverfahren finden Verfahren gegen Jugendliche immer unter Ausschluss der Öffentlichkeit statt (§ 48 Abs. 1 JGG). Der Schutz des Jugendlichen ist dem Gesetzgeber wichtiger als die Kontrolle des Gerichts durch die Öffentlichkeit. Sind Jugendliche gemeinsam mit Heranwachsenden oder Erwachsenen angeklagt, ist das Verfahren öffentlich (§ 48 Abs. 3 JGG). Die Öffentlichkeit kann dann ausgeschlossen werden, wenn dies im Interesse der Erziehung des Jugendlichen geboten ist.

3 Erziehungsberechtigte und gesetzliche Vertreter

Erziehungsberechtigte und gesetzliche Vertreter haben das Recht, an der Hauptverhandlung teilzunehmen (§ 50 Abs. 2 JGG), und sind mit eigenen Rechten ausgestattet. Auf Verlangen müssen sie vom Gericht gehört werden, können Fragen und Anträge stellen und sind berechtigt, Rechtsmittel gegen das Urteil einzulegen (§ 67 JGG).

4 Jugendgerichtshilfe

Für das Jugendstrafverfahren wurde eine besondere Einrichtung – die Jugendgerichtshilfe (auch: Jugendhilfe im Strafverfahren, § 38 JGG) – geschaffen, die beim Jugendamt der Gemeinde oder des (Land)Kreises angesiedelt ist und die Jugendhilfe mit dem Jugendstrafrecht verzahnt. Die Jugendgerichtshilfe hat eine eigenständige Position im jugendgerichtlichen Verfahren und soll Hilfe sein für den Jugendlichen und die Justiz. In ihrer Funktion als Ermittlungshilfe beschafft sie Erkenntnisse über die Persönlichkeit des Jugendlichen (§ 43 Abs. 1 JGG). In der Hauptverhandlung berichtet der Vertreter der Jugendgerichtshilfe über die Ergebnisse und gibt wichtige Hinweise für die Entscheidung des Gerichts. Dabei sollen „die erzieherischen, sozialen und fürsorgerischen Gesichtspunkte im Verfahren vor den Jugendgerichten zur Geltung“ gebracht werden (§ 38 Abs. 2 JGG). Darüber hinaus nimmt die Jugendgerichtshilfe verschiedene Aufgaben wahr, z. B. die Überwachung der Auflagen und Weisungen sowie die Betreuung des Jugendlichen während des Vollzugs der Jugendstrafe und der Bewährungszeit.

5 Vorläufige Freiheitsentziehung

Gegen einen Jugendlichen, bei dem die Verhängung von Jugendstrafe zu erwarten ist, kann die einstweilige Unterbringung in einem Heim der Jugendhilfe angeordnet werden, um den Jugendlichen vor einer weiteren Gefährdung seiner Entwicklung zu bewahren (§ 71 Abs. 2 JGG). Sie kann auch anstelle eines Haftbefehls gegen den Jugendlichen angeordnet werden, wenn zwar die Voraussetzungen des Haftbefehls vorliegen, aber die mildere Form der Heim-Einweisung anstelle der U-Haft ausreicht (§ 72 Abs. 4 JGG).

6 Sanktionen, Erziehungsgedanke

Normverstöße gehören fast zwangsläufig zur Entwicklung eines jungen Menschen. Das Jugendstrafrecht will schädlichen Tendenzen entgegenwirken, nicht stigmatisieren, nicht sozial ausgrenzen. Das Jugendstrafverfahren ist zuvörderst dem Erziehungsgedanken verpflichtet (§ 2 Abs. 1 JGG). Dies kommt insbesondere bei den Sanktionen zum Ausdruck. Die gegen einen Jugendlichen ergriffenen Sanktionen sollen eine pädagogisch vernünftige Reaktion auf die Straftat darstellen. Der Sühnegedanke spielt allenfalls noch bei schweren Gewalttaten eine gewisse Rolle. Vor einer Verurteilung ist jeweils zu prüfen, ob der Jugendliche strafrechtlich verantwortlich ist, d.h. ob er zur Zeit der Tat nach seiner sittlichen und geistigen Entwicklung reif genug war, das Unrecht der Tat einzusehen und nach dieser Einsicht zu handeln (§ 3 JGG). Bestehen hieran Zweifel, kann ein psychologischer Sachverständiger eingeschaltet werden. Jugendschöffen, die nach den Wahlvoraussetzungen „erzieherisch befähigt und in der Jugenderziehung erfahren sein" sollen (§ 35 Abs. 2 Satz 2 JGG), können hier überaus hilfreich sein. Fehlt die Verantwortungsreife, ist der Jugendliche freizusprechen oder das Verfahren einzustellen; es können jugendrechtliche Maßnahmen (in der Regel durch den Familienrichter) angeordnet werden.

Dem Gericht stehen **informelle Sanktionierungen** zur Verfügung, indem es das Verfahren einstellt (§ 47 JGG) und dem Jugendlichen ggf. Auflagen macht oder Weisungen erteilt. Formell strafende Sanktionen sollen zurückstehen, wenn andere Reaktionen ausreichen. Das Gericht kann mit Zustimmung der Staatsanwaltschaft das Verfahren unter den Voraussetzungen des § 153 StPO (bei Geringfügigkeit) einstellen,

- wenn die erzieherische Maßnahme eine Entscheidung durch Urteil entbehrlich macht,
- das Gericht eine Entscheidung durch Urteil für entbehrlich hält oder
- wenn der Angeklagte mangels Reife strafrechtlich nicht verantwortlich ist.

Die Vorschrift gilt auch für Heranwachsende, auf die Jugendstrafrecht zur Anwendung kommt.

Die **Strafrahmen** des allgemeinen Strafrechts gelten im Jugendstrafrecht nicht. Auch eine Geldstrafe kann gegen Jugendliche nicht verhängt werden.

6.1 Erziehungsmaßregeln

Als mildeste formelle Sanktion können Erziehungsmaßregeln (§§ 9 ff. JGG) verhängt werden:

(a) Erteilung von **Weisungen** (§ 10 JGG): Darunter fallen Ge- und Verbote, die die Lebensführung des Jugendlichen regeln und dadurch seine Erziehung fördern und sichern sollen. Insbesondere kommen Weisungen in Betracht,

- die sich auf den Aufenthaltsort beziehen, bei einer Familie oder in einem Heim zu wohnen oder den Verkehr mit bestimmten Personen bzw. den Besuch von Gast- oder Vergnügungsstätten zu unterlassen,
- eine Ausbildungs- oder Arbeitsstelle anzunehmen oder Arbeitsleistungen zu erbringen,
- sich der Betreuung und Aufsicht einer bestimmten Person (Betreuungshelfer) zu unterstellen,
- an einem sozialen Trainingskurs teilzunehmen,
- einen Ausgleich mit dem Verletzten zu erreichen (Täter-Opfer-Ausgleich),
- an einem Verkehrsunterricht teilzunehmen.

Das Gericht kann dem Jugendlichen – mit Zustimmung des Erziehungsberechtigten und des gesetzlichen Vertreters – auferlegen, sich einer heilerzieherischen Behandlung durch einen Sachverständigen oder einer Entziehungskur zu unterziehen (§ 10 Abs. 2 JGG). Hat der Jugendliche das 16. Lebensjahr vollendet, soll dies *nur mit seinem* Einverständnis geschehen.

(b) Hilfen zur Erziehung (§ 12 JGG):

- Erziehungsbeistandschaft, d.h. die Mitwirkung eines vom Jugendamt bestellten Beraters in Erziehungsfragen;
- Heimerziehung;
- betreutes Wohnen, d.h. der Jugendliche (bzw. Heranwachsende) wird für eine bestimmte Zeit, die meist mit 6 bis 12 Monaten bemessen wird, einer sozialpädagogisch betreuten Wohngemeinschaft zugewiesen.

6.2 Zuchtmittel

Auf der nächsten Sanktionsstufe kommen Zuchtmittel (§§ 13ff. JGG) von der einfachen Verwarnung über Auflagen bis zum Jugendarrest in Betracht:

- Durch die **Verwarnung** soll dem Jugendlichen das Unrecht der Tat eindringlich vorgehalten werden (§ 14 JGG).
- Als **Auflage** können Schadenswiedergutmachung, persönliche Entschuldigung beim Verletzten, Arbeitsleistungen oder Zahlung einer Geldbuße (in einem dem Jugendlichen zur Verfügung stehenden Rahmen) an eine gemeinnützige Organisation in Frage kommen (§ 15 JGG).
- **Jugendarrest** wird in einer vom Jugendstrafvollzug gesonderten Arrestanstalt (§ 16 JGG) vollstreckt als
  - **Freizeitarrest** für die wöchentliche Freizeit an 1 oder 2 Freizeiten, regelmäßig am Wochenende, von Samstag 8.00 Uhr bis Montag 7.00 Uhr. Arbeitet der Jugendliche am Samstag, beginnt der Vollzug

um 15.00 Uhr. Die Entlassung erfolgt früher, wenn aufgrund der Verkehrslage das rechtzeitige Erscheinen in der Schule oder am Arbeitsplatz gefährdet wäre;

- **Kurzarrest** statt des Freizeitarrestes, wenn der zusammenhängende Vollzug aus Gründen der Erziehung zweckmäßig erscheint und weder die Ausbildung noch die Arbeit des Jugendlichen beeinträchtigt werden (2 Tage Kurzarrest entsprechen 1 Freizeit), oder
- **Dauerarrest** (mindestens 1 Woche, höchstens 4 Wochen) wird in vollen Tagen oder Wochen vom Gericht festgesetzt.

– Seit 2013 gibt es den sog. **Warnschussarrest** (§ 16a JGG). Dieser soll neben einer zur Bewährung ausgesetzten oder vorbehaltenen Jugendstrafe verhängt werden, wenn das Gericht zu der Auffassung gelangt, dass dem Jugendlichen durch Konfrontation mit dem Freiheitsentzug seine Verantwortlichkeit verdeutlicht werden oder in besonderer Weise auf ihn eingewirkt werden soll („short sharp shock"). Der Warnschussarrest kann der Jugendstrafe als Freizeit-, Kurz- und Dauerarrest vorgeschaltet werden. In der Praxis ist diese Maßnahme überwiegend auf Skepsis gestoßen, weil Arrest eben keine Jugendstrafe ist.

Von der Verhängung eines Jugendarrests wird abgesehen, wenn durch die Unterbringung in einem psychiatrischen Krankenhaus oder in einer Entziehungsanstalt eine Ahndung durch den Jugendrichter entbehrlich ist (§ 5 Abs. 3 JGG). Wird Hilfe zur Erziehung (§ 12 Nr. 2 JGG in Verbindung mit § 34 SGB VIII) angeordnet, darf Jugendarrest damit nicht verbunden werden (§ 8 Abs. 1 Satz 2 JGG).

6.3 Jugendstrafe

Jugendstrafe ist der Freiheitsentzug in einer Jugendstrafanstalt. Sie wird verhängt, wenn wegen vom Gericht erkannter **schädlicher Neigungen** Erziehungsmaßregeln oder Zuchtmittel zur Erziehung nicht ausreichen oder wegen der **Schwere der Schuld** eine Strafe erforderlich ist (§ 17 Abs. 2 JGG). Jugendstrafe beträgt im Minimum 6 Monate, im Höchstmaß 5 Jahre, bei Kapitaldelikten bis zu 10 Jahren. Die Dauer der Jugendstrafe ist so zu bemessen, dass eine erzieherische Einwirkung möglich ist (z. B. eine Berufsausbildung). Drei Komponenten bestimmen das Maß der Jugendstrafe: die beabsichtigte Erziehung, das Maß der durch die Tat begangenen Schuld und das Prinzip der Verhältnismäßigkeit.

Jugendstrafe bis zu 2 Jahren kann zur **Bewährung** ausgesetzt werden (§ 21 JGG). Voraussetzung hierfür ist die Erwartung, dass der Jugendliche (oder der ihm gleichgestellte Heranwachsende) auch ohne den Vollzug der Jugendstrafe künftig ein straffreies Leben führen wird. Da sich die Entwicklung eines Jugendlichen noch mit einer sehr viel größeren Dynamik vollzieht als bei einem Erwachsenen, darf die Wahrscheinlichkeit künftigen straffreien Lebens nicht zu hoch angesetzt werden. Zweifel daran, ob die Tatsachen, die eine solche Erwartung begründen können, einer Prüfung standhalten, müssen sich zu Gunsten des Angeklagten auswirken.

Hat das Gericht Zweifel an dem Umfang der schädlichen Neigungen, kann es die Schuld des Jugendlichen im Urteil feststellen, die Entscheidung über die **Verhängung der Jugendstrafe** jedoch für eine bestimmte Bewährungszeit **aussetzen** (§ 27 JGG). Bewährt sich der Jugendliche innerhalb der vom Gesetz festgesetzten Frist unter der Aufsicht eines Bewährungshelfers, wird der Schuldspruch getilgt (§ 30 Abs. 2 JGG).

Die Jugendstrafe wird als sog. **Einheitsstrafe** verhängt. Wird ein Jugendlicher wegen mehrerer Taten bestraft, wird eine einzige Strafe festgesetzt und keine Gesamtstrafe gebildet. Auch eine eventuell noch nicht vollstreckte frühere Verurteilung wird in diese Strafe einbezogen (§ 31 JGG). Die Strafrahmen des allgemeinen Strafrechts gelten im Jugendstrafrecht nicht. Der Rahmen von 6 Monaten und 5 bzw. 10 Jahren Jugendstrafe kann auch durch besonders schwere oder minder schwere Fälle nach dem allgemeinen Strafrecht weder über- noch unterschritten werden. Eine Erweiterung erfährt die Jugendstrafe gegen **Heranwachsende**. Bei ihnen gilt generell eine Höchststrafe von 10 Jahren, die in Fällen von Mord bei besonders schwerer Schuld auf bis zu 15 Jahren ausgeweitet wird (§ 105 Abs. 3 JGG).

Hinweise für die Praxis

(a) Kriminalität, Strafe, Strafrecht

- Wissenschaftliche und praktische Informationen über die Entwicklung der Kriminalität enthalten folgende Webseiten:
  - Kriminologisches Forschungsinstitut Niedersachsen e. V.: https://kfn.de
  - Kriminologische Zentralstelle e. V., Forschungs- und Dokumentationseinrichtung des Bundes und der Länder: www.krimz.de
  - Deutsche Vereinigung für Jugendgerichte und Jugendgerichtshilfen e. V.: www.dvjj.de
  - Statistisches Bundesamt: www.destatis.de/DE/Themen/Staat/Justiz-Rechtspflege/_inhalt.html
- Bei der Prüfung, ob die Merkmale einer Straftat erfüllt sind, werden die Schöffen in der gesetzlichen und logischen Reihenfolge der einzelnen Schritte durch die Berufsrichter geführt. Fragen wie „Musste der Angeklagte diesen Umstand kennen?“ – „Konnte er die Folgen seiner pflichtwidrigen Handlung voraussehen?“, bei denen es auf die Sicht des durchschnittlichen Bürgers ankommt (der Jurist nennt das die „Parallelwertung in der Laiensphäre“), können – und müssen – die Schöffen auf Augenhöhe mit den Berufsrichtern diskutieren.

(b) Strafverfahren

- Schöffen haben eine Kontrollfunktion bei der Beachtung des Grundsatzes der Mündlichkeit und Unmittelbarkeit, weil ihnen aufgrund fehlender Aktenkenntnis auffällt, wenn ein Umstand bei der Urteilsberatung eine Rolle spielt, der in der Beweisaufnahme nicht zur Sprache gekommen ist (also auf der Aktenkenntnis der Berufsrichter beruht). Um dieser Aufgabe nachzukommen, müssen sie der Verhandlung aufmerksam folgen und über die für sie wichtigen Umstände Aufzeichnungen machen.
- Als Mitglieder eines Kollegialgerichts entlasten die Schöffen den mit der Verhandlungsleitung und Beachtung von Förmlichkeiten befassten Vorsitzenden. Sie widmen sich der Beobachtung der Reaktionen von Zeugen sowie der Personen, die gerade nicht vernommen werden.
- Im Gerichtssaal gelten die bürgerlichen Höflichkeitsformen. Die Verfahrensbeteiligten werden daher grundsätzlich mit ihren Namen angeredet.
- Schöffen sind an allen Erörterungen und Verständigungen zu beteiligen. Außerhalb des Gerichtssaals stattfindende Absprachen sind für sie nicht bindend.

Werden die Schöffen nicht ausreichend informiert, um einer Verständigung qualifiziert zustimmen zu können, versagen sie ihre Zustimmung. Da der Beschluss über die Verständigung einer Zwei-Drittel-Mehrheit im Gericht bedarf, kann sie ohne die Zustimmung beider Schöffen nicht getroffen werden.

(c) Beweisaufnahme

- Schöffen sollten sich mit den Regeln „richtigen" Fragens vertraut machen, um ihr Fragerecht konstruktiv ausüben und das Vernehmungskonzept des Vorsitzenden nachvollziehen zu können.
- Gutachten müssen verständlich und plausibel sein. Schöffen sollten sich Fachbegriffe erläutern lassen; zur besseren Verfolgung des Vortrags eines Sachverständigen sollten sie sich in geeigneten Fällen das schriftliche Gutachten aushändigen lassen.
- Informationen aus den Akten (z. B. Abschriften von Übersetzungen) können von den Schöffen unterstützend benutzt werden, wenn es zum besseren Verständnis der Beweisaufnahme beiträgt.
- Schöffen sollen sich alles notieren, was ihnen bei der Vernehmung der Zeugen und der Einlassung des Angeklagten wichtig erscheint, damit sie verschiedene Schilderungen auf ihre Glaubhaftigkeit im Vergleich einschätzen können. Die Umstände sind nach be- und entlastenden Merkmalen zu sortieren.

(d) Strafzumessung

- Bei der Strafzumessung ist am Ende zu fragen: „Ist das Urteil gerecht?" – „Erreicht die Strafe das gesetzte Ziel von Rechtsfrieden, Resozialisierung oder Prävention?" Schöffen gewinnen im Laufe der Verhandlung eine Vorstellung darüber, ob die Strafe dem Angeklagten nach seinem Gesamterscheinungsbild gerecht wird, ob Härte oder Milde angemessen ist. Die Frage, ob dem Angeklagten bzw. dem Verletzten oder der Gesellschaft Gerechtigkeit widerfährt, muss jeder Schöffe für sich verantworten.
- Bei der Erteilung von Auflagen und Weisungen können sich die Schöffen kreativ mit eigenen Vorschlägen einbringen. Soweit die Zahlung einer Geldauflage an eine gemeinnützige Organisation oder die Leistung sozialer Arbeit beschlossen wird, können sie geeignete Organisationen bzw. den Projekt-Pool (Hamburg, Berlin) vorschlagen.
- Schöffen können die gesetzlichen Auswirkungen, die mit der Strafe verbunden und teilweise in anderen Rechtsgebieten geregelt sind, nicht immer kennen. Sie sollten stets nach weiteren Folgen der Strafe für den Angeklagten fragen.
- Schöffen sollten eine Justizvollzugsanstalt (JVA) oder Jugendstrafanstalt besuchen, um Kenntnis von Alltag und Praxis des Vollzuges zu bekommen: Möglichkeiten zu Ausbildung, Arbeit und Freizeitgestaltung, Wiedereingliederung und Übergangsmanagement vom Strafvollzug in die Freiheit usw. Auch der Besuch einer Anstalt des Maßregelvollzuges ist empfehlenswert.

Links zu Internetquellen, Literaturempfehlungen
(Stand: Juni 2019)

(a) Links zu Internetquellen

Verbände

Bundesverband ehrenamtlicher Richterinnen und Richter (mit Verlinkung auf die Landesverbände): www.schoeffen.de

Ehrenamtliche Richter

Informationen über Wahl und Berufung, Ausschluss und Ablehnung, Einsatz und Amtsentbindung bzw. -enthebung ehrenamtlicher Richter in allen Gerichtsbarkeiten: www.parijus.eu/partizipation-in-der-justiz/ehrenamtliche-in-der-justiz

Informationen über die Schöffenwahl: www.schoeffenwahl.de

Zeitschrift „Richter ohne Robe“: www.richter-ohne-robe.de

Juristische Informationsportale (Gesetze, Rechtsprechung)

dejure.org Rechtsinformationssysteme GmbH: https://dejure.org (kostenfrei)

Juris GmbH: www.juris.de (mit aktuellem Nachrichtendienst über Gesetzgebung und Rechtsprechung, eingeschränkte kostenfreie Recherche)

Rechtsvorschriften

Gesetze im Internet: www.gesetze-im-internet.de

Bundesgesetzblatt: www.bundesgesetzblatt.de

Rechtsprechung

Rechtsprechungsdatenbank: https://openjur.de (kostenfrei)

Entscheidungen des BVerfG: www.bundesverfassungsgericht.de

Entscheidungen des BGH: www.bundesgerichtshof.de

(b) Literaturempfehlungen

Albrecht Lüthke; Ingo Müller: Strafjustiz für Nicht-Juristen. Ein Ratgeber für Schöffen, Pädagogen, Sozialarbeiter und andere Interessierte. – 4., aktualisierte Aufl. – Wiesbaden: Springer VS, 2019

Der Ratgeber stellt die Beteiligten am Strafverfahren, verfahrensrelevante Themen und mögliche Strafen dar. Darüber hinaus vermittelt das Buch die Grundlagen des materiellen und prozessualen Strafrechts und stellt die historischen sowie kriminologischen Hintergründe dar.

Heribert Ostendorf; Kirstin Drenkhahn: Jugendstrafrecht. – 9. Aufl. – Baden-Baden: Nomos Verlagsgesellschaft, 2017

Es handelt sich um ein Lehrbuch des Jugendstrafrechts (insbesondere für Studenten), das den Lernstoff systematisch darstellt und durch Schaubilder und Fallbeispiele aus der Justizpraxis veranschaulicht.

Textausgaben der StPO, des StGB und des JGG

Verschiedene Verlage geben gut aufbereitete und erschwingliche Print-Ausgaben mit Rechtsvorschriften heraus, die der Schöffe ins Gericht mitnehmen kann, um etwas nachzuschlagen. Beim Kauf ist darauf zu achten, dass eine Einführung und ein ausführliches Sachregister enthalten sind.

Gemeinnützige Gesellschaft zur Förderung zivilgesellschaftlicher Teilhabe mbH
www.parijus.eu

Partizipation in der Justiz (PariJus)

Die Kenntnisse über Wirkung und Einfluss der ehrenamtlichen Richterinnen und Richter sowie der weiteren ehrenamtlich in der Justiz Tätigen sind in Wissenschaft, Rechtspolitik, Medien und Rechtskunde wenig ausgeprägt.

PariJus wurde im August 2016 gegründet mit dem Zweck,

1. Wissenschaft und Forschung über die Teilhabe der Zivilgesellschaft an Rechtsprechung und Streitschlichtung zu fördern durch

- Unterstützung rechtstatsächlicher Untersuchungen zum Mitwirkungs- und Entscheidungsverhalten ehrenamtlicher Richterinnen und Richter sowie von Schiedspersonen,
- Forschung über eine erweiterte und verbesserte Mitwirkung ehrenamtlicher Richterinnen und Richter,
- Beratung der gesetzgebenden Organe,
- Aufbau einer Literatur- und Rechtsprechungsdatenbank zur Unterstützung der Arbeit wissenschaftlicher Institutionen.

2. Beratung und Fortbildung von Multiplikatoren in Bildung und Erziehung, kommunalen Verwaltungen und gesellschaftlichen Organisationen sowie der Medienverbände zu fördern durch

- Unterstützung von Bildungsträgern bei der Konzeption und Planung von Seminaren,
- Seminarangebote für Referenten, Lehrer und Journalisten.

3. gemeinnützige gesellschaftliche sowie öffentlich-rechtliche Körperschaften in Wissenschaft, Justiz und Politik für eine Zusammenarbeit zu gewinnen.

4. die Partizipation in der Justiz zu stärken und auszuweiten, insbesondere durch

- Öffentlichkeitsarbeit,
- Auslobung eines Preises für wissenschaftliche und allgemeinbildende Publikationen, Initiativen auf dem Gebiet bürgerschaftlicher Teilhabe in der Justiz sowie Personen, die sich um den Gedanken der Partizipation in besonderer Weise verdient gemacht haben.

Sachverzeichnis

U

V

W

Z